LE BÛCHER DU VANITEUX

Éditions du Croquant
20 route d'Héricy
77870 VULAINES SUR SEINE
www.editionsducroquant.org
contact@editions-croquant.org
Diffusion-distribution : Cedif-Pollen

ISBN : 9782365123471
Dépôt légal : mars 2022

LE BÛCHER DU VANITEUX

UNE AUTOPSIE LITTÉRAIRE D'ÉRIC ZEMMOUR

CHARLY SALKANANOV

Sommaire

Introduction

L'entreprise qui suit est unique. Il s'agit de disséquer Éric Zemmour grâce à Éric Zemmour, autrement dit d'analyser l'intégralité de son œuvre. Un intellectuel ne se révèle jamais aussi bien que dans ses écrits. En l'occurrence, ses écrits viennent réduire à néant l'image que le polémiste a échafaudée de lui sur la scène médiatique et politique. Le proverbe de Richard Burton est célèbre: «le coup porté par un mot frappe plus fort que le coup porté par une épée.» Il ne saurait y avoir de meilleure application qu'avec le «cas Zemmour». Nul besoin d'invectives, ni de débats musclés. Il suffit de le lire avec rigueur pour dépecer sa pensée. Mais, avec cette exigence, il ne faudra faire l'impasse sur aucune publication. L'ouvrage déconstruira son mythe par la plume. Ou plutôt, sa plume. Celle-là même qu'il a usitée pour peindre ses théories et ses fictions. On exhumera des œuvres méconnues, peu lues, passées totalement inaperçues. Ce qu'on découvre est édifiant. Avant de faire place à l'autopsie littéraire, une présentation de l'intéressé permet de démontrer tout l'intérêt de cette méthode. Vous verrez que sans elle, on tombe rapidement dans le piège du «buzz» médiatique et de la «petite phrase».

En cette journée du 25 janvier 2018, l'atmosphère est électrique sur le plateau télé de «L'Heure des pros» sur la chaîne CNews. Éric Zemmour n'y a pas encore son rond de serviette mais il est déjà bien accueilli par un Pascal Praud un brin énamouré. Sa présence sur le plateau tient à son actualité judiciaire, puisque la Cour de cassation vient d'annuler sa condamnation par la Cour d'appel pour ses déclarations envers les musulmans, parmi lesquelles [ces derniers] «ont leur code civil, c'est le Coran» et bien d'autres amabilités encore, tenues dans le quotidien italien *Corriere Della Serra* en 2014. Visiblement requinqué par cette éclaircie judiciaire, le polémiste a mangé du lion et semble prêt à dézinguer tout ce qui bouge. Il ne sera pas en reste, la suite va le prouver. Les spectateurs avides de sang, ceux qui souhaitent voir une empoignade davantage qu'une discussion civilisée, vont être comblés. Les autres qui regrettent le temps où les débats pouvaient être vifs tout en étant érudits et courtois, pourront se consoler en regardant une émission de Bernard Pivot, dont les pépites traînent sur le net.

Pour son combat cathodique, le polémiste est solidement épaulé par Jean-Claude Dassier avec, en renfort, un Jérôme Béglé un poil plus discret. Le polémiste est en grande forme ce jour-là. Le chanteur Cali, qui faisait partie des invités, quitte le plateau quelques instants après la première prise de parole d'un Zemmour qui réaffirme, malgré les demandes de l'artiste à ce qu'il formule des excuses envers les rappeurs qu'il a « humiliés » en qualifiant par le passé ce genre musical de « sous-culture d'analphabète »[1], que le rap reste pour lui un « sous-art » joué par des « nuls »[2]. « Si ça vous plaît pas, c'est le même tarif » assénera Éric Zemmour en guise d'escarmouche provocatrice. Que d'élégance ! Pour cet amateur au long cours des *Trois Mousquetaires* d'Alexandre Dumas[3], la courtoisie légendaire des gentilshommes d'épée semble avoir été reléguée aux oubliettes. Ambiance tendue comme diraient les jeunes. Quoique révulsant pour les spectateurs, ces propos n'affligeront pas plus que cela les hôtes de la chaîne. Pas plus que la sortie d'un invité blessé par cette goujaterie de mufle. En effet, pour l'animateur Pascal Praud, le départ du chanteur sera un non-événement, puisque selon lui l'artiste est parti pour faire « le buzz ». Passons donc.

Une fois le chanteur Cali évincé du plateau, c'est désormais Fatima Benomar, co-fondatrice de l'association féministe Effronté-e-s, qui va faire l'objet de ses foudres, les permanents de la chaîne étant acquis à sa cause. Quand celle-ci lui oppose son hérésie à assimiler, sans la moindre nuance, les musulmans à des djihadistes, Éric Zemmour lui répond avec perfidie : « Est-ce que vous connaissez Boualem Sansal ? » Avec cette question anodine en apparence, le serpent commence à s'enrouler, l'air de rien, autour de sa proie. Si celle-ci ne s'extirpe pas *presto*, elle est

1. Éric Zemmour dans l'émission « L'Hebdo », France Ô, 11 décembre 2008.

2. Émission « L'Heure des pros », CNews, 25 janvier 2018.

3. Éric Zemmour, *in* Alain Griotteray (dir.), *Une idée certaine de la France*, Paris, France-Empire, 1998, p. 17-18.

morte. Las, pour elle, son opposante ne le connaît pas. Le piège se referme. La proie sera réduite en lambeaux. Il est vrai que son contradicteur qui ne connaît guère les réponses à ses questions pièges, qu'il a soigneusement préparées, n'a aucune chance de sortir vainqueur du débat musclé qui se présage. Avec lui, le débat politique prend facilement des airs de « Questions pour un champion ». Seulement, il n'est jamais possible de faire mieux la prochaine fois. C'est un fusil à un coup.

En ce jour, Fatima Benomar est tombée sur une question de littérature, mais comme au *Trivial Pursuit*, avec un autre lancer de dés, elle aurait parfaitement pu tomber sur une question d'histoire et rester coite si elle ne connaissait pas la loi du 11 germinal an XI, sous le Consulat, qui obligeait à choisir le prénom de sa progéniture sur les calendriers français. Hapsatou Sy en a fait les frais. Et surtout sa mère, qui « a eu tort », selon Zemmour, de ne pas l'appeler « Corinne »[4]. Revenons au plateau de CNews. Et le polémiste enragé, fort de sa victoire culturelle, quoique ciblée, sur son interlocutrice, profite alors de sa brève supériorité apparente pour asséner son prochain coup : « [Boualem Sansal] dit l'islamisme c'est l'islam en action ». Jeu, set et match. Vraiment ?

Voici toute la méthode Zemmour résumée en une incartade télévisuelle : convoquer les grandes figures de la littérature et de l'histoire, comme si celles-ci se tenaient derrière lui à chacune de ses saillies, pour mieux les détourner et les mettre au service de son idéologie nauséabonde, à la seule fin de parer son populisme d'une immunité culturelle incontestable. Une méthode similaire, détournant la littérature et l'histoire, sera déployée dans ses écrits. Cette stratégie, qui consiste à opposer un « peuple » aux « élites » tout en asseyant ses positions sur des figures culturelles, n'est rien d'autre que celle de l'inventeur d'un nouveau genre de populisme : le populisme lettré.

Physique de Gargamel et gestuelle de Monsieur Burns dans les *Simpson* lorsqu'il se frotte machiavéliquement les mains après avoir jeté l'opprobre sur la « bien-pensance », il est difficile de ne pas voir en lui la caricature du grand méchant. « Ex-

4. Émission « Les terriens du dimanche », C8, 16 septembre 2018.

cellent » aurait ajouté l'irritant milliardaire en se délectant d'une nouvelle victime ornant son tableau de chasse. Cette délectation goguenarde, Éric Zemmour l'a intériorisée. Nombre de ses interlocuteurs ont été réduits à néant, pris de court par ses propos vindicatifs et ses arguments d'autorité. Quand il ne s'agit pas de questions ciblées sur la littérature. Pour son salut, personne n'ose reprendre l'intéressé lorsqu'il se trompe de décennie lors d'un débat télévisé, ce qui aurait la fâcheuse tendance de contredire en tout point son propos. Après le pugilat, on a du mal à imaginer ce gladiateur franchir la porte des studios avec sa grosse sacoche en cuir sous le bras et vêtu de son imperméable trop grand.

À son grand dam, le tueur en série du PAF ne peut résister à l'écueil de sombrer dans la « petite phrase » voire l'injure raciale qui occulte la portée de ses réflexions. Sa grille d'analyse repose toujours sur le même socle. En vrac : fléau de mai 68, trop d'Europe, perte de notre souveraineté, fin de la grandeur française, invasion d'étrangers, islamisation de la France, maux du multiculturalisme, etc.

En matière de politique internationale, Éric Zemmour se plaît à répéter que les dictateurs qui sévissent aux quatre coins du globe ont un mérite, celui de maintenir le peuple sous leur joug et d'assurer ainsi une stabilité. Qu'« à chaque fois qu'on a renversé un tyran, un monstre, un diable, on a eu pire »[5]. Certes, il est de bon aloi de vanter les qualités de ces bourreaux lorsque l'on habite une rue cossue du VIIIe arrondissement de Paris sans que l'on ait à subir leur fureur dans des geôles ensanglantées, ni à déplorer la disparition inexpliquée d'un proche.

Le défenseur du maréchal Pétain estime que la « grandeur française » appartient au passé. La faute aux « élites européistes » et « mondialisées » qui ont voué la France à sa « décadence ». Le bouc émissaire est tout trouvé en la personne de l'immigré, surtout s'il est d'origine « arabe » et a le malheur de porter le voile. Pourtant, dire que l'islam est une religion de haine et nécessairement violente revient à nier purement et simplement les deux lectures possibles du Coran. Il le sait bien. Les

5. Éric Zemmour, *Un quinquennat pour rien*, Paris, Albin Michel, 2016, p. 277.

intellectuels qui proposent une réflexion sur le Coran, comme Malek Chebel avec son « islam des Lumières »[6], sont nécessairement les « idiots utiles » des intégristes. Selon Éric Zemmour, chaque musulman recèle un terroriste en puissance prêt à faire feu à tout moment. Mais alors, on ne pourra qu'être surpris de noter que les propos des intégristes catholiques du mouvement Civitas n'aient pas rencontré le même accueil caustique de sa part lors des débats enflammés concernant le mariage homosexuel.

Dans la même veine, le multiculturalisme est, selon lui, l'un des autres grands maux qui frappent notre époque. Là encore, l'invasion musulmane est la cible de ses attaques les plus violentes. « Diviser pour régner. » Dresser une partie de la population contre une autre. La stratégie a ses émules. En l'occurrence, plutôt « fédérer contre » que de « fédérer avec ». Après tout, le populisme a fait ses preuves. Pourquoi s'en priver ?

L'intéressé en oublierait-il son propre passé ? En effet, cet enfant de parents algériens se montre toujours prompt à bouter l'étranger hors de « sa » terre que ses parents ont gagnée un jour. À cet égard, la rhétorique d'Éric Zemmour n'est pas sans rappeler celle de Donald Trump. L'ex-président américain avait coutume de dire qu'il fallait se méfier des étrangers. Ce discours devait doucement faire sourire les Amérindiens, expulsés de leurs terres par les colons britanniques, du moins lorsqu'ils avaient la chance de ne pas être exterminés. Un grand classique de l'histoire. Une fois la terre conquise, le colon prêche pour en expulser ses habitants historiques.

Alors, comment reconnaître à celui qui se « victimise » la qualité de grand absent de la scène médiatique française, lorsque le chroniqueur avait droit, encore récemment, à un *prime time* quotidien à son nom, une émission hebdomadaire sur Paris Première, des éditos dans *Le Figaro* ou encore des interviews régulières à la télévision ? Rares sont les jours où l'auditeur n'entend pas parler des exploits de Z. le Maudit. L'intéressé a longtemps prétendu ne pas faire de politique, ce qui ne l'a pas

---

6. Malek Chebel, *Manifeste pour un islam des lumières – 27 propositions pour réformer l'Islam*, Paris, Fayard, 2012.

empêché de faire des ménages[7] avec Marion Maréchal-Le Pen, et d'envoyer des centaines de tracts à des maires pour récolter les cinq cents signatures requises pour l'élection présidentielle[8].

Tel un vautour fondant sur sa proie, le chroniqueur zélé est toujours avide de pointer les contradictions de ses ennemis politiques, sans doute aveuglé par ses propres turpitudes. Espérant une résurrection des juges européens qui furent par le passé les cibles de ses piques assassines et sans craindre leurs sarcasmes, l'auteur du *Coup d'État des juges*[9] n'a pas hésité à exercer un recours devant la Cour européenne des droits de l'homme, faisant fi de son aversion pour cette justice « droits-de-l'hommiste ». Condamné par la justice française pour ses propos contre les musulmans[10], le pourfendeur des droits de l'homme et de l'Europe espère une embellie de son destin judiciaire de cette Cour « hors sol » qu'il a fustigée. Une victoire à la Pyrrhus. Comme se plaît à citer l'intéressé, en omettant à chaque fois que les mots sont apocryphes : « Dieu se rit des hommes qui se plaignent des effets dont ils chérissent les causes. »[11] Il est alors de meilleur aloi d'en rire que d'en pleurer.

Désormais, ses sympathisants l'imaginent Président. L'objet de cet ouvrage est de mettre à mal son aura qui s'est imposée sur la scène politico-médiatique. Or la vérité de cet homme ne se trouve ni dans tout ce qui se dit de lui, ni dans ce

---

7. Dans le vocabulaire journalistique français, le terme « ménage » consiste pour une personnalité à mettre sa notoriété au service d'un organisme (association, mouvement politique, collectivité territoriale, etc.).

8. Jean-Michel Thénard, « Les belles images d'Épinal de Zemmour pour séduire les maires », *Canard enchaîné*, n°5261, 9 septembre 2021, p. 3.

9. Éric Zemmour, *Le coup d'État des juges*, Paris, Grasset et Fasquelle, 1997.

10. Cour de cassation, 17 septembre 2019, arrêt n°18-85.299, pour ses propos tenus lors de l'émission télévisée « C à vous », France 5, 16 sept. 2016, dans le cadre de la promotion de son livre *Un quinquennat pour rien*. Condamnation sur le fondement de l'article 24 de la loi du 29 juillet 1881 (provocation à la discrimination, à la haine ou à la violence à l'égard d'une personne ou d'un groupe de personnes à raison de leur origine ou de leur appartenance ou de leur non-appartenance à une ethnie, une nation, une race ou une religion déterminée).

11. Citation apocryphe attribuée à Jacques-Bénigne Bossuet.

qu'il revendique sur sa personne à longueur d'ondes, mais simplement dans tout ce qu'il a écrit. Un intellectuel se définit avant tout par son œuvre. Il faut donc lire tous ses essais, ses romans, et les passer au crible. Cet exercice unique, qui consiste en une analyse intégrale de son œuvre, est nécessaire pour faire tomber son véritable masque. « Ses textes, rien que ses textes, mais tous ses textes » pourrait-on dire. Il s'agit d'un passage obligé pour décrypter sa pensée et éviter de succomber au piège de la « petite phrase ». Cette méthode, inédite, impose d'exhumer certains opus méconnus de l'auteur, notamment ses fictions telles que *Dandy rouge* et *L'Autre*, mais également des essais, notamment sa contribution à l'ouvrage collectif *Une certaine idée de la France*[12]. Cet ouvrage ne fera l'impasse sur aucune de ses publications.

Dans *Le venin dans la plume*[13], Gérard Noiriel s'était livré à la comparaison entre la « grammaire identitaire » d'Éric Zemmour et celle d'Édouard Drumont. L'historien a ainsi mis en avant une haine partagée des étrangers – le juif chez Drumont sera le musulman chez Zemmour –, la même ritournelle du « c'était mieux avant », la peur du « démembrement » du pays, une obsession pour la « décadence » de la France assimilée à la chute de Rome face à Carthage ainsi que le rejet des minorités sexuelles. Son ouvrage a le mérite d'avoir contextualisé l'émergence de la pensée réactionnaire d'Éric Zemmour dans un contexte de transformation de la société française dans les années 80 avec délocalisations industrielles, précarisation du marché du travail et réformes sociales. Cependant, cette analyse repose avant tout sur une comparaison avec l'antisémitisme d'Édouard Drumont et non sur une étude intrinsèque de l'œuvre d'Éric Zemmour. Notre démarche se veut exhaustive. L'objectif est précisément de prendre en compte toutes ses œuvres. Chacune d'entre elles sera décortiquée au scalpel. En outre, compte tenu du fait qu'Éric Zemmour était alors polémiste, l'incarnation de sa pensée et de ses écrits est absente des études qui ont été menées. Cette traduction des écrits du polémiste en programme politique, qui

12. Éric Zemmour, *in* Alain Griotteray (dir.), *Une idée certaine de la France*, *op. cit.*

13. Gérard Noiriel, *Le venin dans la plume*, Paris, La Découverte, 2019.

nécessite une projection pour envisager ce qu'il pourrait faire une fois au pouvoir compte tenu de ce qu'il a écrit, est plus que jamais nécessaire compte tenu de ses ambitions présidentielles.

Rigoureux et exhaustif, ce travail de fond est nécessaire pour mettre à mal le mythe qu'il s'est façonné. « Je ne suis ni raciste, ni homophobe, ni que sais-je encore, [...] »[14], clamait-il encore le 9 octobre 2021, devant une nuée de micros. Le voici donc résumé en quelques mots. Éric Zemmour ne serait pas raciste ; Éric Zemmour serait du côté du « peuple » ; Éric Zemmour serait contre les « élites » ; Éric Zemmour défendrait des valeurs dites nobles ; Éric Zemmour serait républicain ; Éric Zemmour pourrait restaurer la « grandeur perdue » de la France. Un mythe renforcé par ses fidèles[15].

Seulement, la lecture intégrale de son œuvre vient réduire à néant cette légende. Éric Zemmour est ouvertement raciste. Il n'hésite pas à comparer les immigrés d'origine maghrébine à des hommes de « *Néandertal* »[16] ou, plus tard, à des « *barbares* »[17]. Cela vous laisse sans voix? Pourtant c'est véridique. Écrit noir sur blanc.

Nonobstant son dénigrement de cette soi-disant « élite », il appartient à l'excellence académique, politique et médiatique. Outre le fait qu'il a été formé parmi les meilleurs élèves à Sciences Po, il a partagé tout son temps avec cette prétendue « oligarchie » qu'il voue au pilori. Matin, midi et soir en compagnie des politiques. Entre déjeuners et dîners avec des caciques du RPR quand ce n'était pas des débats sur des plateaux télévisés. Son goût pour certains privilèges ne s'arrête pas là. Dans son pamphlet contre le « gouvernement des juges », il prône clairement une justice de classe qui épargnerait le politique

---

14. BFMTV, « Zemmour en Corse : visite sous tension – 09/10 », 9 octobre 2021.

15. Voir par exemple Mathilde Durand, « « Éric Zemmour n'est pas raciste », assure le directeur des programmes de Canal + », *europe1.fr*, 9 décembre 2020.

16. Éric Zemmour, *Le premier sexe*, Denoël (collection J'ai lu), Paris, 2006, p. 99.

17. Éric Zemmour, *L'Autre*, Paris, Denoël, 2004, p. 220.

trimbalant des mallettes bourrées d'oseille pour financer la vie politique, mais qui s'abattrait de tout son poids sur la « racaille » des cités[18].

Il n'a rien de plébéien. Il exclut du « peuple » toute une partie de la population : habitants des métropoles caricaturés en bobos « féminisés »[19], salariés cosmopolites, financiers hors sol, musulmans, enfants d'immigrés qui ne seront jamais français s'ils ne troquent pas leur prénom contre un substitut bien franchouillard du calendrier, etc. Non seulement il réduit le « peuple » à peau de chagrin, mais il cache mal le mépris qu'il lui porte en condamnant l'homme rustique à exercer des métiers manuels qu'il toise de haut[20].

Les valeurs qu'il défend font froid dans le dos. Il étrille les valeurs dites « féminines » qui auraient pris le dessus pour glorifier la guerre, la violence et l'autorité. Il n'est certainement pas pacifiste. Il déplore la disparition du « mâle ». Inconsciemment, il semble nourrir un complexe d'infériorité et de castration face à l'homme noir dont il peuple ses fictions. Dès qu'il prend la plume, ses ouvrages sont constellés d'orgies avec de « grosses bites de nègres »[21]. Ceux que cela choque ne pourront que constater l'évidence : rares sont ses romans qui y échappent.

Il n'est pas républicain. La devise de la République est « liberté, égalité, fraternité ». Toutefois, il prône la restriction des libertés au nom de la sécurité, vomit l'égalitarisme et montre peu d'inclination pour la fraternité. Surtout quand il s'agit de tendre la main à un étranger. Il est misogyne, islamophobe et homophobe. À ce charmant tableau, s'ajoute le fait qu'il est ouvertement colonialiste, se plaisant à citer régulièrement les propos de Jules Ferry sur les vertus de l'impérialisme.

Dans un paysage politique en ruine d'idéologie, il exalte la figure d'un guerrier prêt à se battre pour sauvegarder notre souveraineté et nos frontières. Dieu soit loué, il y a enfin

---

18. Éric Zemmour, *Le coup d'État des juges*, *op. cit.*

19. Éric Zemmour, *Le bûcher des vaniteux*, Paris, Albin Michel, 2012, p. 256.

20. Voir par exemple Éric Zemmour, *Petit frère*, Paris, Denoël, 2008, p. 110.

21. Éric Zemmour, *Petit frère*, *op. cit.*, p. 173.

quelqu'un pour maîtriser ce destin qui nous échappe. Les livres sur le « déclin français » dont les couvertures montrent des drapeaux français qui flambent sont de plus en plus nombreux à joncher les étagères de nos libraires. Parmi elles, il s'est taillé la part du lion.

En fait, le dépeçage de ses analyses donne un tout autre portrait que celui d'un intellectuel iconoclaste. Malgré tous ses efforts, la ruse est grossière. Il oppose doctement le « peuple » à ses « élites » qu'il accable de tous les maux. Quelle est sa vision du monde ? Depuis ses salons bruxellois et new-yorkais, « l'élite » a poignardé le peuple dans le dos pour lui imposer des lois dont il ne voulait pas. Les enfants d'immigrés ne s'assimilent plus aussi bien qu'avant. Il y a un sentiment d'insécurité dans certains quartiers. Il trouve un responsable. Il pointe du doigt l'immigré, coupable idéal. La démocratie est atone. Pire, sclérosée. Il prône l'usage massif du référendum pour court-circuiter les juges constitutionnel et européen. La France a perdu sa souveraineté à cause de la mondialisation et du libéralisme. Il est l'apôtre du protectionnisme et de la fermeture de nos frontières. De tout cela, il ne ressort qu'une chose. Il n'est qu'un populiste. De haute volée, cela va sans dire. Mais un populiste tout de même.

Sa tactique réside dans l'invention d'un « populisme lettré ». Ses analyses détonnent. Parfois, il utilise le même vocable que le Rassemblement National parlant des petits, des sans-grades et de cette « élite » mondialisée qui les méprise. Soit ! Il est un orfèvre de l'enrobage. À cet effet, il cite des références qui lui permettent de justifier ses pires envolées racistes. Alors même que le sentiment patriotique était devenu honteux, quasi fasciste, il donne l'espoir de restaurer le lustre des années perdues, ravagées par la mondialisation et son libéralisme effréné. En convoquant le général De Gaulle, Bossuet ou Chateaubriand, il légitime chacune de ses prises à partie. De la sorte, il détrousse l'extrême-droite de son idéologie, assuré de pouvoir bénéficier d'une immunité intellectuelle. Fort de cette aura, il ravive en toute sérénité un sentiment de fierté nationale et identitaire. Un sentiment d'appartenance à un ensemble plus vaste et qui nous dépasse. Un modèle du genre. Mieux, du grand art. Mais ces apparats ne doivent pas nous abuser. Il use, et abuse, de la même grille d'analyses, tournant comme un poisson dans son bocal autour de ses thèmes de prédilection. Ses citations sont identiques d'un livre à un autre. Et il recycle allègrement ses bonnes pages d'un ouvrage à un autre. Sa culture n'est qu'une imposture.

De surcroît, il n'hésite pas à utiliser un système qu'il fustige pour conquérir le pouvoir. Afin de se sortir de cette contradiction interne entre sa critique forcenée des « élites » et le fait qu'il en est une selon son vocable, politique et médiatique, il s'est érigé en héraut de la « mal-pensance », en opposition à cette « bien-pensance » qu'il exècre. Traduction. Éric Zemmour a beau relever de l'excellence académique, il est « mal-pensant », donc il ne sort pas du même moule. Il peut ainsi jouer la carte de la victimisation médiatique alors que nul n'est aussi présent que lui dans les médias. De même, il peut sévèrement critiquer le parti des Républicains ce qui ne l'empêche pas d'avoir quelques accointances avec ses dirigeants et une aura chez ses militants. De surcroît, n'étant pas à une contradiction près, il n'a pas hésité, on l'a vu, à exercer un recours devant la Cour européenne des droits de l'homme qu'il a sévèrement tancée pour ses dérives « droits-de-l'hommistes ».

Nonobstant ses critiques acerbes envers les précédents présidents de la République, Éric Zemmour ne propose aucune solution viable pour restaurer cette légendaire « grandeur de la France ». Comme tout populiste qui se respecte, il a avant tout le rejet pour programme. Certes, il s'est avéré que la droite comme la gauche ont laissé le monopole de la Nation aux Le Pen et au Front National, rendant le sentiment patriotique « honteux » selon ses termes[22]. Il l'a très bien compris. Et il est bien déterminé à le reprendre. Mis à part ce constat, il ne propose aucun programme tangible, n'étant nullement tenu au réel dans sa position de pamphlétaire. S'il était élu président de la République, il devrait, par cohérence intellectuelle, appliquer les conseils qu'il a maintes fois prodigués à ses prédécesseurs : renvoi de tous les étrangers en charters et fin de toute immigration ; sortie de l'Union européenne qui imposerait ses diktats et détrousserait le politique

22. Voir notamment Éric Zemmour, *Le suicide français*, Paris, Albin Michel, 2014.

national de ses pouvoirs sur le modèle d'un Brexit ; rétablissement de la peine de mort en dépit de l'interdiction constitutionnelle ; mettre un terme au règne des « droits-de-l'hommistes » avec l'enterrement des associations d'aide aux étrangers ou de lutte contre le racisme et la fin de la dictature des « phobes » en tout genre, de l'homophobie à l'islamophobie. Enfin, suppression du délit d'incitation à la haine raciale.

Les frasques intellectuelles de ce trublion médiatique deviennent centrales car il est désormais candidat à l'élection présidentielle. Ce qu'une médiatisation à outrance depuis le mois de septembre 2021 laissait présager s'est confirmé avec sa déclaration de candidature sur Youtube le 30 novembre dernier. On remarquera au passage que c'est un comble que d'avoir eu recours à ce format pour celui qui vilipendait Internet car « on n'a pas encore vu la queue d'un grand talent sortir de là »[23]. La mise en scène de son discours, calquée sur celle du général de Gaulle, et l'amateurisme notoire dans l'utilisation de vidéos dont il ne possédait pas les droits illustrent à merveille sa théorie : il n'a pas le talent de son idole. Les incidents qui ont émaillé son meeting de Villepinte, le 5 décembre 2021, entre violences contre des manifestants et insultes de journalistes, ne sont qu'un aperçu du climat délétère dans lequel s'inscrit sa candidature. Veulent-ils – ses partisans autant que lui – en découdre ? Ça tombe bien, nous aussi. Mais uniquement dans un cadre républicain, en usant seulement de notre plume : en répandant l'encre plutôt que le sang.

Depuis sa candidature, dès qu'un journaliste consciencieux lui cite des extraits de ses ouvrages, il rétorque qu'il n'est plus polémiste, mais candidat. Le changement de casquette a bon dos. Comme s'il voulait à tout prix reléguer son passé de polémiste aux oubliettes. Comme s'il avait quelque chose à cacher. Et pour cause, son œuvre est des plus embarrassantes. Celui qui prône le courage n'a pas les tripes d'assumer son passé. Désormais, ce n'est plus un journaliste, mais une machine de guerre lancée à toute allure pour conquérir le pouvoir. Ses écrits sentent le soufre. Pis, ils sont explosifs. Mais il a beau changer de cos-

23. Éric Zemmour, *Le bûcher des vaniteux II*, Paris, Albin Michel, 2013, p. 73.

tume, ses mots restent gravés dans le marbre. On ne peut pas commenter l'actualité politique pendant des années, en ressassant de manière constante les mêmes analyses, et s'en affranchir du jour au lendemain quand cela devient gênant, peu importe les raisons. Il n'y a que deux hypothèses. Soit il a bel et bien écrit un tombeau d'inepties. Auquel cas, on se demandera s'il faut faire confiance à un homme capable d'écrire tout et n'importe quoi pour vendre ses bouquins. Soit il était sincère. Alors, on ne pourra que constater qu'il se renie allègrement. Sa candidature laisse donc le choix: le mensonge ou le reniement. Contrairement à lui, nous sommes prêts à assumer chaque mot de cet ouvrage. Y compris face à lui, si cela lui sied.

L'élection présidentielle est pourtant un moment charnière de la vie politique française. C'est avant tout une rencontre entre un programme et des électeurs. Éric Zemmour pense viser juste en imposant des thèmes susceptibles de faire mouche auprès des Français. Immigration et sécurité. Comme l'ancien président américain Donald Trump, Éric Zemmour s'est créé un personnage transgressif qui peut tout dire. La comparaison a ses limites, mais de la même façon que les frasques de l'ancien président finirent par ne plus choquer personne, les saillies provocatrices de Zemmour sont entrées dans les mœurs, passant d'une stigmatisation des Noirs et des Arabes à la réhabilitation du maréchal Pétain sous Vichy. Au fil du temps, le public s'y est accoutumé.

Il s'est progressivement façonné l'image d'un héraut patriotique populaire capable de dire haut et fort ce que tout le monde penserait tout bas. Il a tout pour plaire aux âmes en quête de transcendance qui voudraient redorer le blason de la Nation. Beaucoup pour déplaire aussi. En particulier à ceux qui voient mal de quelle manière un homme qui exècre une grande partie des Français pourrait devenir le président de tous. Et de toutes. De l'habitant des cités aux bobos des métropoles. Des enfants de l'immigration. Des musulmans. Des homosexuels. Car un président de la République, c'est cela. Ces citoyens qui regardent d'un œil suspect comment un homme condamné pour incitation à la haine raciale et religieuse pourrait devenir le président d'une « République indivisible, laïque, démocratique et sociale », qui

« assure l'égalité devant la loi de tous les citoyens sans distinction d'origine, de race ou de religion » et qui « respecte toutes les croyances »[24]. Car la République, c'est cela.

Cet ouvrage propose de déconstruire le mythe de celui qui pourrait être notre prochain Président de la République. Le président d'une République unie et indivisible. Ce bijou que nous ont légué nos aïeux pourrait bien imploser.

24. Article 1 de la Constitution de la République française du 4 octobre 1958.

Chapitre 1
Le tombeau d'un héraut

Ne nous arrêtons pas au mot cinglant d'Henry Becque, «l'élite, c'est la canaille». Bien loin de la traditionnelle définition de l'«élite» de la Nation qui la cantonne à la crème formée dans nos universités, les hautes écoles, il est une élite manuelle qui excelle dans des professions exigeantes (restauration, agriculture), comme il existe une élite artistique et culturelle. Devant cette pléthore d'acceptions, soyons concis. Référons nous aux écrits de l'essayiste pour connaître sa définition de «l'élite» tant honnie. Selon lui, celle-ci doit être circonscrite au «sens étroit des élites politiques, économiques, médiatiques»1. Les travailleurs manuels aguerris et autres artistes accomplis en seront ravis. Soit! Prenons-le au mot.

Fervent détracteur de ces prétendues «élites» qu'il se plaît à torpiller pour avoir placé le destin des Français entre les mains d'un gouvernement européen non élu, de multinationales mondiales en quête de main-d'œuvre étrangère à vil coût, Éric Zemmour semble bien décidé à renier sa situation. Présentation sans fard ni paillettes d'une soi-disant «élite» fustigeant les «élites», d'un descendant juif aux relents antisémites, avant de dresser celui d'un fils immigré en guerre contre l'immigration. Le condensé d'une vie d'incohérences, ou bref précis de contradictions cavalières à l'attention des lecteurs exigeants. Éric Zemmour a pour précepte de n'octroyer aucune merci à ses adversaires. Par courtoisie, ne lui en accordons aucune.

1. Éric Zemmour, *Le bûcher des vaniteux*, *op. cit.*, p. 63.

Autoportrait d'un détracteur des « élites » reniant son parcours : révélations dans ses essais et ses fictions

On se souvient avec nostalgie de la détestation que le grand cinéaste Claude Chabrol vouait à la bourgeoisie. « Je déteste les bourgeois, mais j'en suis un, s'excusait-il, alors je me venge, je veux les rendre malades, qu'ils aient mal au cœur »[2]. Si le bon mot pouvait faire sourire de la part de ce bon vivant qui se cantonnait à étriper la bourgeoise endiamantée sur la toile, il n'en est rien concernant Zemmour qui a fait sien cet adage. Et cette fois-ci, ce n'est pas du cinéma. Pas un essai où Éric Zemmour ne fulmine contre cette « élite » à laquelle on devrait la « décadence française ».

À en croire ses écrits, il subirait de plein fouet le regard méprisant de ces « élites », se rangeant ainsi du côté de ce peuple déconsidéré, notamment quand il « ose pleurer sur la désindustrialisation massive de la France »[3]. Pourtant, ses racines plébéiennes ont tôt fait d'être gommées. Bienvenue dans le monde de ce névrosé, complexé par sa situation. Attention, il ne s'agit là que d'une première contradiction. Le lecteur qui aurait peur d'en découvrir d'autres serait avisé d'arrêter sa lecture ici.

D'une plume acide, il accuse cette fameuse « élite » de tous les maux. Que ce soit le pape de la mode sous les traits de Karl Lagerfeld, auquel il reprochait d'avoir imposé la morphologie du mannequin féminin anorexique au corps de garçonnet, seul capable de séduire un créateur homosexuel qui n'aimait pas les femmes[4]. Que ce soit aussi l'apôtre de malheur « européiste » qui a imposé la monnaie unique au corps défendant du citoyen français. Que ce soit encore les capitalistes mondialisés et cosmopolites, un pied en France, un autre à New-York, qui travaillent dans le milieu opaque de la finance et qui « ne veulent plus rien

2. Guillaume Cadot, « Le style Chabrol », *Leshardis.com*, 17 nov. 2020, URL : https://www.leshardis.com/2020/11/le-style-chabrol/.

3. Éric Zemmour, *Le bûcher des vaniteux*, *op. cit.*, p. 303.

4. Éric Zemmour, *Le premier sexe*, *op. cit.*, p. 20.

avoir à faire avec leur pays »[5] quand elles ne sont tout simplement pas en quête d'un « gouvernement mondial »[6].

Recourant à la technique bien rodée des populistes qui dressent une frontière entre deux camps irréconciliables, Éric Zemmour dessine une ligne de partage entre les « élites » et le « peuple ». Essentielle, cette division permet de construire un champ politique où l'adversaire est nécessairement un « ennemi de l'humanité »[7] à la morale décadente. Cette « oligarchie » se voit désignée en ennemi du « populo » et l'écrivain l'accuse de servir ses intérêts en méprisant royalement ce « peuple » éperdument amoureux de sa patrie. En revanche, cette ligne de démarcation est invisible pour celui qui tient le crayon. En effet, le pourfendeur de ces prétendues « élites » oublie un détail. Selon sa définition, il est lui-même une « élite ». Politique ou médiatique ? Les deux, tout simplement. Il y a toujours une faille. Habituellement, plus c'est gros, plus ça passe. Pas cette fois.

Formé à Sciences Po, « une terre bourgeoise »

Formé à Sciences Po, candidat malheureux par deux fois à l'ENA après avoir âprement préparé le Saint Graal des concours, on eût connu parcours scolaire plus plébéien. Et moins élitiste. L'école de la rue Saint-Guillaume n'a pas la réputation de former des impotents. Il fut même un temps où l'IEP[8] de Paris s'honorait de former des « élites » avant que le terme ne soit plus en odeur de sainteté.

Comment pourrait-on décrire Sciences Po à ceux qui ne la connaîtraient pas ? L'exercice est délicat. Soyons fidèles à notre démarche : définir Zemmour grâce à Zemmour. Apportons-leur, sur un plateau, la définition qu'en donne notre héraut : c'est le lieu « où se forment les futures élites de la nation »[9]. Le mot est lâché. C'est tout ? Non, il y a plus. « Sciences Po avait toujours été

5. Éric Zemmour, *Le bûcher des vaniteux II*, *op. cit.*, p. 281.
6. Éric Zemmour, *Le bûcher des vaniteux*, *op. cit.*, p. 156.
7. Pierre Rosanvallon, *Le siècle du populisme*, Paris, Seuil, 2020, p. 34.
8. Institut d'études politiques.
9. Éric Zemmour, *Z comme Zemmour*, Paris, Cherche-Midi, 2011, p. 217.

une terre bourgeoise où les enfants des beaux quartiers parisiens étaient chez eux »[10]. Mais attendez, il y a encore mieux. C'est « le dernier village gaulois de l'excellence scolaire »[11]. L'explication a le mérite de la limpidité.

Dans un article paru en 1999 dans le *Monde diplomatique*, le sociologue Alain Garrigou livrait son analyse qui sonnait comme un réquisitoire sans concession[12], avec pour point de départ un exercice des plus naïfs auquel ce chercheur s'était prêté : consulter l'annuaire des anciens élèves de l'école. Son constat est sans appel. Il n'existe guère de lieux où les principales éminences de l'État ne soient d'anciens élèves issues d'une même institution. « Où le président de la République, le premier ministre, le président de l'Assemblée nationale soient diplômés de la même école »[13]. Quelle que soit l'année, le bilan est peu ou prou le même.

Sous la Ve République, la majorité de nos présidents sont passés par cette école. Six sur huit pour être précis. Parmi lesquels Georges Pompidou, François Mitterrand, Jacques Chirac, Nicolas Sarkozy[14], François Hollande et Emmanuel Macron. Quant aux Premiers ministres, la liste serait trop longue pour égrener tous les occupants de Matignon passés par ce « cénacle ». L'énumération donne le tournis. C'est pourquoi on s'accordera sur un point. Les bancs de l'école ne forment pas le Tiers état, mais l'État.

Pour arriver au sommet, sans une once d'originalité mais à point nommé, il n'est pas de meilleur chemin que celui qui consiste à glisser ses pas dans ceux d'un illustre prédécesseur. En franchissant la porte de l'école du pouvoir, le jeune Zemmour savait qu'il tirait aussitôt un trait sur ses réminiscences plébéiennes. Et par la même occasion, qu'il serait abreuvé de

---

10. Éric Zemmour, *Le suicide français*, *op. cit.*

11. Éric Zemmour, *Z comme Zemmour*, *op. cit.*, p. 11-12.

12. Alain Garrigou, « Sciences-Po, laminoir des élites françaises », *Le Monde diplomatique*, mars 1999, p. 24-25.

13. *Ibid.*

14. Nicolas Sarkozy en sortit non diplômé.

cette pensée dominante avec laquelle il a construit son idéologie. Par opposition.

Dans une tentative désespérée de réhabiliter leur héraut, les fidèles inféodés du polémiste pourraient objecter que les étudiants de Sciences Po n'ont véritablement colonisé les allées du pouvoir qu'après les années 80, soit après que le jeune Éric Zemmour a jonché les bancs de l'école en 1981. À ceux-là, on se bornera à rappeler la logique du fondateur de l'institution, Émile Boutmy, qui était précisément de rénover les « élites » françaises. Une ambition qui n'est pas tombée dans l'oreille d'un sourd. Maudite « élite » ! Qui a permis à Éric Zemmour de se former. Et de se lancer.

Un emploi du temps de ministre

Après la disparition du *Quotidien de Paris* en 1974 où il a été recruté par Philippe Tesson après ses échecs à l'ENA et quelques piges à *Marianne* et *Valeurs actuelles*[15], Éric Zemmour devient grand reporter au *Figaro* puis au *Figaro Magazine* avant d'embrasser une carrière de chroniqueur bien connue dans l'émission « On n'est pas couché » sur France 2, qui fit pour beaucoup à sa notoriété de trublion, pour finir avec un modeste rond de serviette sur Paris Première et CNews. Il a aussi régulièrement tenu une brève chronique d'actualité quotidienne sur RTL. On se demande ce que fuit cet homme de la rue qui en est réduit à fréquenter tout le gigota médiatique et à se cacher vainement de plateaux radios en plateaux télés.

Le quotidien de ce bourgeois est rythmé par des rencontres avec les patriciens. Sa vie pourrait se cantonner aux intérieurs chaleureux des grands hebdomadaires et aux plateaux télévisés, mais notre héraut ne s'arrête pas en si bon chemin. Au cours d'une balade avec un jeune militant qui fait office de chauffeur, il nous apprend qu'il doit se rendre à « un dîner avec les chefs

15. Tifenn Clinkemaillié, « Éric Zemmour, candidat non déclaré à l'élection présidentielle », *Les Échos*, 19 octobre 2021, URL : https://www.lesechos.fr/elections/candidats/eric-zemmour-candidat-non-declare-a-lelection-presidentielle-1356005.

de l'UMP »[16]. Loquace sur son agenda, il poursuit « déjeuner, dîner, routine de journaliste et de politique »[17]. Matin, midi et soir, Éric Zemmour ne fréquente que des patriciens. L'histoire ne dit pas que la plèbe fut conviée à ces rencontres entre caciques.

D'un coup, le masque tombe. Il fut un temps où l'ennemi juré des « élites » partageait son temps entre salle de rédaction et repas intimes avec les chefs d'un parti politique et autres personnages influents de ce monde. Le temps passait et il avait un pied quasi quotidien sur les plateaux télés. Là encore, on a connu plus plébéien et moins élitiste. Au grand dam de ses partisans, le Rubicon est franchi depuis longtemps. Ne lui en déplaise, Éric Zemmour appartient à cette excellence.

Brève digression toujours autour de cette anecdote au sujet de cette « balade » qu'il raconte dans *Le premier sexe*. Effectivement, soit dit en passant, on ne pourra que s'étonner de voir cet homme du « peuple » recourir au service d'un chauffeur privé pour le conduire de meetings politiques aux dîners intimes entre ténors, et inversement. Est-ce à dire qu'Éric Zemmour ne côtoie plus les roturiers ? Rien de plus faux. Le « gueux » lui sert de laquais pour le conduire de réunions en réunions avec tout ce qui compte dans le milieu politique et médiatique. Somme toute, quoi de plus naturel ? Après un énième festin avec les hiérarques, il faut bien retrouver le chemin des studios télés. Dans tout cela, le peuple n'est jamais loin. Il le sait. Il le voit derrière la vitre teintée de sa berline.

Au passage, le lecteur ne pourra qu'être surpris de voir que ce profanateur de la vie parisienne, critiquant autant sa rive-droite, désormais composée de « bobos, diplômés, féminisés »[18], que son Est parisien habité en masse par des « familles immigrées »[19], puisse regagner le soir ses pénates, à la Capitale, en s'asseyant royalement sur ses invectives du jour. Que soient loués les mérites de l'amnésie quotidienne. Après tout, il y a un

16. Éric Zemmour, *Le premier sexe*, *op. cit.*, p. 11.

17. *Ibid.*

18. Éric Zemmour, *Le bûcher des vaniteux*, *op. cit.*, p. 256.

19. *Ibid.*

îlot de résistance. C'est heureux, Paris n'est pas perdu ! Seule la bourgeoisie « cantonnée à l'Ouest »[20] trouve grâce à ses yeux. Cela tombe à merveille, c'est là qu'il vit, dans le très noble VIIIe arrondissement. Décidément, un véritable amoureux du peuple.

Aux défenseurs du polémiste les plus retors qui continueraient à objecter qu'il est du côté du « peuple », on leur ouvrira les yeux en concluant cette tirade par une citation de l'intéressé, qui se suffit à elle-même : « Depuis des années, mon métier de journaliste politique m'a permis de côtoyer de nombreux hommes politiques ainsi que leurs conseillers et amis ; tous, ils m'ont conté de nombreux récits, anecdotes, confidences. Qu'ils en soient remerciés. »[21] Qu'il en soit acté. L'intéressé n'est pas si ingrat qu'il y paraît. Que « l'élite » en soit grassement remerciée.

Quand le « peuple » se vide de sa substance

Inspirée du « diviser pour régner »[22], la méthode populiste consiste à opposer le « peuple » à ses « élites » pour cliver la population et distinguer les bons d'un côté, les mauvais de l'autre. Cette ligne de partage est fondamentale pour élaborer un champ politique où tous ceux qui ne penseront pas comme le chefaillon seront nécessairement des ennemis à abattre[23]. Dans le viseur du polémiste, on distingue « l'élite » libérale, mondialisée, cosmopolite. Soit, la soi-disant « bien-pensance ». De l'autre côté, on retrouve la « populace » ignorée, méprisée, toisée de haut, laissée pour compte, inaudible. En théorie, ces deux camps seraient irréconciliables. Éric Zemmour a choisi le sien, il est du côté du « peuple ». Ou du moins ce qu'il en reste après avoir passé au vitriol la quasi-totalité de la population.

En effet, utilisant le terme à longueur de temps, Éric Zemmour ne s'embarrasse pas à définir ce que recouvre le mot « peuple », qui n'est pourtant pas sans poser quelques difficultés

---

20. *Ibid.*

21. Éric Zemmour, *L'Autre*, *op. cit.*, p. 333.

22. « *Divide e impera* », Voir également Machiavel, *Discours sur la première décade de Tite-Live*

23. Voir également Pierre Rosanvallon, *Le siècle du populisme*, *op. cit.*, p. 34.

aux universitaires de tous bords tant la tâche est ardue[24]. À bon escient sans doute, car dans sa conception, le « peuple » a tôt fait de se réduire à peau de chagrin. Sitôt, on remarquera qu'au sein des théories d'Éric Zemmour, la notion fait des laissés-pour-compte. Prenant le soin de ne jamais préciser ce qu'est ce fameux « peuple », sa plume acerbe en exclut les « bobos », les financiers hors-sol[25], les salariés « cosmopolites », les fils d'immigrés, ceux portant un prénom étranger, les homosexuels, les musulmans et bien d'autres. On sera déconcerté de voir que le bobo n'a pas sa place parmi la populace. Après tout, on est du côté du peuple ou des bobos[26]. *Exit* donc l'habitant des grandes villes « travaillant dans les services »[27].

Sans avoir besoin de dons de divination, on comprendra vite à travers les lignes que le « peuple » recouvrirait chez Éric Zemmour ces classes ouvrières condamnées à vivre dans des banlieues « hallalisées »[28] où elles se sentiraient désormais étrangères. En tout cas, le mot se vide de sa substance et une fois les intrus exfiltrés, il ne reste de ce grand « peuple » qu'un reliquat de franchouillards prolétarisés. Seule la France rurale et périurbaine échappe à son acharnement. Autrement dit, la France qu'il ne côtoie plus, sauf lorsqu'il se rend en province pour dédicacer ses livres.

Un mépris du « peuple »

Ce fidèle détracteur des « élites » leur reproche sans relâche de mépriser le « peuple », qu'il n'entend plus, en l'assignant dans ses basses sphères roturières, depuis le luxe et les dorures des palais. Pourtant, il s'agit là d'une cruelle accusation, et non des

24. Voir Chapitre 4 – Diviser pour régner : le « peuple » contre les « élites », p.141.

25. Éric Zemmour, *Le bûcher des vaniteux II*, *op. cit.*, p. 281. Éric Zemmour y livre une diatribe contre Bernard Arnault qui « incarne avec éclat cette sécession des élites qui ne veulent plus rien avoir à faire avec leur pays, qui ne connaissent plus que le marché mondial ».

26. Éric Zemmour, *Le bûcher des vaniteux II*, *op. cit.*, p. 162.

27. Éric Zemmour, *Le bûcher des vaniteux*, *op. cit.*, p. 256.

28. Voir par exemple Alain Finkielkraut *L'identité malheureuse*, Paris, Stock, 2015, p. 123.

moindres, qu'on pourrait bien objecter à Éric Zemmour. C'est que, malgré sa convocation intempestive du « peuple » dont il use et abuse pour asseoir chacune de ses prises de position, comme si une foule unie se tenait compacte derrière lui dès qu'il prend la plume, l'écrivain cache mal son mépris latent pour la « plèbe ».

En fait, il est même surprenant qu'Éric Zemmour n'encoure aucune vindicte populaire, tant son arrogance à l'égard de la « plèbe » est immense.

Zemmour méprise le « peuple ». Oui, il méprise le peuple ! Ah non ! C'est un peu court ! Sur le mépris du peuple par Zemmour, tel un Cyrano, on pourrait dire bien des choses en somme, en variant le ton, par exemple, tenez :

Arrogant. Au sujet des provinciaux, sous le masque de la fiction dans *L'Autre* : « Je n'ai rien à dire à ces péquenots, moi ! »[29]

Dédaigneux. À propos des Français d'outre-mer : « Les DOM-TOM en général, et les Antilles en particulier, sont une caricature de France »[30].

Condescendant. À l'encontre des fonctionnaires, quand il note que les juges sont passés « de la munificence des aristocrates », à la « digne médiocrité du traitement des fonctionnaires »[31]. Les fonctionnaires, notamment ceux du collectif « les profs avec Zemmour », qui sont moins bien traités que les hauts fonctionnaires de la magistrature apprécieront. Que sont-ils au juste selon lui, des sous-médiocres ?

Insolent. Au sujet des femmes voilées : « Le voile est le symbole de cet enfermement : "nos femmes ne sont pas pour vous", nous jette à la figure l'islam en voilant ces jeunes filles. »[32] Un classique.

---

29. Éric Zemmour, *L'Autre*, *op. cit.*, p. 154.
30. Éric Zemmour, *Le bûcher des vaniteux II*, *op. cit.*, p. 32.
31. Éric Zemmour, *Le coup d'État des juges*, *op. cit.*, p.59.
32. *Ibid.*, p.85.

Hautain. Au sujet des responsables politiques corrompus : « Car jugés ou relaxés, coupables ou innocents, ils sont déjà condamnés. La *vox populi* a tranché : "tous pourris". »[33]

Ce bref florilège trahit la véritable pensée d'Éric Zemmour, qui en s'abritant derrière le « peuple », n'a que faire de ses idéaux. Notamment lors de cette dernière saillie, où il donne l'illusion de se placer du côté du « peuple » en fustigeant un gouvernement des juges qu'il trouve contraire à la démocratie, alors qu'il affiche ostensiblement son mépris le plus total pour le cri du peuple, la *vox populi.* Se targuer de vouloir redonner la parole au « peuple », tout en souhaitant faire taire sa voix, voilà qui est incompréhensible. On voit s'amorcer là une prolifique carrière de dictateur.

Il répète à l'envi que c'est la France qui a fait l'Algérie, ce qui n'est pas d'une rigueur absolue, tout en excluant les DOM-TOM de son giron, qui sont bel et bien la France. Surtout, sans que cela n'ait d'aventure choqué quiconque, Éric Zemmour toise de son pré carré les « sans-grades » qu'il se faisait fort de défendre, confinant ces derniers dans des basses besognes manuelles pour lesquelles il n'a que la plus haute morgue. Comme à l'accoutumée, la preuve par le verbe.

Il regrette la noblesse héréditaire qui apprendrait l'humilité et regrette la méritocratie républicaine qui rendrait orgueilleux : « Le vainqueur du concours méritocratique est légitimement convaincu de devoir sa réussite à ses seules qualités : son intelligence, son énergie, son endurance, son caractère. Il n'a que mépris pour ceux qui n'ont pas atteint son niveau social. L'ancienne noblesse savait qu'elle devait son statut davantage à ses parents et à sa naissance qu'à ses propres vertus. Cette fragilité la rendait moins présomptueuse et plus attentive au sort des plus modestes. »[34] Le raisonnement nous laisse coi. Il n'y a rien de plus républicain qu'un concours où chacun a ses chances plutôt qu'une noblesse où les rôles sont cadenassés par la naissance.

33. *Ibid.*, p.53.

34. Éric Zemmour, *Destin français*, Paris, Albin Michel, 2018, p. 318.

Les chances de franchir les échelons sont réduites lorsqu'elles sont déterminées par un nom.

Lorsqu'il fait s'asseoir son journaliste, qui narre l'histoire, à la table d'un ministre, dans *Petit frère*, celui-ci juge la cuisine servie dans les ministères « médiocre, mais souvent banale ». Les « petits » et les « sans-grades » qui crèvent la dalle savoureront. De plus la nourriture y est servie par des « loufiats » qui laissent traîner des oreilles indiscrètes[35], ce qui n'invite pas forcément à penser qu'il est le meilleur ami des domestiques en livrée. En faisant Sciences Po, puis en tentant l'ENA, il n'envisageait certainement pas de finir comme ces valets mal dégrossis qui servent dans les ministères, et pour cause, ils le dégoûtent. En revanche, il escomptait plutôt finir à la table des maîtres. Mission accomplie.

Aussi, on voit à travers ces lignes qu'il n'éprouve que la plus haute indifférence pour les métiers manuels, cantonnant ceux qui n'ont ni culture mirobolante, ni aptitudes intellectuelles innées, à la profession de commerçants que leur assigne leur « rusticité » héréditaire[36]. Cela pourrait être anodin, car il est certain qu'il n'y a pas de sot métier, mais le lecteur perspicace se souviendra que cet agitateur soutenait promptement, dans *Le Premier sexe*, que l' « on a jamais vu une actrice au bras d'un garçon boucher »[37]. Retourne donc couper du jambon dans ton arrière-boutique mon brave, tu n'y peux rien si les belles femmes ne veulent pas de toi. C'est pas ta faute, tu sens le pâté. Au pire, si tu veux assouvir tes fantasmes, écris un livre. Comme tonton Éric sait le faire. Ça mange pas de pain et ça peut rapporter gros.

Sa désaffection pour les petites mains est tellement grande qu'il glisse dans la bouche d'un industriel de sa fiction *L'Autre*, que l'immigration maghrébine rabattra le caquet aux Français, car non seulement ça tirera les salaires vers le bas, mais encore, cela humiliera les communistes en leur montrant que « si des Arabes peuvent accomplir le même travail qu'eux, c'est

35. Éric Zemmour, *Petit frère*, *op. cit.*, p. 18.

36. *Ibid.*, p. 110.

37. Éric Zemmour, *Le premier sexe*, *op. cit.*, p. 68.

que leur travail ne vaut pas grand-chose »[38]. De sorte que depuis ses cimes astrales, l'auteur nous livre cette confession ahurissante sur son dégoût des « tâcherons » laborieux qui, s'ils font tourner le pays, peuvent faire le même boulot qu'un Arabe. Injure suprême sous sa plume, puisqu'il ne porte pas ces « Arabes » particulièrement dans son cœur.

Sauf qu'il y a pire médisance de sa part à l'égard des classes ouvrières. En poursuivant ses diatribes, il ne montre guère de signe de respect pour les mouvements sociaux, en particulier les grèves, « que personne ne parvient à achever "dans la dignité" » [39]. À la lecture de cette phrase, on se souviendra d'Émile Zola, qui, dans *Germinal*, décrivait, parallèlement à la grève des mineurs déclenchée sous l'impulsion d'Étienne Lantier afin de riposter à la baisse des salaires, le mode de vie des patrons, dont le faste n'avait guère changé. Inéquitable entre les deux camps, le mouvement de rébellion s'achèvera dans un bain de sang, les mineurs affamés par des semaines de lutte devront se résigner à reprendre le turbin, tandis que le patronat n'a jamais cessé de s'empiffrer. Tout conflit social se résume par ce déséquilibre des forces en présence : le ventre du plébéien qui crie famine puisqu'il n'a pas de réserves assez solides pour faire plier le patricien qui ne cesse de s'engraisser, sous les ors et dorures de sa demeure. Comment une telle situation pourrait-elle se terminer avec les honneurs ?

Il nous confie sans filtre se « scandaliser de la violence, de l'irrespect de la loi, du nihilisme d'ouvriers qui ne respectent plus leur outil de travail »[40]. Comme si le transpalette valait mieux que leurs estomacs. Alors, il dénigre ces « ouvriers casseurs »[41] qui « veulent seulement obtenir une superprime de quelques milliers d'euros » en estimant qu'on « a affaire à un mélange de Woody Allen, *Prends l'oseille et tire-toi*, et de téléréalité. »[42] Oui, monsieur Zemmour, mais quelques milliers d'euros c'est une

38. Éric Zemmour, *L'Autre*, *op. cit.*, p. 221.

39. Éric Zemmour, *Petit frère*, *op. cit.*, p. 185.

40. Éric Zemmour, *Z comme Zemmour*, *op. cit.*, p. 106.

41. *Ibid.*

42. *Ibid.*, p. 106-107.

somme quand on gagne le Smic. En tout cas, Éric Zemmour ne peut décemment pas se revendiquer du « peuple » et moquer, en donnant des leçons de morale, les conflits sociaux qui ne se terminent pas avec éclat.

Ses fidèles boivent ses propos, sans jamais s'apercevoir, et c'est sans doute là le plus navrant, qu'ils sont sans doute visés à un moment donné, tant son cercle d'opprobre vise large. *In fine*, c'est la France entière que Dominique, la fille du président Marsac, rêve de fuir, en regrettant qu'elle soit devenue « ce pays sinistre qu'elle hait, peuplé de ploucs qu'elle méprise »[43]. On prendra cette estocade de plein fouet en guise de déclaration dissimulée de l'auteur.

Par conséquent, cela ne fait que confirmer ce que nous pressentions déjà. De la même façon qu'il accuse les cibles de ses attaques de mépriser les classes populaires, il ne leur témoigne aucun respect. Voire, il fait pire. On pourra alors résumer tout le dégoût qu'il éprouve à leur endroit, par le conseil qu'il donne aux hommes de déguerpir fissa des professions en voie de féminisation, avec cette conclusion infernale en guise de sommation : « féminisation, prolétarisation, taylorisation. Le triptyque maudit que vivent désormais les médecins généralistes et les avocats pénalistes »[44]. Et cette « règle d'or »[45] qu'il donne juste après avoir énoncé cette vindicte : « Dès que tu vois arriver des femmes en masse dans une profession, fuis-la »[46]. En résumé : femmes, ouvriers, classes populaires, travailleurs. À fuir donc. Il n'y a rien à ajouter, un amoureux du « peuple ».

Le partisan d'une justice de classe

Alors qu'il n'a jamais de mots assez durs contre cette vile « racaille » qu'il voue au pilori, il semblait acquis à la cause qu'il n'y avait point de petit cœur qui batte dans la poitrine d'Éric Zemmour. Pourtant, sa pitié la plus totale semble acquise pour la délinquance financière qui se passe subtilement des enveloppes

43. Éric Zemmour, *L'Autre*, *op. cit.*, p. 297.

44. Éric Zemmour, *Petit frère*, *op. cit.*, p. 124-125.

45. *Ibid.*

46. *Ibid.*

jaunes pour financer la vie politique. Partis politiques et campagnes électorales inclus.

Dans *Le coup d'État des juges*, le pamphlétaire livre un vibrant hommage à la République des mallettes, celle-là même qui a permis aux candidats de tous bords de recourir à des financements occultes, de Clemenceau à de Gaulle et de Gambetta à Léon Blum, allant jusqu'à vanter les louanges de ce «progrès démocratique» [47] qui a permis au politicard fauché de livrer bataille électorale. Effectivement, c'est qu'Éric Zemmour se montre clairement partisan d'une justice de classe qui épargnerait le «bourge» en costume trois-pièces mais qui châtierait de tout son poids le «péquenot» en survêtement. Il ne saurait y avoir meilleur chantre à la morale de La Fontaine, selon «que vous serez puissant ou misérable, les jugements de cour vous rendront blanc ou noir»[48]. La capuche ou le col blanc.

Ainsi, on s'étonnera de lire sous la plume de celui-là même qui ne cesse de décrier le laxisme judiciaire, de sermonner l'abolition des peines planchers pour la petite délinquance[49], une ode aux crapules en col blanc injustement emprisonnées là où elles se trouvent mêlées à la vulgaire populace. Pis, dans ces endroits infâmes, les magouilleurs sont condamnés à supporter les déjections de leurs voisins de cachot[50]. Ainsi, le juge, fulmine-t-il, «a, lui, les moyens de détruire son adversaire». Comment? En laissant «pourrir en prison» ce brave dirigeant politique «au milieu des sarcasmes des policiers et des excréments de ses codétenus»[51]. Rappelons qu'il s'égosillera pourtant sur «la disette» des places en prison. Il déplore qu'il «manque au moins 20 000 places de prison en France», raison pour laquelle «on organise le rationnement»[52]. Il reproche aux politiques de vouloir «vider

47. Éric Zemmour, *Le coup d'État des juges*, *op. cit.*, p. 10.

48. Jean de La Fontaine, «Les animaux malades de la peste» *in Fables* – Second recueil dédié à Madame de Montespan, Livre VII.

49. Éric Zemmour, *Le bûcher des vaniteux II*, *op. cit.*, p. 203.

50. Éric Zemmour, *Le coup d'État des juges*, *op. cit.*, p. 45.

51. *Ibid.*

52. *Ibid.*, p. 41.

les prisons »[53]. Mais voilà, dès lors que cela touche son copain de tablée, haro sur le carcéral !

En un mot, celui-là même qui veut débarrasser la France de tous ses criminels en est réduit à critiquer le « moralisme étriqué » du droit pénal financier[54]. Voici une leçon que devraient retenir les apprentis truands. Et de se mettre à passer des enveloppes jaunes plutôt que du cannabis. Sa tendresse infinie pour ces pauvres passeurs de sacoches bourrées de billets le pousse à tancer le juge qui ose leur glisser les menottes aux poignets. Si l'on ne savait que la victime est un ancien patron, on se croirait presque dans du Victor Hugo : « Le juge exigea qu'on lui glissât les menottes aux poignets ; le Floch estimait cette mesure inutile et humiliante ». Les menottes ? « Mesure inutile et humiliante » pour un ancien dirigeant[55] ? On n'est jamais mieux servi que par soi-même. À ceci près que la scène décrit le transport d' « un ancien PDG de la SNCF »[56] placé en détention provisoire, et non un misérable. Du Victor Hugo. Presque. Version CAC 40.

Soudain, les droits de l'Homme tant décriés et jetés à grand fracas par la porte reviennent subrepticement par la fenêtre. Que n'aurait-on pas entendu si une maudite association « droit-de-l'hommiste » avait daigné se plaindre d'un « menottage » de migrants. Faisons un effort. Sus à ces collabos multiculturels ! Éloge magistral, s'il en fallait, d'une justice à deux vitesses qui châtierait de tout son courroux ou non, selon que l'on est puissant ou misérable, blanc ou noir, au pied de la lettre. La Fontaine, si tu nous entends... D'une mauvaise foi arrogante, il osera pourtant soutenir que la discrimination pervertit notre époque et que l'antiracisme est son fléau.

Réhabilitant le bon usage du voile – pour une fois – sur les « arrière-cuisines »[57] peu ragoûtantes des hommes politiques,

---

53. Éric Zemmour, *Un quinquennat pour rien*, Paris, Albin Michel, 2016, p. 133.
54. Éric Zemmour, *Le coup d'État des juges, op. cit.*, p. 20.
55. *Ibid.*, p. 45. Remarque : Le passage de menottes concernait Monsieur Loïk Le Floch-Prigent.
56. *Ibid.*, p. 27.
57. Éric Zemmour, *Le coup d'État des juges, op. cit.*, p. 11.

Éric Zemmour vilipende les juges français et leur immixtion dans la vie démocratique, allant jusqu'à les sermonner d'avoir étendu une infraction pour faire trépasser le politique, à petit feu: « Aujourd'hui encore, l'extension jurisprudentielle de la notion d'abus de bien social a un objectif évident : atteindre la classe politique à son talon d'Achille longtemps dédaigné, le financement des partis. »[58]

Partant, une faille de taille doit être relevée. Au grand dam de ses admirateurs, le cœur du défenseur du « peuple » penche du côté des « élites »[59] passeuses de billets. Mal enfouie, sa véritable nature ressort quand il blâme, à peine masqué, la *vox populi* qui ose affubler les élus du « tous pourris »[60].

Outre ce traitement de classe et son reniement du « peuple », l'incohérence ne s'arrête pas là. Partisan revendiqué de la peine de mort, il fustige la « pénale guillotine »[61] qui s'abat sur les politiques pris la main dans le sac à magouilles. Ainsi, il réprouve la condamnation d'Henri Emmanuelli par une Cour de Rennes à deux ans de privation des droits civils et huit mois de prison avec sursis. « Une mise à mort » selon les mots de l'ancien député[62]. Dans l'histoire judiciaire, un condamné a-t-il déjà trouvé sa sentence trop clémente ? On constate alors avec effarement que le couperet doit s'abattre avec ferveur sur le jeunot qui a « dealé » du shit pour une poignée d'euros mais laisser impuni le « richard » qui passe des millions.

Par un ultime cri d'espoir, le pamphlétaire implore les plus hautes instances de faire cesser cette infâme cabale avant qu'elle ne fasse trop de macchabées. « Combien de temps cette guerre sans merci durera-t-elle ? Combien de morts avant qu'elle ne cesse ? », lance-t-il désespéré[63]. Malheureusement, ce fidèle

58. *Ibid.*, p. 15.

59. Selon ses termes.

60. Éric Zemmour, *Le coup d'État des juges, op. cit.*, p. 53. Voir également partie précédente, 2 - Des écrits révélant un mépris à peine caché du peuple.

61. *Ibid.*, p. 20.

62. *Ibid.*, p. 36.

63. *Ibid.*, p. 54.

partisan de la guerre sonne faux quand il quémande miséricorde. Et pour cause, il n'a pas toujours montré la plus grande fraternité à l'encontre des innocents persécutés. À ce titre, il faudrait lui rafraîchir la mémoire avec ses propres paroles quand celui-ci disait que « l'Histoire c'est ainsi, des innocents meurent parce qu'ils sont dans le mauvais camp, au mauvais endroit au mauvais moment »[64]. C'est injuste, mais c'est ainsi. Apparemment pas pour les dirigeants.

N'étant pas à une exagération près, il s'attriste des « concepts juridiques nouveaux »[65] utilisés par le juge pour traquer le politicard aux mœurs décadentes. Alors qu'il a les larmes aux yeux face à cette injustice, on serait tenté de le conduire par la main dans les prétoires de comparutions immédiates, procédure rapide si ce n'est expéditive où sont jugés les prévenus directement après leur garde à vue. Inutile de préciser que les enquêtes y sont beaucoup moins longues et bien moins poussées qu'en matière financière. Là, bon nombre de jeunes prévenus sont condamnés sous couvert de concepts bien plus foisonnants.

D'habitude si véhément, il paraît bien désœuvré face à cette tendance à la transparence. Néanmoins, il parvient à trouver quelque réconfort dans la décision illégale du Conseil constitutionnel de 1995[66] qui avalisa le tripatouillage des comptes de campagne de Jacques Chirac et Édouard Balladur, tandis qu'elle ruina au passage Jacques Cheminade, le dindon de la farce qui tutoyait 0,27 % des voix[67]. Arnaque au Palais-Royal ! « Comme l'a reconnu sportivement Roland Dumas »[68], explique-t-il avec jubilation, « les juges n'avaient avalisé en 1995 les comptes de

---

64. Dadou Boughezala, Élisabeth Levy et Gil Mihaely (propos recueillis par), « Zemmour : Entre la France et l'islam, les musulmans doivent choisir », *Causeur*, 7 octobre 2016, URL : https://www.causeur.fr/eric-zemmour-islam-immigration-quinquennat-140443.

65. Éric Zemmour, *Le coup d'État des juges*, *op. cit.*, p. 34.

66. Éric Zemmour, *Le bûcher des vaniteux*, *op. cit.*, p. 223.

67. Benoît Collombat et David Servenay, « Quand la République couvre l'argent noir de la droite », *Les Inrockuptibles*, 22 février 2012, n°847, p. 50 et suivantes.

68. Éric Zemmour, *Le bûcher des vaniteux*, *op. cit.*, p. 223.

campagne du candidat Balladur que parce qu'en cas contraire il aurait dû aussi, en toute équité, annuler les comptes du candidat Chirac »[69]. Comme quoi, on remarquera qu'on peut rendre une décision des plus illégales tout en le faisant « sportivement ». Approuver cette décision revient à faire fi de l'effet papillon qui aurait voulu que sans cette débauche de moyens illégaux, Jacques Chirac ne se hissât point au second tour en leurrant le « peuple ». Les failles de sa pensée apparaissent au grand jour. Osons la contradiction. En République, la loi ne doit pas frapper plus sévèrement le délinquant en capuche que la crapule en costume Arnys et à la montre Rolex au poignet.

Au surplus, celui qui s'insurge contre la place croissante du juge dans la vie politique, observe béatement que les femmes sont de plus en plus nombreuses dans la magistrature. Il relève qu' à « l'ENM, les filles [sont] de plus en plus nombreuses »[70]. Venant du penseur selon lequel le pouvoir, c'est « le phallus »[71], c'est contradictoire. Si le pouvoir glissait sur les femmes, comme il se targue à le répéter, le milieu féminisé de la justice se serait affaibli. Or, c'est exactement le contraire qui s'est produit selon lui, prouvant que les femmes incarnent le pouvoir. Énième contradiction. La coupe est pleine. Nous arrêterons ici le massacre.

Des fictions prônant l'élitisme, le racisme et l'antisémitisme : dans l'inconscient d'Éric Zemmour

Une première incursion dans la fiction avec un dandy rouge et antisémite

Pour la première fois en 1999, avec *Le Dandy rouge*, Éric Zemmour se prête à la fiction pour nous conter les grandeurs et décadences de Ferdinand Lassalle. Qui était-ce ? Un homme politique prussien du milieu du XIXe siècle, mais pas seulement. Révolutionnaire, idéologue, philosophe, économiste, libertin et surtout, fondateur du premier parti ouvrier prussien et partisan impéni-

69. *Ibid.*

70. Éric Zemmour, *Le coup d'État des juges*, *op. cit.*, p. 59.

71. Éric Zemmour, *Le premier sexe*, *op. cit.*, p. 120.

tent du suffrage universel qu'il voulait faire instaurer, fût-ce au prix de sa vie. Ah oui, un dernier point qui a son importance. Ferdinand Lassalle était juif, ou plutôt le fils de parents juifs, surtout son père. Toute ressemblance avec l'auteur n'est pas fortuite. On vous le montrera.

Sans échapper à certains travers du roman historique, Éric Zemmour sombre promptement dans le lieu commun qui consiste à réduire les personnages, réels et historiques, dans le rôle de simples véhicules aptes à procurer des informations au lecteur. Aussi, de cette fresque historicisée, le lecteur ne devra pas espérer être ébloui par l'éclat d'antan, sous peine d'être fortement déçu, mais plutôt s'attendre à un succédané de combinaisons et de ruses politicardes d'un galopin ambitieux, sur fond de libertinage suranné. Naturellement, à l'Histoire, l'auteur greffe son idéologie et ses pulsions, que l'on s'attachera à dénouer.

L'histoire nous est contée par la voix de Franz Rienacker, proche de Ferdinand Lassalle et plus précisément secrétaire particulier de ce dernier, qui annonce d'emblée son louable objectif qui est de raconter la vie de son mentor, mort « trop tôt »[72]. Après un prologue contrit de modestie où Franz nous prévient de façon prémonitoire qu'il n'est pas écrivain, ce qu'à notre grand regret la suite nous confirmera, il fait un bref retour dans sa jeunesse où ce fils d'un ébéniste et d'une lingère attira l'attention du « Docteur Lassalle » comme on le surnommait dans son quartier populaire par besoin d'admiration, en interpellant cet esprit avisé par une question portant sur le suffrage universel, son sujet de prédilection.

Sans tarder, le garçonnet se voit invité par Ferdinand Lassalle dans ses quartiers, où le grand homme lui offre le poste de secrétaire. Débute alors une vie aux côtés de cet impétueux qui a tout vu, tout fait, et a une idée bien arrêtée sur tout. De salon en salon, dans un esprit des Lumières façon XVIIIe siècle, Franz l'accompagne et nous livre tout ce qu'il a vu, tout ce qu'il a vécu durant ses années, des conférences politiques sur la Constitution aux soirées libertines avec princes et princesses. On y croise du

72. Éric Zemmour, *Le Dandy rouge*, Paris, Plon, 1999, p. 13.

beau monde, comme la fille du compositeur Franz Liszt, Cosima von Bülow, dont le mari, le chef d'orchestre Hans von Bülow, autrefois l'élève préféré de son papa, la suit comme « un toutou en laisse »[73].

Débatteur fougueux et passionné, Ferdinand Lassalle, *alias* le dandy rouge, est, comme son surnom l'évoque, et sous ses airs charmeurs, du côté des ouvriers et s'oppose de toute sa personne aux progressistes, le camp des notables formés principalement par la bourgeoisie. Il se bat bec et ongles pour imposer le suffrage universel, non sans arrière-pensée tactique, car il compte sur le droit de vote pour siphonner aux progressistes l'électorat des classes moyennes[74]. Plus décidé que quiconque à fonder le premier parti ouvrier de Prusse, tâche qu'il mènera à bien, le poste de président ne pouvait que lui échoir après sa création[75].

Après avoir voulu prêter main-forte à une épouse lésée, Sophie von Hatzfeldt, qui essaie de récupérer contre vents et marées sa fortune dans un combat sans merci avec son mari, Ferdinand se trouve à son tour embourbé dans cette procédure judiciaire au long cours, qui durera une dizaine d'années. Plus précisément, et il s'agit là d'une des carences du livre qui narre mal cet épisode pour le profane, le dandy rouge est accusé d'avoir facilité le vol d'une cassette contenant des documents de première importance en relation avec la procédure de divorce, qui aurait eu pour fâcheux effet de déshériter le fils de Sophie von Hatzfeldt, Paul Hatzfeldt. Sensibles à son éloquence, les juges le condamneront à une peine de prison des plus légères en comparaison de ce qu'il risquait et, soulagée, l'âme charitable peut alors prendre l'épouse martyre comme amante, sa combativité ayant eu raison de l'épée de Damoclès judiciaire. Ce geste lui vaudra l'inimitié du fils de celle-ci, Paul Hatzfeldt.

Libre, et en conséquence hostile à la conception même du mariage qu'il écorche à chaque occasion, Ferdinand est rétif à

73. *Ibid.*, p. 49.

74. *Ibid.*, p. 222-223.

75. *Ibid.*, p. 204.

toute idée d'engagement. Cependant, sa rencontre avec Hélène, la fille d'un diplomate bavarois, change tout pour cet éternel célibataire et en digne amateur de Wagner, il décrète que la blonde sera sa « walkyrie », dans la plus pure tradition mythologique[76]. Seule ombre au tableau dans cette histoire d'amour, le père de la jeune femme, un diplomate bavarois, voit d'un mauvais œil cette union avec un « juif » qu'il va tout faire pour empêcher, même si Ferdinand n'a plus la moindre pratique religieuse depuis des années. Sans compter qu'il a tout fait pour effacer ses origines en changeant son nom de famille, Lasal, pour celui d'un révolutionnaire français, Lassalle, ami de Robespierre et de Saint-Just[77]. Et l'on voit naître à ce moment la marotte d'Éric Zemmour pour l'obligation de porter des prénoms français quand bien même Lassalle ne serait pas dans le calendrier chrétien[78].

Le père de Lassalle ne comprend d'ailleurs plus son fils qu'il destinait à une carrière de commerçant dans le textile, quand celui-ci préfère désormais tenir la jambe à un Karl Marx vacillant sous son déluge de paroles, plutôt que d'écouler du tissu dans son « bazar »[79]. Peu importe ses lectures, peu importe sa culture, Ferdinand sait qu'il restera aux yeux de tous un « sale youpin »[80], ce que ne fait que confirmer le père de sa dulcinée. Las pour Ferdinand, ses projets de mariage avec Hélène finiront de la manière la plus tragique qui soit, puisque le père de sa promise l'emprisonnera dans sa propre chambre pour empêcher cette union, la contraignant à se rabibocher avec un autre fiancé, plus convenable que ce « feuj » de Ferdinand qui le défiera en duel. Peu rompu aux règles d'usage, le fiancé d'Hélène touchera mortellement Ferdinand par un tir de pistolet et qui, à terre, ne pourra lui rendre son coup, et succombera à ses blessures après avoir cessé de se battre pour sa vie. Ce n'est donc pas la syphilis qui le rongeait depuis des années qui aura raison de cet amateur de bonne chair.

---

76. *Ibid.*, p. 93.
77. *Ibid.*, p. 64.
78. Voir Chapitre 5 – Imposer un prénom français, p.271.
79. Éric Zemmour, *Le Dandy rouge*, *op. cit.*, p. 74.
80. *Ibid.*, p. 53.

Comme c'est l'usage, un malheur n'arrive jamais seul. Au crépuscule de sa vie, le legs de Ferdinand Lassalle semble des plus compromis. À sa débâcle sentimentale, s'ajoute un double fiasco politique pour le dandy rouge, ardent défenseur des ouvriers. D'un côté, Bismarck, qui s'est passé de ses services durant la bataille, sort renforcé de la guerre contre le Danemark, ce qui lui procure l'adhésion massive du peuple. De l'autre, l'héritage de l'idéologie ouvrière sera l'apanage du seul Karl Marx. À Bismarck le pouvoir, à Marx le communisme[81]. Ferdinand a tout perdu.

Le Dandy rouge et Éric Zemmour: même père, même fils ?

En toute vraisemblance, il s'agit d'une œuvre de fiction, qui plus est historique. Autant dire que le masque derrière lequel se cache Éric Zemmour est si épais qu'il dégoûterait l'analyste le plus retors. Pourtant, aussi impénétrable que soit le camouflage, celui-ci ne saurait nous décourager, et encore moins nous blouser. On devinera, de façon transparente, que derrière le personnage de Ferdinand Lassalle, fils de juifs qui n'aime pas les juifs, se cache la personnalité d'Éric Zemmour.

Mais ce n'est qu'une fiction dira-t-on. Peut-être. Constatez par vous-même. Et prenez Ferdinand Lassalle, auquel son père reproche de ne plus vraiment être juif, d'être un « renégat », un « goy »[82] notamment lors d'une dispute familiale où le fils se moque de la « belle table fleurie pour Shabbat »[83] et le père de défendre avec fermeté la tradition juive. « Qu'est-ce qu'il y a de mal ? »[84] On semble reconnaître là l'opposition religieuse entre Éric Zemmour et son père, telle qu'il le livre dans *Destin français*. Alors que son père subissait les brimades et bagarres en raison de sa judéité, Éric Zemmour admet sans fard: « Je fais mien le catholicisme »[85].

De même, *Le Dandy rouge* fait cette distinction entre un père juif respectueux des traditions et un fils qui s'en éloigne.

81. *Ibid.*, p. 269.
82. *Ibid.*, p. 64.
83. *Ibid.*, p. 65.
84. *Ibid.*
85. *Ibid.*, p. 29.

Certes, il est de confession juive dans la lignée de ses parents, qui apparaissent dans le récit sous des traits caricaturaux, à ceci près qu'il ne montre aucune appétence pour la religion ni d'affection pour les juifs, comme un certain Éric Zemmour. Ainsi, de son vivant, le docteur Lassalle ne montre guère d'empressement pour le folklore religieux, n'appréciant aucunement les coutumes juives, puisqu'« il n'aimait guère entendre le yiddish de son enfance »[86]. Il ne pratique plus du tout et lors de l'enterrement de son père, il a bien du mal à se dépatouiller du livre de prières qu'il n'a pas touché depuis une éternité. « Il lut quelques mots, buta sur une difficulté. Il déchiffrait trop lentement. Il se découragea et releva la tête, excédé. »[87] Surtout, le père de Ferdinand Lassalle se montre plus soucieux du respect des traditions judaïques que sa mère. Outre le Shabbat que Ferdinand ne respectera plus, le père emmenait son fils « main dans la main »[88] à la synagogue qu'il désertera.

De plus, non seulement il avoue à son amoureuse, Hélène, que quand bien même sa judéité serait un obstacle à leur union, mais encore qu'il est « si peu » juif qu'il en a « fini par détester ce vieux peuple décadent et couard »[89]. Ce « peuple » appréciera sans doute les bons mots qui lui sont réservés. En sus, s'il fallait emporter la conviction d'un esprit hermétique à ces considérations, on se contentera d'évoquer l'éloge funèbre que lui consacre le rabbi, qui malgré toutes ses bonnes intentions, ne peut que constater que Ferdinand n'a pas vécu en « juif »[90].

Un dandy à la fois juif et antisémite

Celui qui tient la plume nous concède son antisémitisme naissant. En effet, le lecteur n'aura pas besoin de s'aventurer bien loin dans le récit pour constater que les insultes antisémites fusent de tous côtés, et de remarquer qu'il s'agit là d'une ruse grossière de Zemmour pour maquiller sous le poids historique, ce qui semble

86. Éric Zemmour, *Le Dandy rouge*, *op. cit.*, p. 63.

87. *Ibid.*, p. 114.

88. *Ibid.*, p. 116.

89. *Ibid.*, p. 100.

90. *Ibid.*, p. 321.

être une haine de ses origines. Faisons découvrir au lecteur les propos charmants qui sont tenus à l'encontre de ces religieux israélites.

La méthode empruntée par Zemmour consiste à systématiquement accoler au terme « juif » un adjectif dépréciatif, si ce n'est insultant. Ainsi, le roman historique prend rapidement la forme d'un recueil d'insultes antisémites proférées à l'encontre de ce cher Ferdinand, qui vont du « petit Juif », usité plusieurs fois[91], aux courtoises variantes autour de « youpin », oscillant de « sale youpin »[92] à « youpin rouge »[93], ce qui ne nous place pas très loin de certaines injures populaires proférées par la « racaille » des cités, détestée par l'auteur. On pourra alors s'offusquer du fait que l'auteur, qui ne cache pas sa détestation pour le langage argotique du banlieusard qu'il singe parfois dans ses essais, ne peut néanmoins s'empêcher d'y recourir dès qu'il prend la plume, ne serait-ce que dans des fictions. Ces « illettrés » pourraient même être tentés de lui objecter la maxime judiciaire, « la plume est serve mais la parole est libre ». Peut-il encore nous regarder dans les yeux et dire effrontément « il faut d'ailleurs ne jamais avoir mis les pieds dans une cour de récréation d'aujourd'hui pour ignorer que les sale Juif, sale Arabe, sale Noir, et le plus infamant de tous, sale Français, sont des insultes courantes. Sans doute le charme de la diversité »[94]. Sans doute le charme d'avoir trop lu Éric Zemmour. Aussi, ces « Néandertaliens »[95], comme il appelle gentiment ses cibles habituelles qu'il tance de ne pas avoir lu les « classiques », n'auraient aucun espoir de sortir grandis d'une telle lecture, et d'apprendre par la littérature une langue chatoyante, pour la bonne et simple raison qu'il a pour beaucoup distillé des injures. En conséquence, nous leur conseillerons plutôt de se tourner vers Stendhal.

Alors, à la simple évocation de l'antisémitisme, on devine sans peine ce que vont nous objecter les critiques et sou-

91. *Ibid.*, p. 81 et p. 95.

92. *Ibid.*, p. 53.

93. *Ibid.*, p. 103.

94. Éric Zemmour, *Un quinquennat pour rien*, *op. cit.*, p. 163.

95. Éric Zemmour, *Le Dandy rouge*, *op. cit.*, p. 99.

tiens fougueux de l'auteur : Éric Zemmour est d'ascendance juive puisque son père l'était et en ce sens il est impensable qu'il puisse fourbir la moindre haine à leur encontre. En suivant cette logique, sous couvert de son extraction judaïque, un auteur pourrait proférer les pires insanités à leur encontre, sans jamais risquer d'être taxé d'antisémitisme puisqu'il serait intouchable en alléguant ses origines, faisant alors office de police d'assurance. D'emblée, à ces lecteurs de mauvaise foi, on rappellera la chose suivante : ce n'est pas parce qu'on clame subtilement, comme Nadine Morano, que l'on a « une meilleure amie plus noire qu'une arabe »[96], qu'on n'est pas moins raciste pour autant. De même, la judéité ne saurait procurer l'immunité. De sorte que le cercle familial ne saurait vacciner quiconque contre les envolées antisémites, en laissant penser que c'est un mal qui ne ronge que les autres. Il n'est pas interdit de renier ses origines. Pis, de les détester et de ruser en recourant à la fiction pour exprimer son dégoût.

Sous prétexte que le père d'Éric Zemmour était juif, cela ne lui confère pas un blanc-seing pour blasphémer du « Mort au Juif rouge »[97], ou bien de les décrire de manière condescendante dans la bouche de leurs adversaires comme des « singes à pieds fourchus »[98], de raviver le cliché du juif « voleur »[99], ou encore de radoter le mythe du commerçant juif fortuné qui a forcément des fonds secrets cachés à l'abri de tous, comme le père de Ferdinand qui l'a entretenu durant des années[100].

D'autant plus que ces propos condamnables doivent être croisés avec le reste de son œuvre. On rappellera qu'à la suite des paroles malheureusement bien trop connues de Jean-Marie Le Pen au sujet du « point de détail de l'Histoire »[101] qu'auraient été les chambres à gaz, Éric Zemmour fait partie de ceux qui passent rapidement l'éponge, qualifiant cela de « polémiques in-

96. Émission C à vous, France 5, 21 juin 2012.

97. Éric Zemmour, *Le Dandy rouge, op. cit.*, p. 29.

98. *Ibid.*, p. 38.

99. *Ibid.*, p. 94.

100. *Ibid.*, p. 66.

101. Jean-Marie Le Pen, Grand Jury RTL-*Le Monde*, 13 septembre 1987.

signifiantes»[102], ce qui a pour effet d'atténuer considérablement la portée de cette aberration monumentale. Ni plus, ni moins. Force est de constater qu'il n'est pas choqué, bien au contraire, puisqu'il cherche des excuses au dirigeant du FN d'avoir tenu ces propos, en mentionnant un hypothétique «piège»[103] qui se serait refermé sur lui. Il faudrait donc parler de «piège» lorsque l'on décide de nier un fait historique avéré ? Et l'auteur du *Suicide français* d'enfoncer le clou: «Le Pen traînera ce "détail" tout le reste de sa carrière politique ; il ne sera jamais lavé de l'accusation d'"antisémitisme". »[104] Jean-Marie Le Pen, pas antisémite? On rappellera que, selon Caroline Fourest et Fiammetta Venner, «l'expression qu'affectionne Jean-Marie Le Pen est: "Tonton Dolphi (Adolphe Hitler) n'en a pas fait assez." »[105] Dans ces conditions, comment était-il possible de laver une telle accusation à l'encontre de l'ex-dirigeant du Front national? Quant à la provocation, plus qu'explicite, «Durafour crématoire» lancée par ce même Le Pen à l'encontre de Michel Durafour, ce ne sera qu'un «jeu de mot douteux»[106]. Le moins que l'on puisse dire, c'est que, parmi tous les juifs ulcérés par ces propos négationnistes, il n'est pas rancunier. Lesquelles paroles et analyses seront prémonitoires de ce que l'auteur de *Petit frère* soufflera dans la bouche d'un des personnages de sa politique-fiction, Pierre Gaspard, un ministre: «Israël est une anomalie historique, je l'ai toujours pensé»[107].

En outre, on sait à quel point il accuse le « multiculturalisme» de tous les maux. Eh bien voici ce qu'il écrit à propos du judaïsme dans *Destin français*: « Les écoles juives rangeaient peu à peu au placard leur patriotisme français pour devenir les relais du militantisme sioniste en France.»[108] Il ajoutera : « comme si la

---

102. Éric Zemmour, *Le livre noir de la droite*, Grasset, France, 1998, p.200.

103. Éric Zemmour, *Le livre noir de la droite, op. cit.*, p.199.

104. Éric Zemmour, *Le suicide français, op. cit.*, p.304.

105. Caroline Fourest et Fiammetta Venner, *Marine Le Pen*, Paris, Grasset, 2011, p.47.

106. Éric Zemmour, *Le livre noir de la droite, op. cit.*, p.209.

107. Éric Zemmour, *Petit frère, op. cit.*, p.296.

108. Éric Zemmour, *Destin français, op. cit.*, p.25.

"communauté juive" avait été le laboratoire où avait été expérimentée la société multiculturelle et sa conflictualité identitaire que nous connaissons et subissons aujourd'hui. »[109] Avec ces propos, il accuse les juifs d'avoir fragmenté notre société et les rend responsable des maux dont elle souffrirait. C'est bien sûr oublier qu'il y a des personnes juives dans d'autres pays sans que cela ne soulève de conflits identitaires.

Pour ceux qui auraient encore le moindre doute sur son antisémitisme, on citera l'éloge qu'il fait de « l'humoriste » Dieudonné, tout en fustigeant les critiques dont son « spectacle » a fait l'objet : « Avec une talentueuse truculence désacralisatrice, Dieudonné accumulerait brocards et provocations, comme ce "prix de l'infréquentabilité" qu'il fit remettre au négationniste Robert Faurisson par un acteur en pyjama rayé de déporté. Les institutions juives se récrièrent, ripostèrent, obtinrent sa condamnation en justice, chassèrent le comique de la télévision, des radios, parvinrent même à lui fermer les salles de spectacle. »[110] À la lecture de ces propos, on se demande simplement pourquoi la « réhabilitation » du maréchal Pétain a tant choqué, car il y avait pire dans cet essai. Selon lui, le talent pourrait donc consister à faire remettre un prix à un auteur négationniste par un acteur grimé en déporté des camps de concentration. Parmi vous, certains oseraient-ils encore avoir des doutes ? On ne le répétera jamais assez, judéité ne vaut pas immunité.

Loin d'être subliminal, le message transparaît clairement lorsque Ferdinand relate les raisons pour lesquelles il n'a plus d'affinités avec ses frères d'Israël et pourquoi il lui est devenu si difficile, désormais, de prier avec eux. Il a grandi et il a appris en lisant Heine, Goethe, Kant, Platon, Rousseau, Voltaire, Renan, Hegel et a « découvert les immenses capacités et son intelligence »[111]. À travers la voix de son personnage principal, l'écrivain nous révèle tout le mépris qu'il porte aux Israéliens, qui, à rebours de son héros, n'auraient ni lu, ni appris. Alors, il n'est pas possible de prétendre, même pour l'esprit le plus bien-

109. *Ibid.*, p. 26.

110. Éric Zemmour, *Le suicide français*, *op. cit.*, p. 383.

111. Éric Zemmour, *Le Dandy rouge*, *op. cit.*, p. 112.

veillant qui soit, qu'il n'y a pas une once d'antisémitisme, alors même que l'auteur énonce, noir sur blanc, que ceux qui prient aux côtés de son héros seraient dépourvus d'un tel intellect.

Ce n'est pas une garantie irréfragable en soi que d'arguer de son passé au soutien d'une idéologie contestable, aux seules fins de bénéficier de l'assurance indéniable d'une impunité de fait. Ce serait tout au plus une excuse, et encore. Ceux qui se glorifient d'une prétendue proximité avec un juif, un noir, un arabe, ne prouvent en rien qu'ils ne sont pas coupables de mauvais traitements à leur égard. Si besoin, rappelons à titre de comparaison qu'il est possible d'être une femme et tenir des propos sexistes.

En dehors de cet antisémitisme de façade, il y a encore plus exécrable avec un antisémitisme de haute volée, qui pourrait ne pas sauter aux yeux de ceux qui ne se passionnent pas pour l'art lyrique. À ce sujet, en romancier, Éric Zemmour croque la figure de Ferdinand Lassalle, politique engagé, théoricien érudit, orateur véhément, débatteur enflammé, homme à femmes, mais aussi amoureux transi de l'œuvre de Richard Wagner. Un détail ? Non, une bombe à retardement. En elles-mêmes, les anecdotes qui parsèment le récit sont proches de la cuistrerie superflue, sans compter qu'elles présentent peu d'intérêt littéraire pour l'amateur de belles-lettres. Toutefois, l'engouement que Ferdinand porte à la figure centrale de Richard Wagner, dont il se presse d'admirer l'une des créations, *Tannhäuser*, au cours de laquelle il éprouve une mélancolie abyssale à l'idée de ne pas avoir épousé la femme qu'il aimait lorsqu'il en avait l'occasion [112], est loin d'être anodin. Voici le décryptage d'une simple référence culturelle qui n'a rien d'innocent.

Pour la cause, nous nous voyons contraints de déterrer du sombre passé musical, l'antisémitisme décomplexé que Richard Wagner professa dans son essai intitulé *Le judaïsme dans la musique*, où il fit l'étalage de ses pensées les plus sombres, prônant l'assimilation générale des juifs par l'abandon de leur

112. *Ibid.*, p. 186.

judéité, sous réserve de quoi il n'excluait pas la manière forte[113]. Et le compositeur allemand, qui souhaitait arrêter le déclin de sa culture par « l'expulsion violente de l'élément étranger »[114], d'associer les chants populaires juifs, qu'il parodiait dans ses œuvres, aux personnages maléfiques de ses opéras. À celui qui soutiendrait candidement que la passion de Ferdinand pour un antisémite notoire n'est là que pur hasard, ne trouvant comme raison que l'époque et le lieu, on répondra que l'essai antisémite de Wagner est paru en 1850, époque où Lassalle fréquentait le premier cercle du compositeur, dont Hans von Bülow, son disciple le plus fidèle, et que féru du compositeur, il ne pouvait sérieusement ignorer son idéologie nauséabonde. Si certains persistent à soutenir qu'il n'y a là point d'antisémitisme, on clora la question en mentionnant que Cosima von Bülow, la seconde épouse de Wagner, dont les apparitions constellent assidûment le récit autant que les salons qu'elle fréquente, ne fera par la suite que déverser une bile encore plus féconde à l'encontre des juifs, affichant ostensiblement un antisémitisme des plus notoires.

Afin de sceller définitivement le débat, on constatera que lorsque Ferdinand tombe amoureux d'Hélène de Dooninges, la fille d'un diplomate, le coup de foudre est immédiat et la référence à Wagner incontournable pour le dandy : « Vous êtes Brunehilde » lui dit-il, soit l'héroïne du cycle de *L'Anneau du Nibelung*, figure guerrière inspirée de la mythologie, qui deviendra le symbole de la race aryenne avec ses « cheveux d'or »[115], toujours prompte à bouter le « sous-homme » de ses terres. Alors, la référence à Richard Wagner, vous avez dit un hasard ?

Dandysme et populisme

Malgré ses diatribes antisémites, le livre n'en est pas moins un jalon dans la stratégie populiste d'Éric Zemmour. Le « peuple », dont l'auteur se gardera bien de donner la moindre définition mais dont on devine qu'il se réduit à ces « prolétaires » soumis

113. Voir notamment Jean-Jacques Nattiez, *Wagner antisémite*, Paris, Christian Bourgeois, 2015.

114. Richard Wagner, *Le judaïsme dans la musique*, Paris, Len Pod, 2017.

115. Éric Zemmour, *Le Dandy rouge*, *op. cit.*, p. 92-93.

à la loi d'airain des salaires, apparaît très tôt comme laissé pour compte. Cela ressort clairement de la bouche de Ludmilla Assing qui annonce de manière tonitruante, et non sans fierté, à Ferdinand Lassalle qu'elle projette de sortir un journal qui sera « le porte-voix du peuple dont la parole est confisquée »[116]. En énonçant implacablement qu'une prétendue « élite » réduit le « peuple » au silence, en le privant de ses moyens d'expression, Éric Zemmour esquisse de manière embryonnaire ce qui sera sa grille de pensée, à savoir que ces deux camps antagonistes, « élite » et « peuple », sont irréconciliables.

À ce titre, l'auteur place son idéologie dans la bouche de son « pantin » révolutionnaire, quand il prodigue de sages conseils au jeune Franz, lui révélant que les « élites » prussiennes craignent le « peuple », raison pour laquelle ils lui mentent. Ainsi, au jeune homme qui boit chacune de ses paroles, il livre cette maxime : « on peut bien tromper des individus, des masses jamais »[117]. Puis, dans la foulée, l'éminence conseille à son disciple de « dire la vérité au peuple pour le réveiller »[118]. De là à faire le rapprochement avec la stratégie populiste de l'essayiste, il n'y a qu'un pas à franchir. Franchissons-le.

Le sous-entendu, qui consiste pour l'écrivain à se mettre du côté de Ferdinand lorsqu'il incite son jeune élève à ne pas tromper la « plèbe », et à lui enjoindre de ne jamais lui mentir, lui permet de s'approprier cette bonne conscience. Dès lors, comment Éric Zemmour, qui a pris fait et cause pour cet homme de vertu, mis à part son antisémitisme, et encore, bien excusable par ses origines, en lui consacrant une biographie, pourrait-il par la suite mentir à ce « peuple » chéri ? Récupération implicite que nous mettrons dans un coin de notre tête, lorsqu'il s'agira de décortiquer les basses manœuvres qu'Éric Zemmour met en place pour conquérir le pouvoir, ce que nous ne manquerons pas de faire[119]. À ce stade, contentons-nous de déceler les germes de ce populisme naissant et de retenir ces quelques mots sortis de la

116. *Ibid.*, p. 41.

117. *Ibid.*, p. 32.

118. *Ibid.*

119. Voir Chapitre 4 – Un banal populiste, p. 141.

bouche de Ferdinand Lassalle, qui incitent son jeune élève à ne pas tromper la « plèbe », et lui enjoint de ne jamais lui mentir.

Redonner au peuple, mais le mépriser avant tout

Néanmoins, ces leçons de morale grandiloquente ne sauraient nous leurrer, et l'auteur cache mal, à travers ses personnages, son mépris pour le « peuple ». C'est là l'une des critiques formulée par le beau-père de Ferdinand, qui l'accuse, sous couvert de ses idéaux chevaleresques à l'attention des ouvriers, de vouloir se tailler une place, aussi petite soit-elle, parmi la « bourgeoisie », contre laquelle il éructe[120]. La réplique, cinglante, renverra Lassalle dans les cordes, pour le laisser quasiment sonné. Le beau-père n'avait pas tout à fait tort. Ferdinand a peu de considération pour le « prolo » qu'il est censé défendre, et, lorsqu'au crépuscule de sa vie, il contemplera ses échecs, il fulminera contre Karl Marx qui, non content de s'attribuer tout le legs idéologique communiste, a eu l'outrecuidance de lui préférer l'amitié d'un « laquais »[121]. Ultime insulte. Cela conduit le créateur du premier parti ouvrier prussien à constater son échec, qui cache alors mal son aversion pour le « sans-grade », grâce auquel il a bâti sa carrière. Et sa renommée. Pourtant, il n'est pas le seul révolutionnaire prolétarien à nourrir de hautes ambitions en méprisant les sujets « de basses extractions ».

Le narrateur Franz, qui a longtemps rêvé de voir couler dans ses veines le sang d'un noble, doit fâcheusement se résoudre à « la médiocre réalité », puisqu'aucune femme de sa lignée n'a fauté[122]. Aussi, ces quelques paroles trahissent les profondes pensées de personnage, puisque d'origine prolétarienne, il hait profondément son père ébéniste et sa mère lingère en raison de leur condition, alors même qu'il nous convainc, plutôt mal, qu'il a « honte de [sa] haine »[123] pour ses parents, qu'il prétend aimer malgré tout. Puis, Franz de poursuivre la description de sa cité ouvrière à l'arrivée de Ferdinand Lassalle, que tous ses habi-

120. Éric Zemmour, *Le Dandy rouge*, *op. cit.*, p. 83

121. *Ibid.*, p. 269.

122. *Ibid.*, p. 13.

123. *Ibid.*, p. 10.

tants surnomment « Docteur Lassalle », pseudonyme que notre narrateur explique de manière condescendante par le besoin qu'avaient ses adorateurs de se soigner d'un mal incurable qu'est « l'humiliation »[124].

Dès à présent, on ne pourra qu'être choqué de voir sous les traits d'un écrivain qui s'autoproclame l'ami du « peuple », l'autopsie d'une « foule écervelée », réduite à une pensée unique, qui a un besoin béotien d'admirer, de vénérer un idole[125], comme les sociétés les plus primitives avaient leurs totems et leurs dieux. Encore plus choquant, l'auteur nous décrit la scène où Ferdinand parade, avec ces « petites gens » agglutinées autour de lui, comme auprès d'un singe savant, qui leur a fait l'honneur de troquer le luxe de ses salons pour s'aventurer dans leur taudis, cela aux fins de professer sa sage parole sur les vertus du suffrage universel. Par la force des choses, sa sainte présence se trouve être le seul remède à même de pouvoir les extirper de leur « médiocrité ordinaire ».

Et à travers ce portrait, Éric Zemmour de relater la triste réalité qui a tôt fait de le rattraper, comme elle sauta au visage de ce fils de « prolo » : il n'y a pas plus de « sang bleu » dans sa lignée. Peut-être serait-ce là une source de sa fascination pour l'adultère, qui aurait permis par la couche, une mixtion du « sang bleu » dans ses veines plébéiennes. À son grand désespoir, il n'en fut rien.

Surtout, Éric Zemmour serait, dans la vision qu'il en donne, l'alter ego méthodologique de Karl Marx, qui selon lui n'aurait jamais vu un ouvrier de sa vie, à l'exact opposé du véritable homme politique qu'était Ferdinand, capable d'aller à la rencontre des ouvriers, des électeurs. Taper dans le dos, serrer des pognes quoi. Ainsi, ces quelques mots dénigrants à l'encontre de Karl Marx qu'Éric Zemmour fait écrire à Franz, qui s'appliqueraient à merveille à son compte, à lui le grand reporter passé par Sciences Po et ne fréquentant plus que des politiques et médias de premier cru. Il suffit, pour s'en convaincre, de les rappeler :

124. *Ibid.*, p. 20.
125. *Ibid.*, p. 12.

« Le docteur Marx est un pur théoricien, de grand talent et d'une profonde intelligence sans aucun doute, mais qui, je l'ai bien vu à Londres, ne sort de sa masure que pour passer ses jours à la bibliothèque. A-t-il jamais mis les pieds dans un atelier, une usine, à Berlin, à Cologne, à Londres ou Manchester ? Non. A-t-il jamais approché le dos d'un ouvrier allemand ou anglais ? Non. Le docteur Marx ne les connaît pas et ne veut pas les connaître. Il écrit pour d'autres théoriciens. »[126]

Il n'en va pas autrement d'Éric Zemmour, qui n'est plus au contact du peuple depuis bien longtemps. On mettra notre main à couper qu'il n'a pas approché un ouvrier français ni mis les pieds dans un atelier ou d'une usine depuis belle lurette[127]. Y a-t-il déjà seulement posé les pieds ? Ses partisans exciperont qu'il côtoie la « plèbe » lorsqu'il donne des conférences, assure des séances de dédicaces ou tient campagne présidentielle. À juste titre. Désormais, il s'extirpe de ses bains de foule entourés par des agents de sécurité et, en partant de ses meetings, fait un ultime signe de main à cette foule entassée, qu'il admire depuis son siège passager. Sur ce point, définitivement plus du côté de Karl Marx que de celui de Ferdinand Lassalle, selon son récit.

Le mépris du « peuple » provenant d'un de ses amis n'est pas la seule contradiction, loin s'en faut. Il ne faut pas longtemps à Franz pour nous dépeindre Ferdinand Lassalle « en tyran qui rêvait du suffrage universel »[128]. Le narrateur, aveuglé par son amitié, ne voit pas en gravant ses lignes sur le papier que son ami n'avait que le plus vil mépris pour la « foule », en ce sens que le tyran n'est rien moins que cette personne qui exerce le pouvoir dans l'oppression. À la différence du dictateur qui montre un peu de considération pour ses hommes, car il sait pertinemment qu'il en aura besoin, le tyran, lui, n'en a cure.

On s'accordera pour dire que Ferdinand n'est pas né « tyran » mais l'est devenu. Il a franchi les paliers menant à l'autoritarisme, les uns après les autres, avant de revêtir le costume

126. *Ibid.*, p. 75-76.

127. Avant le début de sa précampagne présidentielle.

128. Éric Zemmour, *Le Dandy rouge*, *op. cit.*, p. 12.

d'un « dictateur qui s'ignore »[129]. Quoi que l'on en dise, il est un fait qui demeure. Ferdinand, sans s'en apercevoir, n'a jamais été très éloigné de ses ennemis politiques dans sa façon d'exercer le pouvoir.

On se laissera donc surprendre par la description haute en couleurs d'un dandy rouge qui voulait redonner la parole au peuple, en se faisant défenseur obtus du suffrage universel, mais qui avait les manières d'un « despote », de fait inattaquable puisqu'il se plaçait du côté des opprimés. On retiendra la morale de l'histoire : il n'y a apparemment rien de contradictoire à conquérir le pouvoir en formant le projet d'ériger le « peuple » en souverain, tout en régnant de la façon la plus autoritaire qui soit dans les coulisses. L'équation est simple. Il ne peut y avoir qu'un roi. Le « peuple » ou le « tyran ». Puissent ces paroles ne pas tomber dans l'oreille d'un sourd.

Des thèmes de prédilection déjà présents : mallettes et homophobie

On ne le sait que trop bien après avoir analysé *Le coup d'État des juges*, mais Éric Zemmour est un éternel nostalgique de « la République des mallettes », époque d'abondance de la politique dont le lucre se manifestait par ses mallettes emplies de billets. Ses autres fictions, *L'Autre* et *Petit frère*, n'y feront pas exception, avec dans les deux cas des valoches pleines de pépètes qui permettent à coup sûr de gagner les élections aussi bien que d'acheter le silence d'une maîtresse, ou encore, plus excentrique, les bons auspices d'un marabout africain. Le « politicard à l'ancienne » ne lésine pas sur la dépense et tout est bon dans le biffeton. Le monde est à portée de main pour qui a les poches bien fournies.

Le Dandy rouge, qui se déroule au milieu du XIXe siècle, illustre à merveille cette fascination d'Éric Zemmour pour les malles garnies d'oseille, où la politique sert de passe-droit total aux transactions les plus mafieuses. Aussi, lorsque Ferdinand Lassalle lève des fonds pour son parti ouvrier auquel il a donné vie, un visiteur apporte « des valises emplies à ras bord de thalers »[130]. Le récit se poursuit par les leçons politiques que

129. *Ibid.*, p. 217.

130. *Ibid.*, p. 199.

distille Ferdinand à son jeune compagnon, Franz, lorsqu'il lui explique le secret pour conquérir le pouvoir, avec ces quelques mots libératoires pour Éric Zemmour en guise de conclusion: «De l'argent, de l'argent, encore de l'argent!»[131] Lesquels nous révèlent que quels que soient le lieu ou l'époque, il est impossible d'avoir un récit de l'auteur sans qu'une valise de fric pointe sa frimousse.

Et, lorsqu'il ne s'agit pas de la mallette, les fonds occultes ne sont jamais loin, notamment avec ce bas de laine que le père a savamment planqué, ce qui est bien le moins quand on a un commerce de textile, afin de soutenir la bataille juridique du fiston[132], ou encore la porte principale de la banque Bleichröder que Ferdinand empruntait pour aller puiser dans la rente que lui allouait généreusement la comtesse Hatzfeldt depuis des années afin de le mettre à l'abri du besoin[133]. Franchement, l'époque avait du bon. Il n'y a pas à dire, c'était mieux avant.

Par ailleurs, puisque l'homophobie est une pure invention de notre époque, créée de toutes pièces par des militants «droits-de-l'hommistes» en mal d'ego ou de notoriété, on pourra se remémorer avec délectation cette époque où il était de bon ton de refouler un esprit brillant du Comité d'un parti politique, au seul prétexte qu'il était homosexuel. Tel fut le cas du Docteur Sweiter, militant dévoué du parti ouvrier créé par Ferdinand, et proche de ce dernier, mais refusé à l'unanimité par tous les délégués ouvriers[134].

Aussi, on ne pourra qu'être surpris de voir que la sexualité est bien un motif propre à ostraciser un individu, qui n'a ensuite aucun moyen de recours légal lorsqu'il se fait éjecter des instances dirigeantes, alors même que l'auteur du *Coup d'État des juges* regrettait avec amertume que les Droits des «communautés» et des «minorités» aient perverti le paysage juridique français. Ceux-là auraient pourtant permis à cet esprit brillant

131. *Ibid.*, p. 207.
132. *Ibid.*, p. 66.
133. *Ibid.*, p. 215.
134. *Ibid.*, p. 198.

de faire valoir son bon droit et de remédier à ce limogeage inacceptable. Si l'on veut être jusqu'au-boutiste et abroger les droits des minorités, il ne faut pas s'étonner après coup qu'il y ait des comportements répréhensibles qui restent impunis. Et c'est ainsi que l'on voit que le « c'était mieux avant » a du plomb dans l'aile.

L'enfer c'est « L'Autre »

La genèse de son second roman, *L'Autre,* débute lors de l'écriture de *L'homme qui ne s'aimait pas*[135], une biographie qu'Éric Zemmour a consacrée à Jacques Chirac, montrant un homme à rebours du gouailleur amical, dont la vie était faite d'éternels renoncements ainsi que de coups bas. À la suite de la parution de ce livre à contre-courant, qui s'extirpait de la masse d'ouvrages consacrés à l'ancien président en 2002, le journaliste dispose d'une manne d'informations non utilisées, qu'il n'a pu corroborer. Afin de s'épargner les affres d'un procès en diffamation, à une époque où il est encore peu coutumier des tribunaux, il opte pour le roman, maquillant le président sous les traits de François Marsac, dont les initiales « FM » ne sont pas sans rappeler celles d'un « autre » président.

L'intrigue commence dans le satanique quartier de la Goutte d'Or, à Paris, que le multiculturalisme et une immigration massive rendraient davantage proche de l'Algérie par son tumulte et ses « couleurs, ses bruits, ses odeurs »[136] qu'à une contrée franco-française. Du moins, c'est la description qui nous en est livrée. Nous y reviendrons. Là, dans un chiche appartement où se mêlent les bruits et les effluves « arabisants », un écrivaillon, Albert Riedel, tape sottement sur sa machine à écrire Remington, seul vestige du passé à même de le bercer de l'illusion qu'il est encore écrivain, convaincu toutefois qu'il tient entre ses mains un sujet explosif pour relancer une carrière en berne. Ami d'enfance du président François Marsac, devenu « L'Autre » tant leurs liens se sont distendus avec les affres du temps, le baveux tient du journal intime maternel que le chef de l'État ne serait pas le fils biologique de sa mère. Bingo ! Aussitôt informé de

135. Éric Zemmour, *L'homme qui ne s'aimait pas, op. cit.*, p. 246.

136. Éric Zemmour, *L'Autre, op. cit.*, p. 12.

cette entreprise, le secrétaire général de l'Élysée vient avertir un président bonhomme qui, à première vue, n'a cure qu'un énième gratte-papier déblatère une fois de plus sur sa vie, tant il a déjà été éclaboussé si bien qu'il pourrait difficilement être plus sale. Seulement, quand le secrétaire lui explique que le livre raconte son enfance et parle de ses parents, cela devient vite « embêtant »[137].

Et voici comment débute en trombe, sur fond de polar politico-réaliste, une intrigue sur les origines matrimoniales mystiques et imaginaires, d'un président qui va nous faire parcourir les coulisses de la vie politique française dans une de ses dernières périodes de faste, entre mallettes remplies à ras bord de billets et petites filles de « bourges » à la culotte en feu à ne plus savoir qu'en faire sous le bureau.

Un second portrait de Chirac

L'Autre, c'est d'abord un « autre » portrait de Chirac après l'écriture de *L'homme qui ne s'aimait pas*. Dès le commencement, Éric Zemmour ne laisse place à aucun doute, semant suffisamment d'indices sur son passage pour que le lecteur assidu reconnaisse dans ce président beauf, amateur de bière et engloutisseur hors-pair de casse-croûtes au foie-gras, ce bon-vivant de Jacques Chirac qui faisait des dîners aussi consistants que les déjeuners, en ne sautant jamais fromage ni dessert, alors qu'il avait encore « les dents de derrière baignant dans le beurre et la charcuterie », à raison des tartines quotidiennes qu'il avalait goulûment depuis sept heures du matin, de quoi « soutenir un siège », comme le décrivit de manière truculente Franz-Olivier Giesbert[138].

Bon vivant, François Marsac confesse volontiers être un rustaud ignare[139], à des années-lumières de ses prédécesseurs dont il n'arborera jamais la culture chatoyante d'esthète. Pour sûr, c'est un bûcheur, mais il ne lit pas, si ce n'est des polycopiés, des rapports, des fiches, tous absorbés à la vitesse de la lumière.

137. *Ibid.*, p. 32.

138. Franz-Olivier Giesbert, *La tragédie du président – Scènes de la vie politique 1986-2006*, Paris, Flammarion, 2006, p. 27.

139. Éric Zemmour, *L'Autre*, *op. cit.*, p. 161.

Et parfois, il parcourt un OSS 117 et s'enfourne dans le gosier « deux énormes sandwichs au poulet et une bouteille de vin »[140] entre deux dossiers. Malgré ses soixante-dix ans au compteur, et, doté d'une force de vie herculéenne, il ne s'arrête jamais « de bouffer, de boire » et « de baiser »[141], se contentant de trois heures de sommeil pour se réveiller frais et dispos. Cet ogre a un estomac en acier trempé. Tout ressemblance avec une personne ayant existé n'est pas fortuite.

Ne s'arrêtant pas là, Éric Zemmour pousse la ressemblance physique entre Marsac et Chirac à son paroxysme en peignant un homme de « haute taille », à l'« exceptionnelle vitalité »[142]. Visuellement, il est difficile de ne pas voir là le grand dadais, un temps politique préféré des Français pour son talent à tâter avec panache le derrière de la girondine au salon de l'agriculture, avec ses pantalons remontés jusqu'au menton. Encore qu'il n'y ait pas que cette gouaille que Marsac et Chirac partagent ; ils ont le même pedigree : Sciences Po et ENA avec un classement de sortie dans la botte je vous prie[143].

Pour parachever le portrait, sa mère aimante, mais sans royaume à léguer à sa progéniture, s'arrange pour faire épouser à son fils adoré une riche héritière, Geneviève Mitron de Volnay, au civil Bernadette Chaudron de Courcel. De cette façon, l'espoir de maman fait un beau mariage qui lui donne une famille, un nom, une classe sociale, comme dans Balzac[144]. De surcroît, toute sa vie de président, il sera accompagnée de sa fille, Dominique, qui travaille à la communication et ne l'appelle plus que par son nom, Marsac, de la même manière que Claude Chirac ne pronon-

140. *Ibid.*, p. 161.

141. *Ibid.*, p. 289.

142. *Ibid.*

143. Concours sélectif à l'entrée, depuis 1945, l'ENA désigne également chaque année les meilleurs élèves d'une promotion, appelée « la botte », qui peuvent alors choisir en priorité leur affectation, usuellement parmi les grands corps de l'État : inspection générale des finances, Conseil d'État et Cour des comptes.

144. Éric Zemmour, *L'Autre*, *op. cit.*, p. 114.

çait jamais le prénom de son père pour imiter les journalistes[145]. Aucun doute n'est permis. S'il fallait vaincre une dernière résistance, on rappellera aux pinailleurs que François Marsac a vendu *L'Humanité* à dix-huit ans, comme cela a déjà été sempiternelle ment conté pour Jacques[146].

À partir de ce récit inspiré de faits réels, voyons comment Éric Zemmour brode ses thèmes de prédilection, avec pour commencer, la pernicieuse ritournelle du « grand remplacement ». Les premières pages ont de quoi laisser pantois l'amateur de roman balzacien. Albert Riedel, notre journaliste en quête de lumière, tape à la machine dans le XVIIIe arrondissement de Paris, mais la mixité sociale de son quartier lui rappelle davantage l'Algérie qu'il a connue étant jeune soldat, plutôt qu'une terre gauloise[147]. Le cadre est planté et avec lui, c'est directement la question de savoir si on est toujours chez nous qui est posée. *Vade retro satana* l'immigré.

Dans la fiction comme dans ses essais, Éric Zemmour instille la théorie du « grand remplacement », c'est-à-dire d'un processus délibéré, et orchestré par nos « élites », de substitution de la population française par une population immigrée, en provenance d'Afrique noire et du Maghreb. D'autant qu'Éric Zemmour n'y va pas chichement et ouvre grand la boîte à fantasmes en soulignant, sans louvoiement, la complicité languissante des dirigeants politiques français qui ont chapeauté ce plan démoniaque, ou *a minima* leur passivité qui n'en est pas moins coupable. Notamment, l'un des pontes de ce cercle vicieux qui glisse à l'oreille du président : « il y a ceux qui sont payés à brûler les voitures pour faire fuir les petits Blancs et faire place nette sur leur territoire »[148]. Élites complices peut-être, au pire passives, mais responsables sans aucun doute. Et ce cador perfide d'ajouter qu'il plaisante. Pourquoi pas ? Le sens de l'humour n'est pas toujours partagé.

145. *Ibid.*, p. 61 et p. 293.
146. *Ibid.*, p. 31.
147. *Ibid.*, p. 12.
148. *Ibid.*, p. 60.

Car voilà, la cause de tout cela, l'essayiste en livrait sa version dans son essai *Le Premier sexe*. La faute, expliquait-il, aux politiques français qui ont fait venir des immigrés dans les années 70, non seulement par calcul économique et capitalistique, le pays ayant besoin de main-d'œuvre, mais encore et surtout par attrait dévorant pour leur vil coût[149]. Par suite, dans *L'Autre*, le secrétaire général finit par admettre que « notre industrie de main-d'œuvre, bâtiment, grands travaux, services dans ces grands hôtels vit de ces immigrés qui y arrivent sans cesse, qu'elle les fait travailler pour trois fois rien »[150]. Ce propos n'est d'ailleurs pas loin de celui tenu par un industriel au sujet des « Arabes », qu'on pourra « payer moins cher »[151]. Alors, Éric Zemmour persistera-t-il à soutenir qu'il n'y a ni racisme ni discrimination alors qu'il rabâche à longueur de pages que le « bédouin déraciné » n'est que l'esclave du « mandarin français » ? Sans prendre de risque, gageons que oui.

Malgré tout, on ne peut que savourer que l'essayiste qui vilipende « l'égalitarisme » de nos sociétés finisse par reconnaître que le « bougnoule » tant haï n'est là que pour accomplir les basses besognes que le Français ne veut plus faire, de surcroît à un prix avilissant. Ce n'est pas trop tôt, et venant de sa plume, le constat est salutaire. Mais la réjouissance est de courte durée. Excepté cet aveu, le reste du récit ne sera émaillé que d'islamisation de la société, avec ce chef d'État qui se convertit et change de nom pour un autre à consonance islamique[152], ou d'invectives à l'encontre des adhérents de SOS Racisme, qui n'adhèrent que par pur opportunisme. C'est ainsi que la mentalité des combattants du racisme, vue à travers le prisme d'Éric Zemmour, n'est par essence que pure hypocrisie doublée de calculs intéressés, dans une société où la bonté n'a pas sa place. Son dédain pour ces militants, un brin effleuré dans ce roman, n'est qu'une des prémices qui culmineront dans *Petit frère* [153].

---

149. Éric Zemmour, *Le premier sexe*, *op. cit.*, p. 109.

150. Éric Zemmour, *L'Autre*, *op. cit.*, p. 65-66.

151. *Ibid.*, p. 219.

152. *Ibid.*, p. 60.

153. Voir ci-après, Petit frère et grand remplacement, p.XX.

Comme à son habitude, avec cette diatribe divisionniste, Éric Zemmour laisse le lecteur orphelin d'une analyse critique et minutieuse des politiques menées durant ces années. Mieux encore, il est avare de solutions plus difficiles à avancer que la peinture au vitriol d'une société en déliquescence. Sans doute car il ne veut pas le voir, mais les politiques ont laissé se paupériser ces quartiers, et de fait la République a abandonné ses enfants. Imaginons un instant un pays qui fasse venir en masse des travailleurs immigrés, bassement intéressé par la rémunération médiocre qui leur sera octroyée. Il les use ainsi jusqu'à la moelle pour des labeurs aliénants dont personne ne veut, il les paie une misère, il les parque en périphérie des villes afin que les Français d'origine ne se mêlent surtout pas avec eux. En définitive, il en fait des pestiférés sociaux. Qu'il ne se prive pas pour autant d'exploiter. Enfin, par magnanimité, il finit par autoriser le travailleur à faire venir sa femme et ses enfants. Là, ce travailleur fidèle est pointé du doigt car ses enfants, ostracisés depuis le berceau, ne se sont pas intégrés. À qui la faute ? Les petits Français ne sont jamais venus jouer avec les enfants d'émigrés. Ils n'avaient pas le droit d'aller dans les ZUP, comme l'écrit admirablement Alice Zeniter dans *L'art de perdre*[154].

Mes mallettes chéries

Fervent nostalgique de la République des mallettes, comme on l'a vu, Éric Zemmour s'en donne à cœur joie dans *L'Autre* qui devient le théâtre idéal pour ressusciter cet âge d'or du lucre, malencontreusement en berne, le juge étant depuis quelques années aux trousses des derniers récalcitrants. Maudit soit l'État de droit ! Rapidement, les campagnes électorales que mène François Marsac voient défiler les énormes valises noires de VRP qui arrivent, vides, qu'on oublie par distraction, et qu'on retrouve par hasard emplies à ras bord de « billets de 500 francs »[155]. Aussi, si le héros est élu, ce n'est pas parce qu'il était « le plus doué, ni le plus intelligent, ni le meilleur orateur, ni le plus fin politique », mais parce qu'il était le plus généreux[156]. Il donnait toujours plus.

154. Alice Zeniter, *L'art de perdre*, Paris, Flammarion et Albin Michel, 2017.

155. Éric Zemmour, *L'Autre*, *op. cit.*, p. 71.

156. *Ibid.*, p. 71.

Simplissime, l'équation se résume de la sorte: élection, valise de billets, victoire de Marsac[157]. Voilà une belle démocratie comme on les aime. Cependant, cet enseignement sème le doute parmi les théories précédemment avancées par l'auteur.

D'emblée, le lecteur circonspect s'interrogera car, dans *Le coup d'État des juges*, Éric Zemmour louait les vertus de la mallette comme « progrès démocratique qui permit à des hommes sans fortune de se lancer, avec quelques chances de succès, dans la bataille électorale »[158], passant alors sous silence, volontairement ou non, qu'il s'agit des plus médiocres. Certes, omission n'est pas aveu. Mais tout de même, la question se pose. Alors, la mallette est-elle un véritable progrès démocratique ? Rien n'est moins sûr. Est-elle un progrès méritocratique ? Assurément non.

Peu importe, dans *L'Autre*, le flouse aboule de toute part. Et, frénétiquement, les liasses de billets, toujours de juteuses coupures de cinq cents balles, rentrent dans « une poche revolver » de costard[159], quittent prestement un « sac Chanel »[160] pour rejoindre la poche intérieure d'une « veste en tweed marron »[161], après avoir fait un petit détour par l'Europe[162]. Sans pour autant oublier la « Françafrique »[163], bien sûr. À un moment donné, l'opulence est telle qu'elle ridiculiserait volontiers les procédures en justice contemporaines et ferait trivialement passer les accusations de Ziad Takieddine contre Nicolas Sarkozy pour de banals enfantillages.

Malencontreusement, le lecteur ne pourra qu'être saturé par ce faste. C'est bien simple, tout s'achète et tout le temps. L'argent coule à flot et on arrose tant le marabout africain qui va égorger des bœufs, ceci afin de mettre le ciel de son côté, que la

---

157. *Ibid.*, p. 156-157.
158. Éric Zemmour, *Le coup d'État des juges*, *op. cit.*, p. 10.
159. Éric Zemmour, *L'Autre*, *op. cit.*, p. 129.
160. *Ibid.*, p. 250.
161. *Ibid.*, p. 250.
162. *Ibid.*, p. 173.
163. *Ibid.*, p. 172. ; Voir également Éric Zemmour, *Le bûcher des vaniteux*, *op. cit.*, p. 159.

maîtresse déchue qui a tenté de se suicider par amour pour le Président[164]. Quoi qu'il arrive, l'Élysée finit toujours par régaler[165]. Aussi, les gourmands étaient nombreux à frapper au portillon. Maillon indispensable de cet engrenage, le Président a un préposé aux mallettes à titre principal, Prantoni, et accessoirement ministre des relations avec le Parlement de France, qui, dans les situations les plus délicates, n'a qu'un mot à la bouche : « Combien ? »[166]

Aucun doute, on reconnaît bien là le pamphlétaire en guerre contre la magistrature qui a des yeux de Chimène pour les valises où les liasses « à peine livrées par la Banque de France »[167], dont les numéros se suivent[168]. Selon la vision d'Éric Zemmour, un tantinet vénale, la politique, l'amour, le monde se résument à une valise en cuir noir de VRP bourrée à pleine gueule de biffetons, comme l'illustre l'amante qui finira docilement par accepter les cinq cent mille francs que lui offre l'homme de main du Président pour étouffer sa passion débordante[169].

De la même façon, on retrouvera dans cette oraison à l'opulence ce fidèle partisan d'une justice de classe, qui flagelle le trafiquant de drogue qui s'en met plein les fouilles « en une journée »[170] avec ses larcins de bas étage, tout en faisant preuve de la plus grande mansuétude pour le politicien véreux. Comme quoi, on conviendra avec une once d'étonnement qu'on peut très bien prétendre être en guerre contre les « élites », tout en décrétant que seul le « peuple » doit répondre de ses actes et payer pour ses forfaits dans cette justice de Cour. Là encore, deux vitesses. Le costard ou le survêt.

Non seulement c'est incohérent, mais encore, il y a pire s'agissant des effets de cette « République des mallettes » sur la

164. *Ibid.*, p. 256.
165. *Ibid.*, p. 276.
166. *Ibid.*, p. 258-260.
167. *Ibid.*, p. 129.
168. *Ibid.*, p. 156.
169. *Ibid.*, p. 260.
170. *Ibid.*, p. 65-66.

vie démocratique. Si besoin, rappelons que l'intrigue de ce politico-polar tourne autour de la révélation que le journaliste Albert Riedel, s'apprête à faire au sujet du Président, François Marsac, de ses origines et de sa filiation. Un potin n'en cache pas moins un scandale. Les conseillers du président réagissent *illico* afin qu'une rencontre soit organisée entre le malotru à la plume bien pendue et le maître de l'État, au cours de laquelle celui-ci va faire grimper les enchères pour acheter le silence de l'insolent. Tout y passe, ou presque : « La présidence d'une chaîne parlementaire », puis « une ligne budgétaire », « une fiduciaire en Suisse » avec un million de francs, ou au Maroc. Mais, c'est la « valise noire » de cash qui achèvera les ambitions du ripou qui se résout à abandonner son bon livre, peut-être son meilleur[171]. Et de le remiser avec les amantes du Président, dans le placard.

Alors qu'Éric Zemmour vantait les mérites de la valise de billets, qui permit le financement fécond des partis politiques et l'éclosion de dirigeants modestes, voilà qu'elle permet aussi d'acheter le silence des journalistes, puisque cette profusion d'oseille va de pair avec la garantie de faire taire les secrets bien gardés de la République. Mais alors, il est impossible de chanter les louanges de la démocratie tout en réduisant au silence le contre-pouvoir journalistique. Par conséquent, la morale de l'histoire a de quoi choquer, et le plaidoyer en faveur des « enveloppes jaunes » encore plus. Tandis qu'Éric Zemmour, l'essayiste, attribue à la « République des mallettes » des vertus démocratiques, son alter ego, Éric Zemmour, le romancier, prouve de façon éloquente qu'elle est le cimetière de l'information. Finalement, le présumé « progrès démocratique » majeur se retourne contre son auteur, et n'en est pas un, bien au contraire.

Après la déferlante de blé, passons aux amantes avec le culte qu'Éric Zemmour voue à l'adultère.

171. *Ibid.*, p. 316-319.

Vive l'adultère, halte au divorce!

On se souvient de la prestation magistrale du regretté Jean Rochefort dans le film *Un éléphant, ça trompe énormément*[172]. Dans cette «chronique très agitée des démêlés de certains hommes avec certaines femmes qui ne sont pas nécessairement les leurs», selon les mots du scénariste Jean-Loup Dabadie, le très chic Étienne Dorsay, fonctionnaire au ministère, s'assoit magistralement sur ses devoirs conjugaux en voyant la belle Anny Duperey passer sur une bouche d'aération, alors même que ce mari fidèle méprisait l'adultère avant cette rencontre. Ainsi vont les hommes. Du moins, c'est le fantasme d'Éric Zemmour qui ne cesse de glorifier l'adultère et de honnir le divorce. Comme on s'en doute, le roman n'y échappe pas.

Redoutable, la méthode utilisée par l'auteur pour défendre sa diatribe contre le divorce consiste à opposer deux camps, les mariés à tout prix, «battants» à succès, aux divorcés, éternels «perdants». D'un côté, nous avons le président, François Marsac, qui considère «les femmes comme des kleenex»[173] et qui n'a qu'à tendre le bras pour choisir dans un cheptel de femmes journalistes celle qui sera sa favorite d'un soir[174], avant de trouver une régulière en la personne d'une petite bourgeoise qui le suce partout, de dessous son bureau Louis XV à ses trajets en voiture[175]. Pour ce «gagnant», le divorce est inconcevable, une hérésie. La directrice de cabinet le dira sans circonvolution à l'une de ses amantes qui avait osé l'envisager: «vous voulez briser sa carrière? Vous croyez qu'un homme divorcé pourra se représenter devant les bouseux du Périgord? Laminé, le Marsac!»[176] Consciente de l'infidélité de son mari, son épouse Geneviève a pris conseil auprès de sa mère, qui l'a sévèrement tancée en lui conseillant de se battre, car une Mitron de Volnay ne divorce pas. Une génération glorieuse, et surtout une autre classe

172. Réalisé par Yves Robert avec un scénario de Jean-Loup Dabadie et Yves Robert.

173. Éric Zemmour, *L'Autre*, *op. cit.*, p. 204.

174. *Ibid.*, p. 130.

175. *Ibid.*, p. 243.

176. *Ibid.*, p. 207.

sociale, aristocratique en l'occurrence, où l'on ne se séparait pas. Tout se perd décidément... De l'autre, le journaliste raté, Albert Riedel, qui n'a pas sorti un bon papier depuis des années, tient entre ses mains un scoop qui avortera et, surtout, doit divorcer de sa femme car ils ne sont plus que « des compères »[177]. La vie matrimoniale des deux personnages principaux ne souffre point la comparaison avec le président queutard dont la femme se bat bec et ongles pour le garder, et le gratte-papier trompé allègrement par son épouse. Pis, cette dernière trompera Albert avec le Président, faisant du chef d'État un être sans pitié qui fornique avec la femme de son ami d'enfance.

Bien avant d'être un président trousseur de jupons, l'enfance de François Marsac était baignée dans le lit de l'infidélité avec le père de son ami, Albert Riedel, qui courait « les actrices et les putes », en relevant avec galanterie que le défaut des premières étaient de coûter plus chers que les secondes[178]. Quel que soit le lieu, bordel, circonscription ou « Françafrique », le fantasme de la valise à billets n'est jamais loin. Puis, l'évolution des mœurs de prendre forme, avec le déclin amorcé vers le divorce de masse, lorsqu'Albert explique que son père, coutumier des lupanars, « ne tolérait pas un divorce »[179], quand, quelques années plus tard, son fils devra s'y résoudre.

Avec cet éloge de l'adultère, non seulement Éric Zemmour affirme l'ascendant de l'homme sur la femme, puisque le « mâle » trompe, couche, mais si la femme en fait de même, c'est une putain, mais plus encore, il contraint les « bonnes femmes » à rester au bercail, afin de sabrer net toute intention de séparation, en les contraignant à la « dépendance salariale » de leurs trimeurs de maris. Cette célébration de l'adultère fera l'objet d'une étude approfondie qui nous révèle, inconsciemment, son idéologie de domination de l'homme sur la femme[180].

177. *Ibid.*, p.251.

178. *Ibid.*, p.42.

179. *Ibid.*, p.48.

180. Voir Chapitre 2 - Éloge de la misogynie - la maman ou la putain, p.102.

Des « mâles » et des « tapettes »

En contemplant la multiplication des « femmes androgynes », autrement dit des tailles mannequin sans « gros nichons »[181], le président songea qu'un jour tous les hommes seraient « pédés ». Horreur ! S'extasier devant les « croupes volumineuses »[182] des Noires qui se dandinent sera désormais un velouté de prince qui n'appartiendra plus qu'au charme suranné du passé. À cet égard, l'auteur nous ressasse à l'envi ces « pédés », dont l'élégance n'est pas loin de l'injure populaire « tapette », qui n'ont pas jugé bon de croupir dans leurs « backrooms » du Marais à propager le sida[183], et certains ont pris du galon pour devenir « ministre de la Culture »[184]. Décidément, les années passent et l'imaginaire fécond qui entoure la rue Saint-Honoré ne faiblit pas.

La faute, prévisible pour ceux qui commencent à cerner sa pensée, à ces « maudites femmes » qui, en refusant d'endurcir ces solides gaillards pour en faire des hommes, n'ont pas fait le boulot et se sont contentées d'en faire des « lavettes »[185]. Parfois, papa reprend le dessus pour faire de son gamin un « vrai mec ». Comme ce fut le cas avec « Franckie » Marsac. Toutefois, c'est peu fréquent. À ce compte, c'est là une impossibilité de fait dans la société patriarcale qu'Éric Zemmour fantasme, puisque l'on ne peut pas décemment confier l'éducation des enfants aux seules femmes, pour leur reprocher ensuite de leur avoir inculqué leurs valeurs, après avoir craché sur le congé paternel[186] rendant *de facto* l'implication du père plus délicate.

De même que dans *Le premier sexe* où Éric Zemmour célébrait la guerre au détriment de la paix[187], Aaron, l'ami des parents d'Albert Riedel, conseille la lecture du *Voyage au bout de la*

181. *Ibid.*, p. 204.

182. *Ibid.*, p. 174.

183. Éric Zemmour, *Le suicide français, op. cit.*, p.267 ; voir également Éric Zemmour, *Petit frère, op. cit.*, p. 141.

184. *Ibid.*, p. 235.

185. *Ibid.*, p. 50.

186. Éric Zemmour, *Le bûcher des vaniteux, op. cit.*, p. 173.

187. Voir Chapitre 2 – Le pilori des valeurs humanistes : éloge du « mâle » pour devenir le « mal », p. 93.

nuit d'un certain Céline à sa mère, en lui soufflant: « Grâce à ce livre, vous comprendrez que les hommes ne font pas la guerre malgré eux. Ils l'aiment, la guerre. Elle leur est nécessaire comme l'air qu'ils respirent »[188]. Il est vrai que rien n'égale la gracile brise matinale si ce n'est le doux fracas des bombes. Et voici qu'Éric Zemmour pense sans doute avoir démontré sa thèse, en admonestant d'un ton martial que « l'homme n'est pas bon »[189] et que l'envie de la chair et du sang aiguise son appétit dès le landau.

Rappelons l'esprit de la célèbre citation de Rousseau, « l'homme naît bon, mais c'est la société qui le corrompt »[190], dont la naïveté rafraîchissante lui valu de sévères moqueries de Voltaire. Anti-rousseauiste par nature, Éric Zemmour prend le contre-pied en affirmant solennellement que la guerre fait partie de l'essence même du véritable « mâle ».

L'affirmation ne vaudra jamais la démonstration. Surtout quand on lui prête une dimension universelle alors qu'elle ne reflète que l'inconscient de son auteur. Ce « mâle » qui voit le « mal » partout, c'est Zemmour, l'anti-Rousseau par nature, selon lequel, par symétrie, l'homme naît mauvais par nature et c'est la société qui le corrompt. Cette société post-soixante-huitarde qui le pervertit et le déprave à être bon, sous le despotisme des valeurs féminines de paix, de diplomatie, de douceur, de tolérance et bien d'autres encore. Pour le lecteur éclairé, les fins fonds de son âme ne sont guère complexes à cerner, puisque dans les limbes de son inconscient, le vice règne en maître. Il serait donc de bon goût de reconnaître que ce « mâle » qui prétend incarner le « mal », homophobe, névrosé, etc., n'est personne d'autre que son auteur.

---

188. Éric Zemmour, *L'Autre*, *op. cit.*, p. 53.

189. *Ibid.*

190. Jean-Jacques Rousseau, *Émile ou de l'éducation*, 1762: « Qu'il sache que l'homme est naturellement bon, qu'il le sente, qu'il juge de son prochain par lui-même mais, qu'il voie comment la société déprave et pervertit les hommes qu'il trouve dans leurs préjugés la source de tous leurs vices qu'il soit porté à estimer chaque individu, mais qu'il méprise la multitude qu'il voie que tous les hommes portent à peu près le même masque, mais qu'il sache aussi qu'il y a des visages plus beaux que le masque qui les couvre. »

Dans l'inconscient vengeur d'Eric Zemmour : revanche contre l'ENA et frustrations sexuelles ?

Si le talent de l'écrivain repose sur sa capacité à imaginer la vie des autres, *L'Autre* aurait dû mettre un terme aux aspirations de romancier d'Éric Zemmour, tant l'inspiration y est miséreuse. Souvenons-nous de la formule de Rimbaud, « Je est un autre », qui frappait par l'accord du verbe à la troisième personne pour mettre en tension l'identité et l'altérité. De cela, il ne sera aucunement question dans l'œuvre d'Éric Zemmour. Pour lui, un complexe névrotique qui le rend hermétique à l'étranger, aux femmes et à bien d'autres, l'écriture sert de pur défouloir tant pour extérioriser ses craintes viscérales que pour assouvir ses plus basses pulsions. L'œuvre, hétéroclite et tiraillée entre réalité et fiction, s'insère à merveille dans son univers de perversion qui culminera avec *Petit frère*. À ce titre, *L'Autre* doit être vu comme une pierre de plus à disposition de l'édifice analytique, dont l'analyse est riche d'enseignements sur la psyché de l'auteur.

De prime abord, il est tentant de voir l'auteur dans les traits de cet écrivain raté, dont la seule accointance avec les grands écrivains est la résurgence de cette machine à écrire Remington, en souvenir du passé qui le lie à ses maîtres qu'il ne peut égaler. Si Albert Riedel, ou Éric Zemmour dans la vie, avait eu la manie de se prendre pour Flaubert dans sa jeunesse, c'en est fini. Il n'a plus l'âge. Il en est conscient, et c'est tout à sa gloire. Il fait le cruel constat qu'il ne sera jamais un grand écrivain. Le lecteur sera tenté d'y voir le repentir d'Éric Zemmour, passé par Sciences Po comme Albert Riedel[191], qui reconnaît volontiers qu'il n'atteindra jamais le calibre de ses maîtres, Flaubert d'abord, mais Chateaubriand surtout.

En amorce de *Petit frère* où le narrateur de ce lugubre fait divers sera lui aussi une boîte à citations, Éric Zemmour nous confesse déjà, à travers le personnage d'Albert, son penchant pour les « citations à répétition »[192] dont il use et abuse, qui ont subjugué l'épouse fictive de ce dernier avant d'avoir raison de sa

191. Éric Zemmour, *L'Autre*, *op. cit.*, p. 89-90.

192. *Ibid.*, p. 200.

patience. Attention, ce passage renferme une bombe, puisque le garçon à la citation facile, passe également son temps à imaginer des complots[193]. La ressemblance, peu fortuite, ne se limite pas à ces quelques lignes, et donne l'occasion à Zemmour d'ourdir sa revanche contre l'ENA.

En effet, rappelons qu'Albert Riedel et François Marsac ont tous deux fait Sciences Po mais, alors que le premier s'est forgé une culture en béton armé, il échoue dans son quartier multiculturel parisien qui fleure bon l'Algérie, tandis que son homologue et ami d'enfance, qui s'est contenté d'ingurgiter des polycopiés, sottement, a réussi l'ENA avec brio, pour conquérir l'Élysée. Difficile de ne pas voir là, en transparence, le spectre d'un Zemmour un chouïa imbu de sa personne, qui croit sa culture au-dessus de tout.

On le sait, Éric Zemmour a raté par deux fois l'ENA. Loin d'être une infamie, tant le concours est réputé difficile, il n'en a pas pour autant totalement digéré cet échec qui lui a laissé une certaine aigreur à l'encontre de l'énarchie. En la circonstance, c'est le Président qui est la cible de sa rancœur. Quand il décrit le jeune François Marsac, alors étudiant sur les bancs de Sciences Po, qui prépare avec abnégation le concours de l'ENA, il le réduit à un bûcheur qui se sert de « sa mémoire formidable acquise jadis avec les Fables de La Fontaine pendant qu'Albert croyait que sa culture générale supérieure, ses lectures fort variées, de Nietzsche à Trotsky, une plume alerte, lui suffiraient pour franchir tous les obstacles »[194]. François Marsac c'est Jacques Chirac et, on l'a vu, Albert Riedel, c'est un peu Éric Zemmour.

Aussi, à travers ces quelques lignes, on comprend aisément que le drame vécu par le jeune Albert n'est que le miroir de celui subi par le jeune Éric, qui arpentait les couloirs de la rue Saint-Guillaume avec ses petites pléiades variées sous le bras, pensant innocemment se forger une culture telle que ce précieux sésame lui permettrait de dominer le monde. Las, il n'en fut rien. Au contraire, après un oral infructueux où il butte sur

---

193. *Ibid.* ; Voir Chapitre 4 - Un banal populiste, p. 141.

194. Éric Zemmour, *L'Autre*, *op. cit.*, p. 92.

des questions sans envergure comme le voulait le format désuet du concours, l'ingénu repenti en cynique tient sa revanche non seulement contre un jury qui n'a pas su apprécier à sa juste valeur sa culture, mais encore contre celui qui l'a réussi en cinglant de ses piques assassines le « bûcheur » qui ingurgite bêtement des fiches et polycopiés par cœur, autrement dit sans la moindre réflexion, qui ne lui permettront jamais de disposer de la hauteur de vue que seule la lecture peut procurer.

En conclusion, la morale de l'histoire, mordante si ce n'est blessante, est lapidaire : pour être couronné de succès à l'ENA, mieux vaut être un bachoteur inculte qu'un être supérieur à la culture prodigieuse. La vengeance est un plat qui se mange froid. Serait-ce également le ressentiment dû à cet échec qui l'amène à s'acharner contre ces soi-disant « élites » ? Tout concourt à le penser.

Naturellement, connaissant l'auteur, il y a pire. À présent, faisons place à la névrose sexuelle. Celle-ci n'est qu'à l'état de prémices dans *L'Autre* où l'on en devine les contours, devant l'apothéose qui se présage dans *Petit frère*. Cependant, on s'accordera sur un point. Dès qu'Éric Zemmour se lance dans la fiction, son univers se peuple de parties fines, de midinettes qui taillent des pipes sous le bureau – Louis XV cela va de soi –, de sodomies, quand ce n'est pas de « négresses » au cul affriolant qui se trémoussent devant des mâles bedonnants à qui la simple vue d'une chute de rein bien charnue suffit à mettre la bave au bord des lèvres. À peu de choses près, on se croirait dans le biotope de Virginie Despentes, dont les bouquins regorgent de soirées orgiaques faites de partouzes éclairées au néon avec des lesbiennes qui s'empalent et se fistent dans des appartements glauques, entre deux lignes de coke snifées dans les chiottes, avant de remettre le couvert[195]. L'imaginaire de Zemmour est très proche. Le racisme en plus. Le talent en moins.

Il faut reconnaître qu'on a du mal – et du malaise – à imaginer Éric Zemmour enquêter, calepin et stylo à la main, aux Chandelles ou dans n'importe quel autre club libertin un

195. Voir par exemple Virginie Despentes, *Apocalypse bébé*, Paris, Grasset et Fasquelle, 2006.

tant soit peu branché. Peu de chances qu'il passe le portier. D'où l'écriture pour compenser la vie qu'il aurait aimé vivre. L'écrivain, sans forcément en être conscient, ne cesse de raconter des vies de débauchés notoires qu'il voue aux gémonies, tandis qu'il ne cesse de marteler son respect forcené pour l'ordre. Néanmoins, est-ce véritablement ses pantins de fiction que l'auteur fait « bander »[196] pour le corps « sculptural » des femmes noires « aux cuisses énormes »[197], ou bien est-ce lui qui jouit par procuration ?

Petit frère et grand remplacement

Dans *Petit Frère*[198], Éric Zemmour s'empare du meurtre de Sébastien Selam, *disc-jockey* à succès d'une vingtaine d'années qui s'est fait poignarder par son « faux frère » mais véritable ami d'enfance musulman, Adel Amastaibou, dans un sordide parking de son immeuble. Il n'en fallait pas plus pour que le pamphlétaire émaillât ce fait divers de son idéologie biberonnée au « grand remplacement » et mâtinée de racisme, aux fins d'ériger le récit en expiation ultime de ses craintes. Faisons tomber le masque et démêlons l'idéologie sous le vernis romanesque.

L'histoire débute avec la mise à mort d'un jeune juif, Simon, par un musulman, Yazid, qui l'égorge comme un animal en criant le nom d' « Allah », dont l'écho lui procure une jouissance inouïe. Sitôt son forfait accompli, ce « barbare » implore sa mère, Aïcha, une musulmane analphabète qui ne sait ni lire ni écrire le français, de lui donner sa bénédiction. Message subliminal des plus limpides : celle-là fait partie du lot de ces « bougnoules » inassimilables qui ont refusé d'apprendre notre langue. Et donc, de s'assimiler. Telle mère tel fils. Simple illustration d'un dicton populaire bien connu : « Les chiens ne font pas des chats ». Après tout, le rejeton en est convaincu : il n'a fait qu'accomplir sa divine mission en liquidant ce « sale juif »[199]. Sauf que la mère ignare appelle les flics. En dépit de sa fierté, voilà que le bras armé d'Allah est sommé de s'expliquer, Coran vissé à la main, face à des « mé-

196. Éric Zemmour, *L'Autre*, *op. cit.*, p. 126.

197. *Ibid.*, p. 174.

198. Éric Zemmour, *Petit frère*, *op. cit.*

199. *Ibid.*, p.13.

créants » de policiers. Afin d'y voir plus clair dans cette sordide affaire et surtout d'étouffer cette boucherie infâme, susceptible de jeter de l'huile sur le feu, un ministre à l'ancienne demande à un journaliste de confession judaïque et aux convictions bien ancrées à gauche, d'enquêter dans ces « bas-fonds » du XIXe arrondissement de Paris, où règne un « multiculturalisme » dévergondé. Ce journaleux antiraciste sera donc notre narrateur dont le récit sera ponctué de rencontres avec cette « grande huile » du système.

Pour l'habitué, il est évident qu'aux yeux d'Éric Zemmour, ce ministre de fiction, Pierre Gaspard, cristallise un entre-deux mondes politiques post-soixante-huitard. « Ni de droite ni de gauche » malgré sa profession de foi gaulliste, il n'est qu'un politicard parmi d'autres dans cet environnement « mondialisé » qui l'a spolié du moindre pouvoir. De cet âge d'or révolu, ce ministre n'a conservé que quelques éclats, en guise d'ultime hommage à ses maîtres. Coureur de jupons devant l'éternel comme tout mâle qui se respecte, sa servile épouse en est réduite à tolérer les frasques de son mari volage. Et les thèses qui jalonnaient *Le premier sexe* d'infuser sur ce portrait flatteur des « mâles virils » qui allaient besogner en dehors du lit conjugal sans se fourrer dans cette manie contemporaine du « divorce de masse ». Logique en somme, puisqu'après tout, le couple n'existerait pas. C'est ainsi que ce baiseur fou aime à tâter la croupe généreuse des femmes comme d'autres le cul des vaches. Désormais, il lui faudrait suivre le « sentimentalisme » de ses électrices et quémander le divorce. Mais, à contre-courant, il est un homme comme on n'en fait plus. Entre le divorce et l'adultère, il a choisi l'adultère. Jamais à court de bons mots grivois, ce bon vivant voit en chaque homme qui n'aime pas les fessiers bien en chair un « pédé refoulé »[200].

Mais encore, ce polisson regrette l'époque où l'on pouvait encore trimbaler des valises de biffetons en toute impunité. Dorénavant, les temps sont durs avec ces « cons de juges » qui sont à leur trousse[201]. Et l'auteur du *Coup d'État des juges* d'encenser, au détour de cette affaire, la grande époque de la « République

200. Éric Zemmour, *Petit frère*, *op. cit.*, p. 65.

201. *Ibid.*, p. 16.

des mallettes » où le flouse aboulait de toute part pour financer la vie politique. N'ayant pas droit à la même charité chrétienne, le « bicot » des cités qui vit en refourguant des objets « tombés du camion »[202] est durement blâmé de ne pas avoir passé assez de temps au mitard. En l'occurrence, le frère d'un certain Ahmed. Délinquance en survêtement et délinquance en costard : une justice à deux vitesses.

L'autobiographie déguisée

Point clé du livre, attachons-nous à la figure du narrateur. Et là, de nous prêter à un jeu digne des bancs de l'école pour deviner qui se cache derrière cette description. Qui suis-je ? Concentrez-vous. Prenez le portrait d'un premier de la classe, dont la passion débordante pour l'histoire à l'école horripilait ses camarades de classe, et qui, plus tard, exaspérera sa femme avec ses citations en toutes circonstances. Dans tous les romans d'Éric Zemmour, le narrateur succombe à la tentation de la citation. Récapitulons. Dans *Le dandy rouge*, le narrateur Franz confie être atteint par « cette maladie allemande de la citation »[203], ensuite dans *L'Autre*, Albert Riedel est à son tour touché par ce virus, puis c'est au tour du journaliste dans *Petit frère*. À chaque fois ! Cela fait beaucoup, d'autant plus quand on connaît la passion du romancier pour ce péché mignon. Cela dit, ce n'est pas tout. Doté d'un bon goût, notre homme a épousé une aristocrate au port altier et au physique de mannequin, taille de guêpe et longues jambes, couronnés par un nom à rallonge. Anne de la Sablière de Maison Neuve de Montmorency, s'il vous plaît. Mon dieu, il faut le dire vite. Ayant vendu son âme aux médias, ce journaliste virulent oublie volontiers son interlocuteur, sa sensibilité et ses réactions dès lors qu'il vocifère sur les plateaux télés. Puis, ce n'est pas fini. Chez ce personnage, on sent affleurer une once d'amertume quand il avoue ne pas avoir le corps taillé pour la politique faute d'avoir des hauts-le-cœur lorsqu'il lit en voiture ni d'avoir un estomac en acier trempé à la Chirac capable d'engouffrer de la tripaille dès six heures du matin arrosé de vinasse pour sympathiser avec les ploucs sur les marchés. Cerise sur le gâteau.

202. *Ibid.*, p. 274.

203. Éric Zemmour, *Le Dandy rouge*, *op. cit.*, p. 204.

Comme le chef de file des députés LREM, Gilles Legendre, qui regrettait, grand seigneur, l'erreur de ceux-ci « d'avoir probablement été trop intelligents, trop subtils », le narrateur souffre du même fardeau : son cerveau fonctionne trop rapidement pour celui des électeurs. Pourquoi donc s'embarrasser de modestie ?

Rappelons, la célèbre mais non moins apocryphe parole attribuée à Flaubert : « Madame Bovary c'est moi ! ». Or sous les traits de ce journaleux vaniteux et supérieur, il est difficile de ne pas voir une hagiographie d'Éric Zemmour. Et qu'importe s'il n'a pas le physique pour, il fera de la politique autrement. Grâce aux livres, à la télévision, et surtout grâce à internet qui relaiera soigneusement chacune de ses interventions. Hormis sa doxa ultra à gauche, ce journaliste s'impose comme l'alter ego de l'auteur. Plaît-il ? Éric Zemmour sous les traits d'un journaliste antiraciste et égalitariste ? Vous avez bien lu. Une divergence idéologique qui n'en sera que plus utile pour limoger cette « bien pensance » post-mai 68.

Incarnation de cette pensée qui voue notre civilisation à sa fin, le journaliste fait partie de cette lie de l'humanité qui recouvre tous les « droits-de-l'hommistes », de SOS Racisme aux militants pour les sans-papiers. De fait, c'est là que le bât blesse. Car dans les tréfonds de son âme, notre narrateur, à l'unisson avec Zemmour cette fois, méprise au plus haut point le multiculturalisme. Et voilà que ce que l'écrivain accordait comme bonté à son journaliste, il le transforme aussitôt en hypocrisie, avec laquelle saigner son personnage en plein cœur. En définitive, si ces gogos adhèrent en vrac à ces causes, c'est par pur opportunisme. En sorte que l'on comprend qu'aux yeux d'Éric Zemmour, celui qui milite contre le racisme et pour les droits des étrangers, le fait uniquement par intérêt personnel, dans le dessein d'y gagner une immunité de fait. Ce n'est là que pure mascarade de leur part. Irréprochable donc intouchable.

D'ailleurs, le profil du narrateur est proche de celui de cette enseignante, qui ne parvenait plus à contenir le jeune Yazid en voie de radicalisation sur les bancs de l'école. Un affront pour celle qui avait toujours fait tout ce qu'il fallait pour se fondre dans le moule de la « bien-pensance » : manifs contre la mort de Malik

Oussékine, vote pour Mitterrand, inscription à SOS Racisme et vanter les louanges de la France, pays d'immigration. Sans s'en rendre compte, ces pigeons auraient laissé « le monopole de la Nation à Le Pen », rendant ce mot honteux en tissant un « cordon sanitaire » avec les « fachos ».

Le retour du refoulé ?

Ce « gauchiste » de façade, qui sodomise virilement une journaliste, Clotilde, lors de leurs premiers ébats, sait mieux que quiconque ce dont rêvent les femmes qui n'en ont que faire de ces prétendus « hommes devenus femmes » qui les caressent et qui les lèchent, alors qu'elles n'ont qu'une seule envie, se faire défoncer sans pitié par des « mâles bien montés ». « On veut de la bite, nous, de la bonne, de la bien grosse » lui dira-t-elle[204], avant d'enchérir : « Moi, je voudrais qu'il me baise comme une brute, qu'il me fasse mal, merde, qu'il me déchire. »[205] Haro sur la tendresse ! *Bis repetita* du *Premier sexe*. La sensibilité marque le triomphe du « lobby gay » qui voudrait faire de chaque homme une vulgaire « pédale ». Mais alors qu'Éric Zemmour moquait le porno, on pourra être effaré de lire sous sa plume un éloge des rapports sexuels brutaux, avec verges énormes et pénétration anale, que ne font que propager les films classés X. Comme le disent les Anglais, « le fils du cordonnier est toujours pied nu ».

Toutefois, en dehors du terrain de foot, à en croire ses écrits, les « Noirs » assureraient aussi dans la chambre à coucher. Il y a notamment ce « *black* » capable de faire hurler la « conne de mère » de la journaliste que le narrateur se tape[206]. L'exercice raciste se voit poussé à son paroxysme lorsque Charles Boucher, un garçon bien de chez nous, salive devant les culs affriolants des « négresses »[207] moulés dans leurs tenues provocantes. Volontiers colonialiste dans le vocable, le récit est aussi émaillé des « grosses bites de nègres »[208] que Simon croise lors de ses agapes

204. Éric Zemmour, *Petit frère*, *op. cit.*, p. 77-78.

205. *Ibid.*

206. *Ibid.*, p. 70.

207. *Ibid.*, p. 118.

208. *Ibid.*, p. 173.

nocturnes et dont la simple vue suffit à le complexer pour sortir la sienne par crainte des railleries. Ainsi la honte, le complexe qu'éprouve Simon à voir son membre ridiculisé à côté de l'invasion des phallus noirs, dont la taille démesurée est, pour Éric Zemmour, une source prolifique d'imagination : « Il admirait des culs charnus qui lui faisaient mal d'envie et des bites qui, lui paraissant démesurées, lui donnaient des complexes. »[209]

S'il fallait en remettre une couche sur le mépris du « peuple » par Éric Zemmour, selon la définition qu'il en donne, puisqu'il montre encore une fois peu de considération pour ce dernier qu'il écrase par sa supériorité intellectuelle, le cerveau du plébéien n'étant pas capable des mêmes fulgurances que le sien. Pauvres garçons ayant « hérité de la rusticité de leur père »[210], comme Simon et son frère Serge, qui étaient destinés à être commerçants pour le reste de leur vie. Non seulement le « peuple » est inférieur, mais le « prolo » n'est pas capable d'achever un conflit « dans la dignité »[211], comme si une révolte sociale devait se terminer par des honneurs.

Enfin, par touches localisées, Éric Zemmour pose les germes du *Suicide français* en distillant, de-ci de-là, les prémices du « grand sauvetage des juifs français » par le maréchal Pétain sous la Seconde Guerre mondiale. Le lecteur qui voudrait lire une fiction se méprendrait. De cette bouillie hétéroclite mêlant fait divers, politique et pamphlet, il manque l'essentiel. Madame Bovary.

En somme, si l'écrivain dresse le constat d'une « France morte », dont le lustre des années fastes est perdu, entre ces « zones de non-droit » où plus aucun flic n'ose s'aventurer et ces étrangers qui crachent sur la terre qui les a accueillis, voire pire, ce n'est que pour mieux désigner l'immigré comme la source de tous les maux de notre société. Bien avant l'écriture de *Petit frère*, un pan de la population voyait déjà l'immigré comme un fardeau. Avec ce livre, Zemmour devient leur chef. Il les suit.

209. *Ibid.*, p. 194.
210. *Ibid.*, p. 110.
211. *Ibid.*, p. 156.

Chapitre 2
Sa vision de la société : des théories sur le genre « mâle » inspirées

Le théoricien du « savoir-vivre viril »

Dès les premières pages du *Premier sexe*, il nous prend à la gorge. On lit béatement qu'il a écrit cet essai « comme un traité de savoir-vivre viril à l'usage de jeunes générations féminisées »[1]. De toute évidence, la modestie n'est pas ce qui l'étrangle. Il se fait donneur de leçons. Cependant, il tombe dans plusieurs pièges, et, le plus grand d'entre eux : réduire la masculinité à un physique, avec des arguments en-dessous de la ceinture. Évidemment c'est petit, c'est bas, c'est mesquin. Mais ce n'est qu'un prétexte. Son dessein est de déifier « l'homme-fort », guerrier, colonialiste, sans état d'âme, dragueur, limite harceleur. Alors, on voit qu'il fait clairement l'apologie d'un « idéal-type »[2], concept cher à Max Weber, pour appréhender un type abstrait, une catégorie utile à comprendre certains phénomènes. Outil méthodologique phare de la sociologie, « l'idéal-type » vise à échafauder le modèle théorique d'un phénomène social, sans avoir la prétention que toutes les caractéristiques identifiées se retrouveront systématiquement dans les phénomènes observés. Rares sont les concepts théoriques à afficher tant d'humilité, ce qui explique sans doute son succès. Chez Éric Zemmour, cet « idéal-type » du « mâle » emprunte à la théorie « aryenne », ce qui ne surprendra guère, pas même le profane.

Sans revenir à la nuit des temps, un détour par l'histoire est toujours de bon augure pour préciser le sens d'un mot. Le

1. Éric Zemmour, *Le premier sexe, op. cit.*, p. 11.

2. Max Weber, « Essai sur l'objectivité scientifique dans les sciences et la politique sociales », in *Essais sur la théorie de la science*, Paris, Plon, 1965.

terme « aryen » est le qualificatif qu'employèrent, non sans un certain dédain, les conquérants de langue indo-européenne qui s'établirent dans le Pendjab entre le XVIIIe et le XVe siècle avant l'ère chrétienne. Durant près de deux siècles, une « imposture allait accréditer chez des peuples européens [...] l'idée qu'ils étaient de la race de ces lointaines tribus guerrières et se devaient d'imposer leur joug à des races qualifiées d'inférieures »[3]. Cette idée de supériorité d'une race sur une autre se fonde sur des théories de classification et de hiérarchisation des races humaines. En d'autres termes, il s'agit d'établir une pyramide au sommet de laquelle figurent ces « races supérieures » et dont la base est constituée des « races inférieures », qui seront tragiquement les grandes perdantes de l'histoire : colonisées, esclavagisées, anéanties.

De même, Éric Zemmour ne se cache pas d'être impérialiste, se plaisant à l'envi à répéter les propos de Jules Ferry louant les vertus de la colonisation, puisque selon ce dernier le devoir des civilisations supérieures était « d'apporter le progrès aux civilisations inférieures par la colonisation »[4]. Se posant comme son héritier, l'auteur du *Bûcher des Vaniteux II* clame ironiquement que sous le joug des « bien-pensants », il faudrait que « toutes les cultures se valent »[5]. Message des plus transparents : toutes les cultures ne se valent pas. Partant, il est du devoir de notre civilisation « supérieure » d'imposer notre modèle et nos vues au monde. Et avec lui, notre « idéal-type » d'homme. Une sorte de « mâle-type » qui serait bien « de chez nous » donc. Qu'il nous décrit en détail dans son œuvre : dominateur, de « race blanche », coureur de jupons, époux volage, père fouettard, guerrier dans l'âme. Pis encore, il doit adhérer aux valeurs dites « masculines » : guerre, colonisation, peine de mort, misogynie, phallocratie. Son portrait de « l'idéal-type » masculin est stupéfiant. Cela est d'autant plus grave qu'il ne s'est pas arrêté au *Premier sexe* et diffuse ses théories dans ses autres écrits.

---

3. Raoul Vaneigem, « Aryens », *Encyclopædia Universalis* [en ligne].
4. Éric Zemmour, *Le bûcher des vaniteux II*, *op. cit.*, p. 62.
5. *Ibid.*

Le culte de « l'homme fort »

Selon sa vision, l'homme devrait devenir « une femme comme les autres »[6] en arborant tous les attributs qui étaient jusqu'alors leur apanage, à la fois dans le physique avec le soin du corps, mais également dans le comportement social. Aussi, telle une ritournelle, ses récits fictionnels et biographiques ont macéré dans une morale idéologique commune : il faut faire de nos garçons des hommes, des « vrais ». Et surtout pas des « lavettes »[7] comme en seraient capables leurs mères, envahies malgré elles par ces prétendues « valeurs féminines abominables ». Cela vaut pour tout le monde, du futur président au jeune de cité, tel le jeune Jacques Chirac auquel le père mettait une tannée pour lui remettre les pendules à l'heure[8] ou encore Simon le DJ, la victime dans *Petit frère*, qui éprouva enfin, aux côtés de sa petite amie, l'impression d'être devenu « un homme, un vrai, enfin »[9]. On l'aura compris, c'est la virilité du « mâle », prétendument en berne, qui est au cœur de ses préoccupations. En réaction à cette affabulation, il dresse le portrait d'un « mâle » viril et puissant en déifiant un prototype d' « homme fort », dominateur.

Un jeu de « domination virile »

« Grand, costaud et puissant »[10], ce roc viril fait « homme » n'en est pas moins un être de chair et de sang animé par des pulsions, les plus basses de préférence. Aussi, il décrit qu'à la rencontre d'autres groupes masculins, le « mâle » va entrer en conflit dans un combat où « est en jeu la domination virile »[11]. Partant du principe que la guerre coule dans les veines masculines dès la naissance[12], il ne peut échapper à sa nature. Un véritable « mâle » doit se battre. Tel est son destin. Et de ce fait, cela passe par la do-

6. Éric Zemmour, *Le premier sexe*, *op. cit.*, p. 10-11.
7. Éric Zemmour, *L'Autre*, *op. cit.*, p. 50.
8. Éric Zemmour, *L'homme qui ne s'aimait pas*, *op. cit.*, p. 14.
9. Éric Zemmour, *Petit frère*, *op. cit.*, p. 264.
10. Éric Zemmour, *Le bûcher des vaniteux*, *op. cit.*, p. 136.
11. Éric Zemmour, *Le premier sexe*, *op. cit.*, p. 107.
12. Voir par exemple Éric Zemmour, *L'Autre*, *op. cit.*, p. 53.

mination d'un groupe sur un autre pour marquer sa supériorité « masculine ».

Il s'agit là du second trait de « l'idéal-type » masculin. Le « mâle-type » se doit d'être un guerrier pur jus. Aussi, on ne pourra que déplorer qu'après des siècles d'évolution, Éric Zemmour voit toujours « l'homme » contemporain comme un être primitif. Incapable d'envisager l'altérité avec autrui autrement que dans le conflit et la violence. Incapable de dialoguer puisque cette valeur est dite « féminine ». Condamné à se battre puisqu'il est né avec la guerre dans le sang. La vision de « l'homme » selon Éric Zemmour a de quoi faire douter de la théorie de l'évolution.

Par ailleurs, on ne peut que s'insurger que celui qui envisage d'être le chef de nos armées, comme le prévoit la Constitution[13], n'envisage les rapports de force que comme des jeux de domination « virils » qui nous ramèneraient « à la sauvagerie régressive de la loi du plus fort »[14]. Si l'on veut livrer le pays à celui qui veut dominer dans le sang et la violence, le choix semble tout trouvé.

Un « mâle » dominant

Mais encore, il octroie à l'homme un droit à domination sur la femme, puisqu'en tout état de cause, elle n'a rien dans le pantalon. Car c'est son membre viril qui confère à l'homme sa supériorité hiérarchique. On rappellera la leçon qu'il nous donne, en oracle phallocrate : « Le pouvoir, c'est le mal, la mort, le phallus, l'homme. »[15] En résumé, le phallus, c'est le pouvoir. Aurait-il pu écrire les mêmes insanités s'il était né femme ? On peut penser que non. Mais ce pouvoir uniquement « masculin », selon Éric Zemmour, ce n'est pas seulement le pouvoir politique, celui de régir la cité, c'est aussi un état de domination, sexuel notamment. Dès lors, selon cette vision qui réduit le pouvoir à la verge, le sexe féminin est nécessairement sous la férule du sexe masculin, car il est dépouillé de la moindre autorité, physique et sexuelle. Au « beau sexe », il ne reste rien.

---

13. Article 15 de la Constitution du 4 octobre 1958.

14. Éric Zemmour, *Le coup d'État des juges, op. cit.*, p. 176.

15. Éric Zemmour, *Le premier sexe, op. cit.*, p. 120.

Ce n'est pas tout. Il y a pire pour la condition des femmes. Le sexe de l'homme lui conférerait également une souveraineté sexuelle. Par son « phallus », le « mâle » s'empare de la « femelle ». À celle-ci, il ne reste que le loisir de se faire « embrocher ». Elle partage le même destin qu'une oie blanche. Certes, c'est réducteur, mais dans toute bonne société patriarcale traditionnelle qui se respecte, il en va ainsi. Il nous le rappelle dans *L'Autre*, lorsque Claude, la fille du Président François Marsac, songe à cette injustice qui demeure: « quand c'est un homme, on applaudit le séducteur, quand c'est une femme, on siffle la salope »[16]. Elle ne fait qu'acter la suprématie phallocratique: les hommes qui couchent sont des tombeurs, les femmes des traînées. Et voilà comment l'hégémonie d'un sexe sur un autre se fonderait donc sur ce que le bonhomme a dans le futal. Certains n'y voient rien à redire, les hommes en général. On ne prêche jamais avec autant de conviction que pour sa propre paroisse. Manque de chance pour les filles d'Ève, comme le rappelait « Jacky »[17] le poète, « on greffe de tout aujourd'hui, des reins, des bras, un cœur. Sauf les couilles »[18]. Ce n'est pas de bol. Comme quoi, le destin d'une vie se joue parfois à peu de chose.

Plus infâme encore, on voit dès à présent que cette « domination sexuelle » de l'homme sur la femme, selon Éric Zemmour, s'inscrit dans une plus vaste « domination sociologique ». Et c'est là son rêve qu'il aimerait voir devenir réalité ; pour qu'un tel rapport de force entre l'homme et la femme existe, où le premier est le maître des horloges, il doit corollairement répondre un impératif de femme faible, incapable de le remettre à sa place, inapte à réfréner ses pulsions, à lutter contre son harcèlement. D'où le refrain qu'il fredonne constamment selon lequel le pouvoir glisse sur les femmes. Et cette « règle d'or » qu'il assène dans *Petit frère*: « dès que tu vois arriver des femmes en masse dans une profession, fuis-la »[19].

16. Éric Zemmour, *L'Autre*, *op. cit.*, p. 295.

17. Éric Zemmour, *L'homme qui ne s'aimait pas*, *op. cit.*, p. 9.

18. *Ibid.*, p. 103.

19. Éric Zemmour, *Petit frère*, *op. cit.*, p. 124-125.

Ce serait dramatique d'en revenir à cette vision phallocratique de la société qui assignerait à chacun un devenir qui ne dépendrait que des attributs sexuels que nous a donnés mère nature. Sans qu'elles ne puissent rien y faire, leurs attributs physiques scellent leur sort à jamais dans ce bas-monde. Et alors qu'un homme, « ça entreprend, ça assaille et ça conquiert »[20], il reste uniquement aux femmes, par antinomie, le droit de se faire entreprendre, assaillir et conquérir. En somme, le droit de subir. *Amen.* En effet, si l'essence même de l'homme est d'incarner ce « prédateur du désir »[21], alors la femme en est nécessairement la proie. La chasse est ouverte. Après Shakespeare et son « Être ou ne pas être », voilà Zemmour et son « En avoir ou pas ». Et l'on voit que les questions existentielles, des songes de l'esprit et des divagations sur l'âme, sont tombées dans le pantalon.

Les femmes qui seraient intéressées par le discours du polémiste doivent bien prendre conscience de toutes les implications de cette « domination masculine », avant de finir en gibier. Il en tirera toutes les conséquences possibles, pour traduire cette suzeraineté masculine dans la loi en abrogeant les lois sur le harcèlement, en supprimant les lois sur les discriminations, en réinstaurant la prostitution. Bien sûr, si l'on veut instaurer une société phallocratique, qui assumera clairement sa vision inégalitaire de la société, et devenir la risée du monde, il ne faut pas hésiter. Il est notre homme. Oups, pardon. Il est notre « mâle ».

Le « mâle-type » selon Éric Zemmour

L'éphèbe selon Zemmour : haro sur l'épilation et les soins

Dans *Le Premier sexe*, on lit : « La presse féminine apprend aussi aux femmes à aimer des hommes soignés, épilés, doux. Les poils sont le symbole du mal. Elle les éduque surtout à honnir les "machos" caricaturés en buveurs de bière abêtis devant un match de football télévisé. »[22] La presse féminine ayant matricé le « faible cerveau » des femmes pour les faire se pâmer devant les

20. Éric Zemmour, *Le premier sexe*, *op. cit.*, p. 12.

21. *Ibid.*, p. 53.

22. *Ibid.*, p. 12.

« hommes soignés, épilés, doux »[23], il était temps que ce farouche opposant à cette dictature nous décrivît la silhouette idyllique de l'homme viril. On espère que vous n'avez pas de trop hautes ambitions, sinon vous allez tomber très bas... Cramponnez-vous bien. « Le poil n'est pas traqué par hasard. Il n'est pas éradiqué du corps des hommes pour de seules raisons mercantiles. Le poil est une trace, un marqueur, un symbole. De notre passé d'homme des cavernes, de notre bestialité, de notre virilité. »[24]

Dès les premières pages du *Premier sexe*, l'évolution humaine selon Éric Zemmour a de quoi laisser pantois. Physiquement à rebours des canons de beauté féminins, notre charmant énergumène ne se soigne pas, il n'est pas doux, et surtout il ne s'épile pas. Cela n'est que pure logique puisque « les poils sont le symbole du mal »[25]. Et par extension, ils sont le symbole du « mâle ». Que tous les hommes qui seraient nés imberbes se posent immédiatement des questions sur leur virilité. On tombe alors de très haut en voyant celui qui écrira plus tard des ouvrages qui s'intitulent prétentieusement *Mélancolie française* ou *Le suicide français*, consacrer de nombreuses pages aux soins de beauté. Ce traité viril n'est qu'une brochure contre les instituts de beauté pour hommes.

Le ridicule est tel qu'à ce point-là, on en viendrait presque à se demander si notre « mâle-type » peut encore prendre une douche ou s'il prend le risque de se « féminiser » ? Velu comme un orang-outang, notre bellâtre a peu de chance d'incarner le « métrosexuel »[26] hideux qu'est David Beckham. On s'étonnera au détour qu'avec un physique si abject, l'ex-star du football ait réussi à trouver une épouse. De toute évidence, les femmes ne savent pas ce qui est bon dans la vie...

Surtout, et c'est là toute l'absurdité de l'histoire, on ne pourra qu'être choqué de voir que celui qui s'insurgeait que les jeunes des « cités » n'aient pas « lu Stendhal », ni « René Girard »,

---

23. *Ibid.*, p. 21.
24. *Ibid.*, p. 30.
25. *Ibid.*, p. 21.
26. *Ibid.*, p. 16-17.

ni « Dostoïevski »[27], reproche avant tout aux « hommes » d'utiliser de la crème pour visage et de s'épiler le torse. C'est petit, si petit. C'est mesquin. C'est insignifiant. Comme si les deux étaient incompatibles, comme si l'un empêchait l'autre et surtout, comme si l'apparence faisait tout. Avec ce traité, il nous révèle que malgré toute sa prétendue culture, il n'est qu'un être superficiel, jugeant les êtres sur leur physique.

Malgré tous ses grands discours sur la culture, il a beau dire, il se moque comme d'une guigne de la littérature et de l'histoire, attachant plus d'importance à la peau douce. Il ne voit pas qu'il partage le même combat que ses ennemis imaginaires, puisqu'il traque, encore plus qu'eux, le poil masculin pour voir si l'homme serait bien resté un « bonhomme ». Son véritable visage apparaît au grand jour. On voit alors qu'il n'est nullement question de lire Racine ou Dostoïevski mais bien d'en avoir dans le caleçon. Ou pas. Boire de la binouze, mater le foot à la téloche, s'exciter devant des gros culs, aller aux putes. Il n'y a rien de stendhalien dans tout cela. Bien au contraire. C'est bas, c'est très bas, c'est du Éric Zemmour. Il voudra réhabiliter la « grandeur française », mais il fait l'éloge de « l'homme des cavernes ».

Un footeux ou un « pédé »

Alors même qu'il tance la racaille pour son inculture, celle qui n'a pas lu les « classiques », il met à l'honneur le « *macho* » caricaturé en buveur de bière écervelé devant son « match de foot télévisé »[28]. Un chouïa complotiste, Éric Zemmour tente de nous convaincre que le « lobby gay »[29] aurait conquis tous les rouages de notre société, « les grandes entreprises, les grandes écoles, les universités, les médias, le ministère de la Culture »[30]. En réponse, le « bon gars » adopte un accoutrement aux antipodes de ce qu'attendent ces esprits lobotomisés aux magazines de « bonne femme », tout juste bon à s'empiler dans la salle d'attente du dentiste. Tandis que l'homme moderne « doit se comporter comme

27. *Ibid.*, p. 99.

28. *Ibid.*, p. 21.

29. Éric Zemmour, *Le bûcher des vaniteux II*, *op. cit.*, p. 313.

30. Éric Zemmour, *La France n'a pas dit son dernier mot*, *op. cit.*, p. 167.

un homosexuel» pour «plaire aux femmes»[31], le vrai mec est le cliché de «l'hétéro de base», avec son palmarès: «fou de foot et de voitures», «goujat»[32] et qui laisse la vaisselle s'empiler dans l'évier, se reposant sur les doigts de fée de «Mémène» pour s'en charger.

À ceux qui seraient surpris par ce simulacre machiste, et cette constante footballistique, il y a une cohérence. Dans le monde selon Éric Zemmour, c'est un «crime de lèse-football impardonnable» que de montrer le moindre signe de désintérêt pour le ballon rond. C'est bien simple, on aime le foot ou on est «pédé»[33]. Pas le choix. Il faut se résoudre à l'évidence. L'homme parfait est un footeux.

Si on ne doute pas qu'il puisse aimer le football, on remarquera qu'en s'extasiant devant le foot, Éric Zemmour fait preuve de la plus grande flagornerie, ce sport étant sans doute le plus populaire. Chacun a bien sûr le droit d'aimer le football mais on a beau l'adorer, c'est des plus démagogique que de l'utiliser pour se faire mousser, et se faire passer comme étant proche du «peuple».

En tout cas le message est transmis aux amateurs qui préféreraient le rugby. Seraient-ils donc eux aussi des «pédés»? Si oui, est-ce qu'Éric Zemmour oserait aller dire leurs quatre vérités aux rugbymen? Pas sûr. La «virilité» a ses limites.

Une tête blonde pour que la France reste la France

Il va de soi que, selon la maxime gaulliste, notre Apollon bien français n'est pas «basané». On rappellera les prétendues paroles du général de Gaulle, fréquemment rappelées par Éric Zemmour: «C'est très bien qu'il y ait des Français jaunes, des Français noirs, des Français bruns. Ils montrent que la France est ouverte à toutes les races et qu'elle a une vocation universelle. Mais à condition qu'ils restent une petite minorité.»[34]

31. Éric Zemmour, *Le premier sexe*, *op. cit.*, p. 67.

32. *Ibid.*, p. 22.

33. Éric Zemmour, *Petit frère*, *op. cit.*, p. 107.

34. Éric Zemmour, *Mélancolie française*, Paris, Fayard et Denoël, 2010, p. 247.

Comme un violent uppercut de boxeur, la citation nous laisse sonnés. Ce ne serait donc pas Éric Zemmour qui professe l'apologie d'une « race blanche », mais le grand de Gaulle. Le « sauveur » de la France. Le « résistant ». Voilà qui laisse songeur. Et qui donne l'illusion de la légitimité à son idéologie. Pourtant, on le verra, ce n'est qu'une imposture. Ne tombons pas dans le panneau. Le Général n'a jamais écrit, ni prononcé ces mots. Même si on serait tenté de le penser avec l'œuvre de propagande d'Éric Zemmour.

Prenons le tout de même au mot et, pour l'instant, prenons cette citation pour vraie, uniquement pour constater l'aberration de la situation. C'est qu'à la décrypter de plus près, le général de Gaulle n'exclurait pas que les « Français jaunes » ni les « Français noirs » de la « race blanche », mais aussi les « Français bruns ». Alors, le lecteur sera effaré de voir qu'Éric Zemmour, aux cheveux bruns, capillairement très éloigné des « dolichocéphales blonds »[35] qu'il veut voir remplacer cette équipe de France « Benetton »[36], partage peu de traits communs avec cette prétendue « race blanche ». On rappellera à ses fidèles qui seraient agacés par les contradictions de leur idole, que les principes s'appliquent rarement à ceux qui les édictent. Voilà ce qu'on risque à rabaisser la politique en dessous du pantalon. Mais maintenant que nous sommes en bas, restons-y.

Trousseur de jupons indécrottable

Mais ce n'est là qu'un préambule. À en croire ses récits, ce « mâle » est avant tout une « bite sur pattes » qui trousse tout ce qui bouge. Et ce n'est pas son président François Marsac qui va le désapprouver, puisqu'il profitait des charmes d'une jeune étudiante en droit de Nanterre : « Elle le suçait sous son bureau Louis XV de ministre. Elle le suçait dans son avion, indifférente à la gêne des officiers de sécurité qui s'agglutinaient soudain dans la cabine de pilotage. Elle le suçait dans le train de nuit Paris-Bordeaux. Pericoloso sporgersi. Elle le suçait sur la banquette arrière de la voiture, tandis que François, hilare, hurlait au chauffeur :

35. Éric Zemmour, *L'Autre*, *op. cit.*, p. 75.

36. *Ibid.*

- Toi, regarde la route. On va avoir un accident.

Elle le suçait au pied du magnifique coffre à bois sculpté apporté par François du Périgord à son ministère du boulevard Saint-Germain. »[37] Pardon mais on est un peu dur de la feuille. Ce n'est pas très clair. Que fait cette jeune fille au juste ? « Elle Suce Debout. Elle était beaucoup plus petite que Marsac. »[38] Merci d'avoir insisté. On n'était pas sûr d'avoir saisi, maintenant c'est plus clair.

Jouisseur hors pair, le « mâle-type » culbute donc les femmes qu'il aime bien en chair, dans la mesure où il n'a pas succombé aux « diktats » des « élites » homosexuelles de la mode, désireuses d'imposer leurs *top models* « transgenres », sans poitrine et sans fesses. Chaque époque a ses résistants, et alors que nos aïeux faisaient dérailler un train à Vichy au péril de leur vie dans les années 40, « l'homme de la rue » mène un autre combat et résiste aux « charmes androgynes des mannequins russes »[39]. L'époque a les résistants qu'elle mérite.

Surtout, cette libido hors-norme n'est que la conséquence de cette domination virile qui se résume au fait qu'un garçon « ça va, ça vient », « ça entreprend, ça assaille et ça conquiert, ça couche sans aimer »[40]. Dans cette vision phallocratique où l'homme est au bureau, il ne reste plus aux femmes qu'à passer dessous. Dès lors, on ne peut qu'être effaré par cette vision qui réduit la femme au rang d'objet sexuel, tout juste bonne à se faire conquérir sur commande lorsque l'homme le désire. Les femmes qui soutiendraient Éric Zemmour seraient tentées de nous dire que les garçons sont des dragueurs depuis la nuit des temps et que la fameuse « promotion canapé » a toujours existé. On leur répondra que ce n'est pas parce qu'une situation dure depuis longtemps qu'il ne faudrait jamais la changer. Veulent-elles vraiment mettre le pouvoir entre les mains de l'ennemi à leur cause,

37. Éric Zemmour, *L'Autre*, *op. cit.*, p. 243.

38. *Ibid.*

39. Éric Zemmour, *Le premier sexe*, *op. cit.*, p. 20.

40. *Ibid.*, p. 12.

qui réduira à néant les droits et progrès sociaux qu'elles ont acquis par des luttes acharnées ?

Époux volage

Fervent détracteur du divorce, l'idéal masculin est marié, tout en étant conscient que le couple, « valeur féminine par excellence »[41], « ça n'existe pas »[42]. Car ce n'est qu'une pure « invention des magazines féminins »[43]. Il n'y a que des individus, qui restent seuls, « face à l'Histoire ! »[44] Autant dire que ce mari, qui restera enchaîné à son épouse quoi qu'il advienne comme une moule à son rocher, se fiche de connaître l'adresse du fleuriste le plus proche pour « séduire, reconquérir, conserver la femme de sa vie »[45]. Il est d'une autre trempe et ne mange pas de ce pain-là. Heureusement pour lui, malheureusement pour son épouse, les liens du mariage n'ont rien de sacré à ses yeux. Halte là. Il y aurait donc, selon Éric Zemmour, un droit à l'infidélité ? Force est de constater que ses fictions, inlassablement parsemées d'orgies et d'épouses bafouées, nous prouvent indubitablement qu'un époux se doit avant tout de tromper sa femme. Avec la guerre, le « troussage » est également dans sa nature.

Néanmoins, c'est un comble, pour celui qui prône une société fondée sur l'ordre, que de fermer les yeux sur le devoir de fidélité des époux. Mais plus encore, une trahison pour celui qui ne cesse de faire l'éloge de la culture judéo-chrétienne et ne manque pas une occasion de fustiger la polygamie[46]. En effet, rares sont ses ouvrages où il ne cite pas la décision qui, selon lui, aurait autorisé le droit à la polygamie en France : « En 1980, un arrêt du Conseil d'État condamne un préfet qui avait interdit à un ressortissant africain de faire venir sa deuxième épouse. Depuis ce jour, la polygamie est de fait autorisée en France. »[47] Évi-

41. *Ibid.*, p. 35.

42. Éric Zemmour, *Petit frère, op. cit.*, p. 79.

43. *Ibid.*

44. *Ibid.*

45. Éric Zemmour, *Le premier sexe, op. cit.*, p. 22

46. Voir par exemple Éric Zemmour, *Le livre noir de la droite, op. cit.*, p. 129.

47. Éric Zemmour, *Z comme Zemmour, op. cit.*, p. 138.

demment, c'est faux. La polygamie est interdite, on y reviendra. Seulement voilà: on ne peut pas être crédible quand on critique ceux qui ont plusieurs épouses, lorsqu'on fait l'apologie de l'adultère.

Notre parfait époux volage met tellement de coups de canif dans le contrat qu'il est plus efficace qu'un broyeur à documents. De toute façon, il ne divorcera pas, la séparation des époux est faite pour les perdants. Les femmes trahies, d'origine aristocratique cela va sans dire, l'ont bien compris et se battent pour rester en couple, leurs congénères de «basse extraction» divorcent en masse. Il nous l'annonce sans prendre de pincettes: «Le divorce de masse tuerait la vie intellectuelle en appauvrissant la petite classe moyenne acheteuse de livres.»[48]

Décidément, ce «mâle-type» pense avec sa petite tête. Et tout y passe. Des maîtresses, des amantes, des prostituées. L'auteur du *Premier sexe* regrette seulement que cela ne soit plus aussi compartimenté que par le passé, comme c'était la tradition au bon vieux temps des sociétés patriarcales: «les épouses pour le mariage et les enfants ; les maîtresses pour l'amour ; les courtisanes ou le bordel pour le plaisir»[49]. Que de regrets pour cette glorieuse époque où chaque femme avait sa fonction: épouse, amante ou putain.

Doté d'un désir masculin bien compréhensible à ses yeux, il parle du «mâle» comme un prédateur qui drague, séduit, bouscule, attire[50], sans que l'on puisse voir dans les «audaces»[51] de ces «petits chefs» et «seigneurs de bureau»[52] le moindre harcèlement. C'est ainsi qu'il raconte l'histoire sordide d'un jeune étudiant de HEC Paris, David H., qui se croyait dans une forteresse imprenable sur la toile interplanétaire du net, afin de commettre ses méfaits. Le malotru insulta une camarade de son

48. Éric Zemmour, *Le suicide français, op. cit.*, p.104.

49. Éric Zemmour, *Le premier sexe, op. cit.*, p. 61.

50. Voir par exemple Éric Zemmour, *Le premier sexe, op. cit.*, p. 53.

51. Patrick Poivre d'Arvor et Éric Zemmour, *Les rats de garde*, Paris, Stock, 2000, p. 105.

52. *Ibid.*, p.106.

école de commerce, dans des termes fleuris, vociférant : « quand tu auras la bouche pleine de sperme et l'anus en fleur »[53]. Avec un tel vocable, on se croirait presque dans un roman d'Éric Zemmour. Sur-le-champ, la ligue « bien-pensante » a ostracisé le malheureux, l'acculant devant sa goujaterie, le poussant à la contrition. Et Éric Zemmour, qui s'adresse non pas à la jeune femme victime de ces actes aberrants comme on aurait pu le penser, mais à l'auteur des attaques avec lequel il se sent sans doute des affinités littéraires et artistiques, d'exprimer son regret : « Vies privées, violées, piétinées. »[54] À l'en croire, on ne pourrait que prendre en pitié ce pauvre chou qui invective les jeunes femmes en se cachant derrière l'anonymat d'internet. Cela hérisse les poils de voir comment cet orfèvre de la manipulation inverse les rôles. Le harcèlement vu par Éric Zemmour, ou comment faire du harceleur une victime.

Mais il y a pire. L'ex-député Denis Baupin est accusé de harcèlement sexuel et d'agressions sexuelles par des élues et collaboratrices du parti Europe Écologie-Les Verts. En avocat médiatique autoproclamé des hommes accusés, Éric Zemmour prend immédiatement sa défense : « Le député écologiste n'a pas le droit à une vie privée puisque c'est un criminel. Il doit être lynché, lapidé, exécuté. »[55] Mais l'invocation du « droit à une vie privée » ne tient pas, pour tenter de ne pas répondre de ses actes en justice. Dans tout cela, on ne peut qu'être horrifié de remarquer la promptitude d'Éric Zemmour à systématiquement prendre la défense du harceleur plutôt que celle de la victime. On sent qu'il regretterait presque l'incrimination du viol, qui engorgerait les tribunaux : « Les crimes de viol occupent actuellement la moitié des sessions d'assises en France. Tout coït doit devenir dans l'esprit public un viol. »[56] Comme c'était le cas avec son apologie d'une justice de classe, l'essayiste se place du côté des « malfrats ». Aussi, on aura tôt fait d'élargir notre champ de vision pour constater avec effarement que, quel que soit l'envi-

53. *Ibid.*, p.100.

54. *Ibid.*, p.101.

55. Éric Zemmour, *Un quinquennat pour rien, op. cit.*, p. 502.

56. Éric Zemmour, *Destin français, op. cit.*, p. 496.

ronnement – politique, travail, internet – il se place systématiquement du côté des « puissants ». Aussi, il incarne avec brio la maxime suivante : être faible avec les forts et fort avec les faibles. En adhérant à ses idées, on ne prend pas seulement part à ses idées, mais on entre également en guerre contre ceux qui ont le plus besoin qu'on défende leurs droits.

Un père fouettard

Toutes ces aventures seront tôt ou tard récompensées par une progéniture, si possible de petites têtes blondes, comme papa et maman. Alors, qui s'occupera des enfants ? En guise de réponse, rappelons les prophéties du « traité de savoir-vivre viril » : « Les hommes modernes sont des papas poules qui langent, maternent, donnent le biberon. Ils veulent eux aussi être porteurs de l'Amour et non plus seulement de la loi. Être des mères et non plus des pères. Des femmes, et plus des hommes. »[57] Ceci a le mérite d'être clair. Et l'auteur de continuer son serment quelques années plus tard, lorsqu'il étrille le congé parental, pour les pères, puisque selon ce grand spécialiste de la parentalité « les enfants de 0 à 6 ans ont besoin de leur mère »[58]. Somme toute, cela n'est que logique, si « l'homme est devenu femme », le père « est devenu une mère comme les autres »[59]. Tout cela ne lui plaît guère. Ce n'est pas parce que l'homme a donné le coup de rein qu'il va donner le biberon. Et il voudrait nous persuader que le patriarche ne doit pas plus s'intéresser à la chair de sa chair, au sang de son sang, reléguant les bons soins de la maternité à son épouse. À peu de choses près, ce père idéal n'est pas loin d'un Laïos qui enlève Œdipe au berceau, ligote les chevilles du nourrisson pour l'abandonner sur le mont Cithéron. Mais Éric Zemmour n'est pas un monstre. Il propose uniquement que le père cesse de s'occuper de son mioche durant les premières années de sa vie. Nous ne sommes pas très loin du mont Cithéron ...

Mais alors quel n'est pas notre effarement de voir que celui qui persécute « l'homme devenu mère », s'attriste de voir

57. Éric Zemmour, *Le premier sexe*, *op. cit.*, p. 79.
58. Éric Zemmour, *Le bûcher des vaniteux*, *op. cit.*, p. 173.
59. Éric Zemmour, *Le suicide français*, *op. cit.*, p. 188.

qu'en cas de divorce « l'enfant est presque toujours confié à la mère »[60] et d'en tirer ce bilan : « son rôle de père est nié, détruit »[61]. C'est à n'y rien comprendre. Après avoir moqué les pères qui langent, qui maternent, qui donnent le biberon, pense-t-il pouvoir nous émouvoir en prenant le parti des pères bafoués ? Cet éternel détracteur de la parentalité masculine est mauvais tragédien lorsqu'il essaie de susciter la pitié pour les droits paternels.

On croyait avoir vu tous les reniements mais il y a pire. Il évoque la chanson « Le téléphone pleure » de Claude François racontant l'histoire d'une petite fille de cinq ans « qui se moquait de son père qui ne l'avait jamais vue, tandis que sa mère refusait de le prendre au téléphone »[62]. Pourtant, il étrillait le congé parental en se fondant sur le fait que « les enfants de 0 à 6 ans ont besoin de leur mère, d'abord de leur mère, et encore de leur mère »[63]. Rétrospectivement, la mère de cette chanson n'a donc fait qu'appliquer ses principes. Dès lors, de quoi se plaint-il ? Serait-il donneur de mauvaises leçons ? Faudrait-il donc ne pas appliquer ses préceptes ? Dans tout cela, on s'étonnera encore qu'il critique le fait que des femmes homosexuelles puissent devenir mères, puisque leur maternité est proche de son idéal : sans « papa poule ». À son réquisitoire, on se permettra d'apporter de la nuance, en rappelant ce qu'a écrit Érik Orsenna au sujet de Pasteur, qui eut la malchance d'avoir « un père devenu femme » avant l'heure, qui s'est dévotement occupé de lui durant les premières années de sa vie : « On n'a encore jamais mesuré la force que nous donne, pour le reste de la vie, la tendresse d'un père »[64].

60. *Ibid.*, p. 105.

61. *Ibid.*

62. *Ibid.*

63. Éric Zemmour, *Le bûcher des vaniteux*, *op. cit.*, p. 173.

64. Érik Orsenna, *La vie, la mort, la vie – Louis Pasteur*, Paris, Fayard, 2015, p. 19.

Un guerrier dans l'âme

Violent par essence, « l'homme » aime la guerre qui irrigue son sang, qui fulmine dans ses entrailles, depuis le berceau[65]. Loin de toute sentimentalité abjecte qui est l'apanage des femmes et des faibles, il fait peu de cas des émotions de ses adversaires qu'il veut avant tout abattre, sans compassion. Il a la pulsion meurtrière dans le sang. Féodal dans l'exercice du pouvoir, pour gravir les marches, il utilise ses gens comme des marchepieds et, en prédateur retors, il tue ses ennemis « avec la bonne conscience d'un tueur à gages »[66]. Comme quoi, on remarquera que selon Zemmour, on peut très bien être animé des plus hideux desseins et vivre avec la conscience tranquille. C'est d'ailleurs son « instinct de mort »[67] qui fait du « mâle » un fauve léonin digne d'exercer le pouvoir.

En résumé, le « mâle-type » selon Éric Zemmour est négligé de sa personne, velu, a les cheveux blonds, aime le foot et boit de la bière, est volontiers homophobe, misogyne, phallocrate, guerrier doté d'un instinct de mort, coureur de jupons, époux infidèle et harceleur en devenir, père absent. Un portrait qui laisse songeur. Toutes ces années d'évolution pour cela ? De quoi faire cauchemarder Darwin.

Le pilori des valeurs humanistes : éloge du « mâle » pour devenir le « mal »

Avant l'avènement des vidéos à la demande et des crises sanitaires, les familles françaises avaient coutume de se retrouver le week-end pour le traditionnel repas dominical. Là, entre deux tranches de gigot d'agneau servies froides le temps que tout le monde se mette à table et que chacun ait le temps de vider son sac, grand-mère faisait l'éloge de la peine de mort tandis que le reste de la tablée regardait doctement ses haricots blancs, gêné aux entournures. Une fois terminé le plaidoyer pour la peine capitale de mamie, les débats, parfois houleux, fusaient. Qui alors,

65. Voir par exemple Éric Zemmour, *L'Autre*, *op. cit.*, p. 53.

66. Éric Zemmour, *L'homme qui ne s'aimait pas*, *op. cit.*, p. 129.

67. Éric Zemmour, *Le premier sexe*, *op. cit.*, p. 31-32 .

dans cette effervescence intellectuelle digne d'un bar PMU, n'a jamais entendu un parent éloigné, un grand-oncle, un invité surprise, prononcer cette prophétie : « Une bonne petite guerre, ça résoudrait bien des choses » ? Eh bien voilà une solution qu'elle est bonne ! D'ailleurs, à voir les familles syriennes se faire disséminer sous les bombardements, les famines qui ravagent le Yémen, on se demande bien ce qu'attendent nos gouvernants pour ne pas embourber notre beau pays dans une guerre salutaire qui apurerait miraculeusement nos peines.

Et bien, figurez-vous que cette chaste théorie de la « bonne petite guerre » a été gravée dans le marbre par Éric Zemmour, qui s'en fait le porte-étendard. Toutefois, si ces paroles saugrenues vous mettaient mal à l'aise lors d'un repas de famille, elles présagent du pire s'agissant d'un homme qui ambitionne de devenir chef des armées, en briguant les plus hautes fonctions[68]. N'ayez crainte, la guerre n'est qu'une vulgaire mise en bouche. Animé des plus redoutables pulsions guerrières, on ne s'étonnera point qu'il milite pour la peine de mort. Ardent colonialiste, cet admirateur de Jules Ferry est également convaincu que les civilisations supérieures ont le devoir d'imposer leur culture au reste du monde. N'oublions pas qu'il n'en est pas moins misogyne.

Finalement, et si toute cette apologie du « mâle » n'était qu'un stratagème délibéré pour devenir l'incarnation du « mal » ? Passons en revue ses écrits pour y voir plus clair dans ces funestes éloges de ces valeurs dites « masculines ». Nouvelle mise en garde au lecteur qui s'attendrait à être transcendé par une vision épique de *L'art de la guerre*, Éric Zemmour n'est point Sun Tzu. Il y a davantage matière à s'affliger qu'à être initié.

Éloge de la guerre, toujours « fraîche et joyeuse »

La guerre plutôt que la paix

Signe des temps, les principaux partis politiques revendiquent des valeurs, comme un chant du cygne. Pour peu que l'on s'in-

68. Article 15 de la Constitution de la République française du 4 octobre 1958 : « Le Président de la République est le chef des armées. Il préside les conseils et les comités supérieurs de la défense nationale. »

téresse à celles d'Éric Zemmour, l'intéressé les énumère dans *Le premier sexe* en étrillant les valeurs féminines. Comme à l'accoutumé, il regrette que notre société ait fait prévaloir la supériorité de «la douceur sur la force, le dialogue sur l'autorité, la paix sur la guerre, l'écoute sur l'ordre, la tolérance sur la violence»[69]. Le lecteur qui aurait découvert son œuvre avec *Le bûcher des Vaniteux*, où il fustige de nouveau la victoire de «la paix sur la guerre, la fraternité sur l'égoïsme, l'amour sur la haine»[70], n'y aurait vu qu'une rengaine d'un auteur qui ne renouvelle pas ses incantations. Court mais crucial, il se déduit de ces lignes que leur auteur n'est pas le moins du monde pacifiste mais s'affirme bien comme un homme de conflit. On ne le répétera jamais assez, selon cet anti-rousseauiste convaincu, un véritable «mâle» doit aimer la guerre. C'est ce que déclame de manière tonitruante ce personnage dans *L'Autre*, personne ne lui apportant contradiction, ce qui facilite la tâche: «Ils l'aiment, la guerre. Elle leur est nécessaire comme l'air qu'ils respirent.»[71]

Par ailleurs, il fait preuve d'un certain sectarisme puisqu'il épingle l'écoute et le dialogue et leur préfère l'autorité et l'ordre, faisant fi de la parole d'autrui. Dans ce passage fondamental du *Premier sexe*, tous les germes du fascisme sont réunis. Sans écoute, il n'y a guère de diplomatie possible ni débat contradictoire. La paix est conspuée et la violence privilégiée, ce qui n'est là rien moins que le sempiternel retour du mythe de la «bonne petite guerre» qui serait la panacée pour résoudre les conflits, ignorant les dommages collatéraux.

Ses écrits postérieurs confirmeront cette posture guerrière, allant jusqu'à faire l'éloge d'une entrée en guerre, «toujours fraîche et joyeuse»[72]. Certes, au début, cela va sans dire. Ce n'est qu'après que la guerre se corse. Quand bien même, on s'étonnera de cette description bucolique et champêtre de ce début de guerre qui mène tout droit des jeunes gens à la mort, qui emporte des victimes collatérales, qui fait des épouses des

69. Éric Zemmour, *Le premier sexe*, *op. cit.*, p. 10-11.
70. Éric Zemmour, *Le bûcher des vaniteux II*, *op. cit.*, p. 7.
71. Voir par exemple Éric Zemmour, *L'Autre*, *op. cit.*, p. 53.
72. Éric Zemmour, *Le bûcher des vaniteux*, *op. cit.*, p. 85.

veuves, des enfant des orphelins, et des orphelins des pupilles de la Nation, qui ravage les paysages, détruit des habitations, entraîne son lot de pénuries, restrictions, disettes, de gueules cassées. Autant de destins brisés, de vies détruites. La joie et la fraîcheur n'y ont jamais eu leur place. Ce serait tromper le monde que de la considérer comme une candide partie de campagne. Néanmoins, il faut reconnaître qu'il s'agit là d'un art que de faire passer la pire horreur pour de la beauté. D'un art, ou de la sournoiserie. On vous laisse juges.

Condamnation des opérations de police internationale « droits-de-l'hommistes » et droit d'exterminer son prochain

Selon lui, la guerre a tous les atouts. Non seulement elle coule dans les veines du « mâle » mais elle met en valeur le plus « génial calculateur »[73], comme Napoléon qui y déploie la quintessence de son art à semer la mort. Si elle est bonne lorsqu'il s'agit de tuer, la guerre n'est guère de bon augure lorsqu'il s'agit d'« éviter des massacres de civils »[74]. Aussi affuble-t-il les guerres contemporaines, non pas des glorieux hommages dont il encense les guerres napoléoniennes, mais du pâle sobriquet d'« opérations de police internationale »[75]. En intervenant de la sorte, il s'agirait pour la France de se faire « gendarme » du monde, et même moins, puisqu'elle n'interviendrait pas de son propre chef, le cerveau étant situé à New York, au siège de l'ONU.

Aussi, lorsqu'un dictateur réprime dans le sang son peuple, Éric Zemmour estime qu'il s'agit là de son bon droit, et qu'un pays étranger doit bien se garder de s'ingérer dans les affaires d'un autre État. On comprend alors qu'il ne bougera pas le petit doigt en cas de massacre d'une population étrangère. Des « Noirs » ou des « Arabes » se font exterminer ? Circulez, rien à voir. De la même manière que son maître, Jean-Marie Le Pen, qui partait du principe qu'au nom du droit à la souveraineté, chaque État a le droit de faire ce qu'il veut chez lui, Éric Zem-

73. Éric Zemmour, *Mélancolie française*, *op. cit.*, p. 86.

74. Éric Zemmour, *Le bûcher des vaniteux*, *op. cit.*, p. 109.

75. *Ibid.*

mour confond allègrement « le droit à la souveraineté avec celui de persécuter en toute impunité »[76].

Ce non-interventionnisme cache la figure d'un potentiel dictateur. Il faut considérer sa stratégie dans le temps pour voir clair dans son jeu. En effet, il s'agit pour celui qui envisage de devenir un chef de l'État autoritaire, de se prémunir de toute intervention étrangère dans l'hypothèse où il aurait la main leste en réprimant dans le sang son peuple qui réclamerait du pain ou de la brioche. On l'aura compris, une telle passivité face aux conflits internationaux n'augure rien de bon pour le respect de nos droits et libertés sur le sol national.

Nostalgie de la « vraie » guerre : féroce et cruelle

De manière encore plus édifiante, Éric Zemmour déplore que ces guerres contemporaines ne soient plus de « vraies guerres, féroces et cruelles »[77], comme nos aînés savaient la faire au temps de Napoléon, tandis que nos troupes sont seulement dépêchées, sur sommation de l'ONU, pour « éviter des massacres de civils »[78]. Aussi, il regrette que la France n'agisse plus que « sous tutelle de l'ONU et au nom des droits de l'homme »[79]. Encore et toujours, ces maudits « droits-de-l'hommistes ». Alors à quand la légalisation du droit à trucider des civils angéliques, femmes et enfants compris ? On sera tétanisé à la lecture de ces lignes, où l'auteur nous fait part de sa mélancolie pour les pires immondices dont l'homme est capable. La critique semble n'avoir jamais été choquée, pourtant, Éric Zemmour rabroue nos militaires lorsqu'ils interviennent en terre étrangère pour sauver des innocents, alors que dans le même temps, il se lamente que ces campagnes ne soient plus aussi barbares que par le passé, regrettant la « grandeur française ». De toute évidence, Éric Zemmour n'a jamais connu le champ de bataille. La simple vue du sang aurait sans aucun doute eu raison de ses visées militaires.

---

76. Caroline Fourest et Fiammetta Venner, *Marine Le Pen, op. cit.*

77. Éric Zemmour, *Le bûcher des vaniteux, op. cit.*, p. 109.

78. *Ibid.*

79. Éric Zemmour, *Le bûcher des vaniteux II, op. cit.*, p. 268.

Dès lors, on remarquera que selon ce guerrier dans l'âme, mais uniquement dans l'âme car on l'imagine mal dans une zone de conflit, il n'y a rien de sublime à sauver la veuve et l'orphelin. Bien au contraire, l'ultime satisfaction de l'art militaire réside dans le massacre de son prochain, par pulsions naturelles, non sans un certain sadisme.

Faisons le point pour conclure. Imaginons un essayiste prônant les vertus de la guerre, et qui regrette avec amertume que les guerres actuelles ne soient plus aussi sanglantes et barbares que par le passé, lorsque les combattants revenaient avec le visage en charpie. Pour peu qu'ils avaient la chance de revenir, ce qui n'était pas gagné. Cet homme se présente à une élection présidentielle. Par là, il pourrait devenir le Chef des armées et déclencher une guerre à tout moment. Que fera-t-il à cette fonction ? Certes, il ne bougerait pas le petit doigt pour empêcher un massacre d'innocents, mais cela ne le priverait pas de dépêcher un contingent pour livrer bataille contre un pays ennemi dans l'unique but de satisfaire ses basses pulsions mortifères. Au vu de tout cela, nous ne pensons pas que cet esprit assoiffé de cruauté, à l'appétit guerrier dévorant, soit le meilleur chef des armées possible.

Éloge de l'impérialisme : hommage à Jules Ferry

Dans une escalade perpétuelle de provocations, sa posture guerrière se double d'un parti pris impérialiste. Laissant cois ses opposants, Éric Zemmour n'hésite pas à arguer du fait que toutes les cultures ne se valent pas, et à vanter les mérites de l'expansionnisme. Aussi, il cite régulièrement les propos du « républicain magnifique »[80] qu'était Jules Ferry, celui-là même qui estimait que « les civilisations supérieures avaient le devoir d'apporter le progrès aux civilisations inférieures par la colonisation »[81]. Sans complexe, il ravive le charme désuet de la colonisation en idolâtrant la figure de cet homme qui tint à la tribune de l'Assemblée des propos lourds de sens : « Il y a pour les races supérieures un droit, parce qu'il y a un devoir pour elles. Elles ont le devoir de

80. *Ibid.*, p. 62.
81. *Ibid.*, p. 62.

civiliser les races inférieures». Érigées en force et richesse, ces odes à la colonisation du fondateur de l'école laïque rencontrèrent toute l'attention d'Éric Zemmour qui se plaît à rappeler que toutes les cultures ne se valent pas et que, par opposition symptomatique à la bien-pensance, «il est plus commode de répéter en boucle: la colonisation, une faute morale politique. Une faute morale et politique»[82]. Plus commode, sans doute. Plus facile, peut-être. Plus humain, assurément.

Dès lors, il fait peu de doute qu'Éric Zemmour considère qu'il existe une «civilisation supérieure» qui se doit d'apporter, ou plutôt d'imposer son savoir à des «civilisations inférieures». On se permettra donc de dire qu'il n'est pas bien loin de l'imposture manifestée par les colons européens pour imposer leur domination sur des peuples de race prétendument inférieure. Par conséquent, et fort logiquement, il déplore «la victoire de Condorcet», maudit défenseur des droits de l'homme, contre Jules Ferry, républicain modèle mais accessoirement colonialiste dans l'âme. Dans cette lignée, il ne manque pas une occasion de dénoncer la victoire de «l'idéologie droit-de-l'hommiste sur l'exigence républicaine», qui prône l'avènement du «multiculturalisme et le droit à la différence des populations immigrées»[83].

Pour étancher sa soif de colonialisme, il prend le soin d'écorcher les symboles de la culture populaire que sont le tag et le rap, originaires des banlieues, en les comparant aux totems indétrônables du panthéon de l'art, Monet et Mozart[84]. Excusez du peu. Mais comparaison n'est pas raison. Le débat est vain et cela n'aurait aucun sens de lui rétorquer qu'un Banksy a de quoi rivaliser avec un Monet ou que Mozart, compositeur autrichien, n'avait rien de français. C'en est donc raté pour l'hommage national.

Partant, s'il venait à être élu, il serait doté d'une force militaire conséquente à laquelle s'ajouterait une boulimie impérialiste. Dès lors, il y a peu de chances que ses velléités de

82. *Ibid.*, p. 194.

83. Éric Zemmour, *Z comme Zemmour*, *op. cit.*, p. 80.

84. Éric Zemmour, *Le bûcher des vaniteux II*, *op. cit.*, p. 62.

conquérant soient réfrénées par le sérail élyséen de courtisans dont il s'entourera pour prendre conseil. Il est encore temps de mettre un terme à ses ambitions. Et si, à l'avenir, un membre de son entourage voulait lui apporter une touche de nuance, on lui soufflera bien volontiers ces paroles attribuées à Saint-Exupéry: « Si tu diffères de moi, mon frère, loin de me léser, tu m'enrichis »[85]. Puisse-t-il prendre son courage à deux mains pour les glisser à l'oreille du Prince sans subir son courroux.

Éloge de la guillotine pour la « racaille »

Éric Zemmour semble avoir l'intention de tuer chevillée au corps. Il passe au scalpel la personnalité de François Hollande qu'il trouve « très intelligent » et « doué d'un instinct de survie exceptionnel ». En dépit de ces éloges, il manque à l'ancien président une qualité essentielle à ses yeux: « l'instinct de mort »[86]. Sans avancer masqué, il résume l'essence de la politique à l'affrontement entre « Éros – susciter le désir des électeurs et des alliés – et Thanatos – tuer l'adversaire »[87]. Normalement la politique consiste à régir la vie de la cité. Dans la vision d'Éric Zemmour, c'est un pugilat à mort.

Cette conception de la politique, sans cesse mâtinée de violence, s'étend aux institutions. On retrouve ainsi ce même instinct meurtrier lorsqu'il évoque l'abolition de la peine capitale en 1981, sous le prisme de son ministre de fiction, Pierre Gaspard, dans *Petit frère*: « Il remerciait le ciel de ne pas avoir été député en 1981: il aurait été capable de ne pas voter l'abolition de la peine de mort. »[88] Raison pour laquelle il qualifie *Le Dernier Jour d'un condamné*, chef-d'œuvre lyrique de Victor Hugo, d'« ouvrage de propagande qui met le génie littéraire d'un des plus grands écrivains français au service d'une entreprise de subversion inédite. »[89] Laquelle? « Dans sa préface de 1832, Victor Hugo avoue hautement que son livre n'est pas "autre chose qu'un plaidoyer,

85. Citation apocryphe.

86. Éric Zemmour, *Le premier sexe*, *op. cit.*, p. 31-32.

87. *Ibid.*, p. 34.

88. Éric Zemmour, *Petit frère*, *op. cit.*, p. 293.

89. Éric Zemmour, *Destin français*, *op. cit.*, p. 360.

direct ou indirect, comme on voudra, pour l'abolition de la peine de mort". »[90] Prendre partie contre la guillotine, mais quel vaurien ! Si Victor Hugo était pour l'abolition de la peine de mort, Éric Zemmour est son pendant morbide : il est abolitionniste de l'abolition.

Mais alors, on ne peut qu'être choqué de voir qu'il réhabilite la peine de mort, qui crée une violence institutionnelle en transformant le système judiciaire en vendetta. Par procuration, le juge et la victime se font bourreaux. Mais passion n'est pas raison. L'État se doit d'être plus fort que l'individu qui réclame vengeance. La société doit rester civilisée, aussi insoutenable que soit le crime. Aux partisans indéfectibles de la peine de mort qui soutiendraient qu'elle paraît parfois nécessaire au regard de l'horreur des crimes qui sont commis, lorsque des mineurs sont enlevés, lorsque des policiers se font tuer. À ceux-là, on objectera les mots de Robert Badinter qui refusait toute hiérarchisation des souffrances car « l'abolition est un choix moral » : « toutes les victimes appellent également pitié, [...] le malheur causé par l'assassinat d'un homme jeune, chargé de famille, est aussi tragique que celui d'un policier célibataire, et qu'une jeune fille violée et égorgée peut susciter autant de compassion qu'un enfant tué par son ravisseur ». [91] On oublie également un sujet. En cas d'erreur judiciaire, il est toujours plus difficile de recoller la tête d'un innocent que d'ouvrir sa cellule pour le libérer.

Cependant, dans une justice de classe élaborée par Éric Zemmour, qui ignore les démêlés judiciaires des « aristocrates » pour s'abattre de plein fouet sur le « plébéien »[92], la peine capitale ne s'appliquerait pas à tous. La « pénale guillotine »[93] ne frapperait que la racaille en survêtement. Dans le panier en osier servant à réceptionner la trogne coupée, juste des têtes de « voyous » en capuche.

90. *Ibid.*, p. 369.

91. *Ibid.*, p. 360.

92. Voir partie « Le partisan d'une justice de classe ».

93. Robert Badinter, *L'abolition*, Paris, Fayard, 2000.

Éloge de la misogynie : la maman ou la putain

Point n'en faut, le parcours ne serait pas complet sans faire état de sa misogynie viscérale. Lorsqu'il faisait l'éloge de la tradition judéo-chrétienne, le polémiste louait les mérites de cette « distinction essentielle, hommes et femmes séparés dans les fonctions et les rôles, séparés dans les lieux de culte (jusqu'à aujourd'hui dans les synagogues) »[94]. Pourtant, sur l'hôtel public de Lille, il crucifia la maire, Martine Aubry, pour la réservation d'horaires spécifiques dans les piscines « pour les femmes musulmanes ou juives très pratiquantes »[95]. Celle-ci n'avait fait qu'appliquer les principes dont il louait les vertus. Il faudrait savoir. D'un côté, il vante le bien-fondé d'une société judéo-chrétienne qui distingue l'homme et la femme allant jusqu'à louer le cloisonnement physique. De l'autre, il étrille les musulmans qui réclament une séparation du même acabit. Le polémiste n'en est plus à une contradiction près. « Dieu ne se rit plus » comme aurait dit Bossuet. Désormais, Dieu s'esclaffe. En effet, on ne peut pas donner des leçons aux musulmans qui réclament des horaires aménagés quand on fait l'éloge du cloisonnement homme/femme dans toutes les sphères d'une société judéo-chrétienne.

On rappellera son credo. Le pouvoir c'est « le phallus, l'homme »[96]. En conséquence, il estime que l'arrivée des femmes en politique illustre une perte de pouvoir. Il retrace ainsi une chronologie assassine des compositions des gouvernements pour la gent féminine. L'auteur du *Bûcher des vaniteux* estime que le déroulement en est toujours le même : « Les débuts de mandats s'affichent au féminin. Et puis, au fil du temps, elles se font plus rares, quand viennent les difficultés et le besoin de "professionnels" »[97]. Les femmes ne seraient que des politiques d'opérette qui ne sont là que pour donner bonne conscience et une bonne image surtout, celle de l'égalité. Ainsi écrit-il au sujet du gouvernement Juppé de 1995 : « Pour Juppé, la nomination

94. Éric Zemmour, *Le premier sexe*, *op. cit.*, p. 24-25.
95. Éric Zemmour, *Le bûcher des vaniteux*, *op. cit.*, p. 190.
96. Éric Zemmour, *Le premier sexe*, *op. cit.*, p. 120 .
97. Éric Zemmour, *Le bûcher des vaniteux II*, *op. cit.*, p. 197.

à des postes d'ailleurs mineurs de nombreuses femmes relevait seulement du coup de communication, pour soigner son image médiatique.»[98] Elles seraient aussitôt remplacées quand surgissent les problèmes, où l'on appelle à la rescousse la cavalerie masculine. Selon Éric Zemmour, il ne saurait donc y avoir de professionnels féminins.

D'un manque de professionnalisme notoire selon Zemmour, les femmes ne font carrière que parce qu'elles sont passées sous le bureau – Louis XV – pour en arriver là, comme celui du président François Marsac qui ne se privera pas d'humilier la petite «LSD» en lui rappelant les raisons de sa promotion éclair: «Crois-tu vraiment, "LSD", que tu aurais eu cette carrière si tu ne m'avais pas sucé la bite?»[99] C'est la fameuse «promotion canapé»[100] à laquelle les plus carriéristes d'entre elles ne peuvent échapper si elles veulent prendre du galon. «LSD» n'est pas la seule dans ce cas. Toutes les héroïnes de ses fictions sont frappées par ce syndrome qui les pousse à écarter les jambes pour gravir les échelons. Ce fut également le cas de Laure Villemin, chargée de presse place Beauvau, qui eut de l'avancement et devint directrice de cabinet pour avoir été «la récompense quotidienne de son ministre»[101].

Ou alors, à défaut d'avoir fait usage de leurs charmes, elles ont été choisies pour flatter l'image du politique qui se vante alors de son ouverture d'esprit. En s'entourant de femmes, il montre qu'il est dans l'air du temps. Sans oublier le combo gagnant. Car femme c'est bien, métisse c'est mieux. «Noire» et «fille d'immigrés», c'est la parfaite combinaison, «c'est bon pour l'image»[102]. Ainsi, comme le scanderont nombre de ses personnages, masculins bien entendu: «Elle a toutes les qualités, c'est une femme et une Arabe!»[103], au sujet d'une future candidate

98. Éric Zemmour, *Z comme Zemmour*, *op. cit.*, p. 266.

99. Voir par exemple Éric Zemmour, *L'Autre*, *op. cit.*, p. 285.

100. Patrick Poivre d'Arvor et Éric Zemmour, *Les rats de garde*, *op. cit.*, p. 96.

101. Voir par exemple Éric Zemmour, *L'Autre*, *op. cit.*, p. 14.

102. *Ibid.*, p. 286.

103. Éric Zemmour, *Petit frère*, *op. cit.*, p. 289.

aux municipales dans *Petit Frère*. En conclusion, on rappellera sa parole d'évangile misogyne: « Femme et diversité, les deux mots résument le sacré de notre époque. »[104]

Sombrant lui-même dans ce travers qu'il décrie, on relèvera que l'absence de professionnelles féminines n'empêche nullement Éric Zemmour d'en recruter une comme conseillère pour sa pré-campagne présidentielle. Dame Sarah Knafo devrait réfléchir par deux fois en cas de tempête, le capitaine du navire pourrait bien la troquer contre un « véritable » professionnel « mâle » en cas de tumulte, si la situation exige de vrais « mâles » compétents. En tout état de cause, en prenant une femme issue d'une famille algérienne, on remarquera qu'Éric Zemmour n'échappe pas au prétendu « sacré de notre époque »: femme et diversité. « Très bon, excellent »[105] l'aurait félicité François Marsac. En refusant d'aller au bout de sa logique, qui consisterait à s'entourer uniquement d'un personnel masculin, il nous prouve que ses théories misogynes s'effondrent dans la pratique. Si l'on voulait prouver que les femmes ne sont pas faites pour le pouvoir, encore faudrait-il pouvoir s'en passer quand on brigue l'Élysée. Alors, peut-être qu'il finira par reconnaître que les femmes sont tout aussi professionnelles que les hommes, car, contrairement à ce qu'il répète, le pouvoir leur colle très bien à la peau.

Éric Zemmour ne cesse de tordre le cou à la discrimination qu'il estime être une invention fantasmatique de notre époque: « Cette étude officielle dément avec une rare cruauté la thèse imposée et enseignée sans relâche depuis des années dans les écoles comme dans les médias: la fameuse discrimination. »[106] Seulement, on est surpris, car cette discrimination, il la consacre. Mieux, il lui donne son âge d'or. Il est impossible d'avoir oublié l'affaire du Sofitel, où Dominique Strauss-Kahn était soupçonné d'avoir eu des relations sexuelles avec une femme de ménage. Éric Zemmour admet qu'« il n'est pas certain que la police française aurait arrêté l'ancien ministre des Finances socialiste », en raison de son statut de directeur du FMI, « héritage monar-

104. Éric Zemmour, *Le bûcher des vaniteux*, *op. cit.*, p. 307.

105. Voir par exemple Éric Zemmour, *L'Autre*, *op. cit.*, p. 286.

106. Éric Zemmour, *Le bûcher des vaniteux*, *op. cit.*, p. 114.

chique et ancienne mansuétude pour les amours ancillaires de nos grands hommes»[107]. Sauf que l'on ne peut pas prendre systématiquement la défense du harceleur ou du violeur, comme il le fait régulièrement[108], et reconnaître par ailleurs que le statut de certains hommes leur confère une immunité de fait qui rend difficile leur arrestation. Surtout, il reconnaît que, dans cette affaire, «il n'est pas sûr que la police française aurait accordé du crédit au témoignage de la femme de ménage»[109]. Cette phrase anéantit royalement toutes ses théories sur les discriminations, ou plutôt sur l'absence de discrimination. En effet, on ne peut pas prétendre qu'il n'existe ni discrimination ni misogynie et s'étonner ensuite que la parole d'une immigrée victime de viol soit inaudible. Éric Zemmour se refuse à pousser plus loin ses constatations: au XXIe siècle, la parole d'une femme de ménage noire vaut moins que celle d'un directeur du FMI blanc. Aussi, il serait malvenu de supprimer les lois sur les discriminations et sur le harcèlement, car c'est le dernier rempart pour remédier à ce déséquilibre des forces.

Aucune action des femmes ne trouve grâce à ses yeux. Les mères bafouées se font sévèrement tancer de «faire appel à la société, à la loi, au pouvoir coercitif»[110] pour agir en justice contre les pères, et engager leur responsabilité. Mais ce n'est pas pour leur bon plaisir car elles agissent contre ceux qui les ont abandonnées, maltraitées, en les laissant se débrouiller avec leurs gosses sur les bras. Ce n'est là souvent que le dernier moyen, en désespoir de cause, d'obtenir tout juste de quoi nourrir leurs gamins. Que voudrait-il au juste? À lire ce dénigrement des femmes qui agissent en justice pour faire valoir leurs droits, on pourrait penser qu'il espérerait un règlement à la sauvage. Préférerait-il donc que ces dames se mettent à piller chez ce père indigne les subsides nécessaires pour élever leur rejeton? La situation pour le moins choquante est telle que ce penseur qui

107. *Ibid.*, p. 149.

108. Voir par exemple Patrick Poivre d'Arvor et Éric Zemmour, *Les rats de garde*, *op. cit.*, p. 100.

109. Éric Zemmour, *Le bûcher des vaniteux*, *op. cit.*, p. 149.

110. Éric Zemmour, *Le premier sexe*, *op. cit.*, p. 94.

n'a pas de mots assez durs contre ceux qui enfreignent les lois, voudrait que les mères démunies se fassent justice elles-mêmes. En conséquence, du fin fond de leurs âmes tourmentées, les femmes désœuvrées implorent Éric Zemmour de les éclairer de ses lumières afin de savoir comment faire pour obtenir justice, et obtenir de quoi éduquer leurs enfants, à défaut de se tourner vers nos institutions.

La vision qu'il donne des femmes dans son œuvre a de quoi laisser perplexe. À plusieurs reprises, il livre l'image d'une première dame préposée aux pots de fleurs qui ne doit surtout pas « piétiner » les terres de son mari ni se « mêler de sa politique »[111], réduite à tenir la main du chef de l'État, car ça fait bien pour les photos. Ça donne un côté « américain »[112]. Dans *L'Autre*, la femme se réduit à deux attributs : « la soumission enfantine » et « la sensualité animale »[113]. Éric Zemmour nous apprend que ce sont là les femmes dont « rêvaient les hommes depuis des milliers d'années »[114]. Ne serait-ce pas plutôt la femme dont rêve Éric Zemmour ? Selon ce penseur, la gent féminine serait donc décomposable en trois catégories : les pots de fleur, la maman et la putain.

Le fléau de notre siècle, selon Éric Zemmour, serait le « divorce de masse ». Pourtant, pétri de contradictions, il ne cesse de faire l'apologie de l'adultère. Dans son roman *L'Autre*, le cri de Prantoni, meilleur chargé des relations avec le Parlement selon le président François Marsac, est éloquent : ce serait « cette maudite loi de 1975 » qui aurait tout changé et permis l'explosion du divorce en France où, désormais, « on divorce pour un oui ou pour un non »[115]. Reste à préciser que ce Prantoni est loué pour ses services car il est le seul à disposer du numéro de portable des maîtresses de chaque député et sénateur. Dans *Le bûcher des vaniteux*, il moque joyeusement les cocus, ces benêts raillés de tout temps, dans le théâtre de boulevard comme dans Molière,

111. Voir par exemple Éric Zemmour, *L'Autre, op. cit.*, p. 27-28.

112. *Ibid.*, p. 23.

113. *Ibid.*, p. 126.

114. *Ibid.*, p. 126.

115. *Ibid.*, p. 279-280.

aussi bien que dans les villages au Moyen Âge, en constatant que « l'adultère, les Français en rient depuis toujours »[116]. Pourtant, il regrette, amer, que le « divorce de masse » ait désacralisé le « mariage »[117]. À qui la faute ? Au « mariage d'amour » bien sûr, dont le romantisme mielleux s'est ingéré dans une institution qui n'avait que faire des bons sentiments. Un homme et une femme devant le maire. Point barre. Évidemment, l'origine féminine de la chose serait évidente, puisque c'est « l'équation implacablement féminine »[118] qui veut que lorsqu'on trompe, on se sépare. La faute aux femmes donc. Comme d'habitude. Les maris volages n'y seraient ainsi pour rien. Sous nos yeux ébahis, Éric Zemmour ne cesse de faire l'apologie de l'adultère en raison du fait qu'un garçon « ça va, ça vient »[119], tout en éructant contre la hausse des divorces.

Toutefois, la loi et l'histoire sont contre lui. Le Code civil promulgué par le premier Consul Napoléon Bonaparte, lui-même divorcé, le grand homme d'Éric Zemmour, prévoyait déjà le divorce pour faute en cas d'adultère. Après son abolition en 1816, la loi Naquet du 27 juillet 1884 rétablit le divorce pour faute, sous condition bien entendu d'en apporter la preuve. Rien ne justifie donc sa condamnation à l'encontre du divorce depuis 1975, d'autant plus que l'article 212 du Code civil[120] prévoit le devoir de fidélité des époux, empêchant ainsi, Madame comme Monsieur, d'aller butiner trop fréquemment en dehors du domicile conjugal. En conséquence, pas de quoi être effaré que l'un des époux fasse appelle au juge si l'un des époux viole la loi en allant voir ailleurs, car ce n'est là que son application rigoureuse. Cela vaut encore plus pour un amoureux de l'ordre, comme Éric Zemmour. Le contraire serait malvenu.

Qu'est-ce qui justifie son courroux contre le divorce ? Il semble y avoir là deux explications. D'une part, en glorifiant l'adultère, Éric Zemmour entérine l'emprise de l'homme sur la

116. Éric Zemmour, *Le bûcher des vaniteux*, *op. cit.*, p. 221.

117. Éric Zemmour, *Le bûcher des vaniteux II*, *op. cit.*, p. 313.

118. Éric Zemmour, *Le premier sexe*, *op. cit.*, p. 56.

119. *Ibid.*, p. 12.

120. Article 212 du Code civil : « Les époux se doivent mutuellement respect, fidélité, secours, assistance. »

femme. Un véritable « mâle », selon lui, doit tromper sa femme, car c'est dans sa nature, tandis que celle-ci est réduite à subir les frasques de son époux. Voudrait-elle inverser le rapport de force, et découcher, par envie ou par vengeance, elle ne serait qu'une putain. Il évoque cette « injustice », on l'a vu : « quand c'est un homme, on applaudit le séducteur, quand c'est une femme, on siffle la salope. »[121] La vision du monde d'Éric Zemmour est binaire : les hommes sont volages, les femmes des « catins ». Mais ce n'est là que sa conception car il est couramment admis aujourd'hui que les femmes puissent avoir une sexualité libre, sans se faire automatiquement taxer de « salope » et autres gentils mots. D'autre part, en liant le divorce des épouses aux revenus de leurs maris, puisqu'il nous explique que « les cruelles statistiques montrent que le divorce, demandé par la femme, s'intensifie lorsque l'homme est au chômage »[122], il ne fait que répandre le parfum d'une prétendue supériorité de l'homme au sein du couple car celui-ci tiendrait les cordons de la bourse. D'après lui, si la femme reste en ménage, ce serait uniquement pour la paie de son conjoint. Mais alors, dans cette vision mercantile des relations matrimoniales, le mariage ne serait qu'une forme de prostitution déguisée au quotidien. On comprend mieux pourquoi il voit avec tant d'abjection le travail des femmes, corollaire de leur indépendance, puisque celles-ci seraient désormais en mesure de quitter leurs maris. Fidèles ou non. En cantonnant ainsi la femme aux tâches domestiques ou aux bas salaires, il s'assure leur dépendance financière en coupant net à toute tentation d'émancipation.

Bien sûr, les femmes tiennent une douce revanche entre leurs mains, ou plutôt entre leurs jambes, avec la possibilité de faire monnayer leurs services. Sexuels, bien entendu. Quand, dans *Le Dandy rouge*, Ludmilla (Assing) discute avec Ferdinand Lassalle des « moyens de subsistance pour les femmes privées de fortune », celle-ci convient avec franchise qu'il n'y en a que deux : « la quenouille ou bien leurs charmes quand elles en

121. Éric Zemmour, *L'Autre*, *op. cit.*, p. 295.

122. Éric Zemmour, *Le premier sexe*, *op. cit.*, p. 68.

ont»[123]. La misère ou le tapin. Ce serait donc là le seul moyen de survivre pour le «sexe faible», qui ne l'aura jamais autant été, puisqu'il consiste à brader leur corps à des hommes qui vont les consommer comme de simples objets sexuels. La prostitution, sinon rien. Il compare alors le sort de la putain à celui de l'épouse, «la prostituée semblait la moins bien servie, mais elle avait l'argent»[124]. L'homme qui souhaite se vider les bourses doit vider sa bourse. Maigre consolation. Les femmes qui adhèrent à ses idées devraient de toute urgence relire ses écrits «mâles» inspirés avant d'être assignées *ad vitam æternam* aux besognes domestiques, ou au bordel.

Éloge du «mâle» pour devenir le «mal»

De tout ce qui précède, on ne pourra qu'être ulcéré par ce personnage autoritaire, violent, misogyne et colonialiste. D'où notre question, qui pourrait presque rappeler cette publicité des années 90 pour une bouteille de soda: «Mais pourquoi est-il aussi méchant?» Parce que, selon sa maxime, «le pouvoir, c'est le mal, la mort, le phallus, l'homme»[125]. Puisque le pouvoir c'est «le mal»[126], il lui faudrait devenir «le mal» pour incarner le pouvoir. On rappellera les mots de Steve Bannon, conseiller de Donald Trump, qui dira: «j'aime l'obscurité. Dark Vador, Satan... C'est le pouvoir». L'attitude d'Éric Zemmour n'en est pas loin. Il oublie que la fin n'est pas des plus glorieuses pour eux... Bien sûr, Éric Zemmour se trompe, le pouvoir n'est pas une question de sexe. Surtout, il est plus que dangereux de rependre une propagande malsaine, pour conquérir le pouvoir. C'est explosif.

C'est la seule raison qui pourrait expliquer, sans les justifier et encore moins les excuser, ses écrits insultants et ses thèses racistes et colonialistes. Il crible d'attaques «le bien» et «le bon»[127], sans s'aventurer sur ce que ces notions, possiblement fourre-tout, englobent. Parfois, la simplification a ses vertus, sur-

123. Éric Zemmour, *Le Dandy rouge*, *op. cit.*, p. 43.
124. Éric Zemmour, *Le premier sexe*, *op. cit.*, p. 61.
125. Éric Zemmour, *Le premier sexe*, *op. cit.*, p. 120.
126. *Ibid.*
127. Éric Zemmour, *Le bûcher des vaniteux II*, *op. cit.*, p. 7.

tout lorsqu'il s'agit de se construire dans l'altérité et de s'opposer par principe au « politiquement correct ». Que ce soit en désossant l'ancien ministre de l'Intérieur, Manuel Valls, le « faux dur » relégué au rang de « méchant de pacotille »[128], ou en glorifiant Steve Jobs en hommes d'affaires sans états d'âme qui savait « imposer et s'imposer » et surtout « écraser les concurrents par tous les moyens »[129]. Quel que soit l'endroit, en politique ou dans une multinationale, l'idée de la mort l'obsède. Ce qui nous montre qu'il attache peu de prix à la vie. C'est là le pire.

Dans la nuit du 4 au 5 décembre 1986, alors que le gouvernement de Jacques Chirac était empêtré dans les manifestations étudiantes contre la loi Devaquet qui prévoyait d'instaurer « une sélection à l'entrée de l'enseignement supérieur »[130], des voltigeurs fauchent un jeune manifestant du nom de Malik Oussekine. Il ne s'en remettra pas. Roué de coups de matraque d'une violence inouïe, il décédera quelques heures plus tard à l'hôpital Cochin d'un arrêt cardiaque dû à ses blessures. La loi Devaquet ne verra jamais le jour. Il va de soi que tout un chacun aurait exprimé des regrets pour la mort de ce jeune homme, en dépit de ses idées politiques. Pas lui. Il passe facilement sur cette bavure policière, suggérant que Malik Oussekine n'était « pas un "jeune homme parfaitement intégré" dans une "famille modèle" »[131], en rappelant qu'il avait des problèmes de santé, comme pour suggérer qu'il est le seul responsable de sa fin tragique. L'intéressé oublie un détail : Malek Oussekine n'était pas à l'article de la mort puisqu'il pratiquait le basket-ball trois fois par semaine. Il n'y avait donc rien de choquant à ce que ce sportif allât manifester. Plus grave, il fait abstraction d'un second fait : il n'est pas certain qu'un corps sain se serait remis d'un tabassage en règle asséné par deux voltigeurs et leurs bidules, ces longues matraques en bois d'un mètre destinées à fracasser le crâne des casseurs.

128. *Ibid.*, p. 328.

129. *Ibid.*, p. 238.

130. Éric Zemmour, *Le livre noir de la droite*, *op. cit.*, p. 181-182.

131. *Ibid.*, p. 186.

Sa personnalité émane du constat suivant: un jeune homme est mort et il regrette plus que tout qu'un «projet de loi, à moitié adopté par la représentation nationale», soit «retiré sous la pression de la rue»[132]. Comme si un «faible» gouvernement avait cédé à la «vindicte populaire»: «le pouvoir a fait un martyr, puis perdu la face. Depuis lors, les hommes de droite ne s'y frotteront plus»[133]. De manière insupportable, il ironise sur la mort des manifestants notamment lorsqu'il dit que l'ambition de Manuel Valls «a glissé dans le sang de Rémi Fraisse. C'est son Malik Oussekine à lui»[134]. On vous l'accorde, cela donnerait presque la nausée. Mais alors, on ne pourra qu'être écœuré qu'Éric Zemmour récupère la mort d'un jeune homme avec des propos si écœurants pour se construire illusoirement l'image d'un homme de pouvoir. En effet, on ne peut que se méfier de cet homme qui a la prétention de devenir le chef de l'État mais qui nous dit qu'on peut réprimer un «peuple» dans le sang, et l'anéantir quand il conteste trop obstinément une loi. Réprimer dans le sang n'est pas une preuve de pouvoir, mais de lâcheté. Nous pourrions en faire l'amère expérience, à nos dépens, s'il était élu. Il faudra alors nous souvenir de ses paroles prophétiques, qui présagent du pire: «On doit cesser de dénoncer les "violences policières"»[135].

Serait-il seulement républicain? Il juge rédhibitoire de défendre «nos valeurs – liberté, égalité, fraternité» qui ne seraient «qu'une preuve supplémentaire de notre état de déréliction»[136] alors qu'il a consacré un traité pour défendre les valeurs dites viriles. On conclura ce portrait glacial par la célèbre citation d'Albert Schweitzer, dont nous partageons l'idée: «En dépit de tout, je garde la conviction que l'amour, la paix et la bonté sont la force qui est au-dessus de tout pouvoir». Et tant pis s'il trouve que ce ne sont là que des valeurs dites «féminines».

132. *Ibid.*, p. 187.

133. *Ibid.*, p. 188.

134. Éric Zemmour, *Un quinquennat pour rien*, *op. cit.*, p. 294.

135. Éric Zemmour, *La France n'a pas dit son dernier mot*, *op. cit.*, p. 339.

136. Éric Zemmour, *Un quinquennat pour rien*, *op. cit.*, p. 44.

Chapitre 3
Sa vision de l'étranger : « diviser pour régner »

À toute une partie de la population qui crève la faim, qui est désespérée, qui n'arrive pas à trouver un emploi, Éric Zemmour offre sur un plateau un bouc-émissaire pour expliquer leur malheur. Celui-ci prend aisément la figure de l'immigré, « Arabe » ou « Africain », qui prendrait le pain de la bouche des « Français de souche »[1]. Digne d'une méthode militaire, ce n'est là que le traditionnel « diviser pour régner ». En parfait héritier de Machiavel, il remet au goût du jour cette stratégie selon laquelle il n'y a rien de mieux pour rallier une partie de la population à sa cause que d'en ostraciser une autre. Ce souffre-douleur ne viendrait pas de « chez nous »[2]. D'où le constat qu'il ne serait pas « chez lui ». C'est dire l'avantage qu'il présenterait en contenant en lui à la fois le « fléau » et le « remède ». Il peut tout aussi bien être ostracisé car il vient d'ailleurs. Tout comme il peut être réexpédié chez lui.

Il avoue sans dissimulation cette stratégie populiste dans *Le bûcher des vaniteux*, en adressant cette marque de respect, brute de décoffrage, à son ami Jean-Marie Le Pen : « Mais c'est [Jean-Marie Le Pen] qui avait le magot : le peuple. C'est lui qui posait la question qui intéressait l'électorat populaire : l'immigration »[3]. L'ambition est assumée : en parlant en boucle d'immigration, Éric Zemmour souhaite s'attirer les faveurs de « l'électorat populaire », en détroussant le Rassemblement National de son butin historique. Deux conséquences. D'une part, il aimerait piquer à Jean-Marie Le Pen et à sa fille leur « magot », patiemment gagné à la sueur de leur front, national bien enten-

1. Éric Zemmour, *Le suicide français*, *op. cit.*, p. 432.

2. *Ibid.*, p. 500.

3. Éric Zemmour, *Le bûcher des vaniteux*, *op. cit.*, p. 293.

du. D'autre part, les diatribes « anti-immigration » de Zemmour n'ont qu'une visée tactique : séduire « l'électorat populaire ». De la démagogie assumée, c'est un comble de la part d'un populiste. Or, faisant fi de ses origines étrangères, l'écrivain qui est lui-même un Français de « sang étranger » voudrait nous convaincre de « purger » ce « sang impur » qui souille notre République. Il est temps de réduire à néant sa malhonnêteté.

Un bouteur d'immigrés fils d'immigrés : la pathologie du cordonnier mal chaussé

N'étant pas à une contradiction près, il a sans doute semblé de bon augure à Éric Zemmour, issu d'une famille juive venue d'Algérie, de s'ériger en apôtre de la lutte contre l'invasion migratoire. Se montrer hostile à toute immigration et se faire garant d'une prétendue « identité nationale perdue » n'est pas nouveau, et l'histoire nous enseigne qu'elle est souvent l'apanage de ceux qui seraient les premiers à en payer les frais. En la matière, comme en d'autres, « les cordonniers sont souvent les plus mal chaussés ».

L'immigration jaillit de chaque page de l'œuvre d'Éric Zemmour, si bien qu'il est impossible d'y couper. Dressons ici une brève chronologie pour ceux qui penseraient à tort qu'il s'est radicalisé. Dès la parution du *Coup d'État des juges*, en 1997, il déplore que la « jurisprudence du Conseil d'État transforma [l'article 8 de la Convention européenne des droits de l'Homme] en un droit irrépressible d'un migrant à faire venir sa famille sur son nouveau lieu de résidence »[4]. Cette charge acerbe, qui fait du juge un législateur officieux enfantant la loi à l'insu des citoyens, n'est qu'une vulgaire ficelle populiste que l'on détricotera plus tard. Pis, il taxe les associations venant en aide aux migrants, parmi lesquelles SOS Racisme, Gisti, Cimade, de « pousse-au-crime judiciaires utilisant les services d'une escouade d'avocats, rameutés en collectif, battant le pavé des palais de justice et harcelant les magistrats rétifs, ou simplement ignorants »[5]. Alors on remarque que celui qui vante les mérites des mallettes de billets pour financer la vie politique estime qu'il s'agit d'un crime que d'aider

4. Éric Zemmour, *Le coup d'État des juges*, *op. cit.*, p. 170.

5. *Ibid.*, p. 171.

un être humain à faire valoir ses droits dans le respect de nos institutions, lorsqu'il a risqué sa vie pour gagner la France. D'ailleurs, il constate, navré, au sujet de Mirabeau, « cinquante-deux ans, c'est jeune pour mourir, même en cette fin de XVIIIe siècle »[6]. Il n'a pas tort, c'est jeune. Mais ça l'est encore plus pour un migrant de trois ans qui a pris la mer. Surtout au XXIe siècle. Peu après, dans *Le livre noir de la droite* en 1998, immersion dans les coulisses moribondes de la droite après mai 68, il regrette que les gaullistes et leurs alliés aient courbé « l'échine devant la montée en puissance de l'esprit de Mai (68) dans la société française ». Il étrille ainsi la pensée qui a suivi mai 68 pour sa prétendue « adoration »[7] des immigrés. Puis, ses thèmes favoris sont condensés dans *Une idée certaine de la droite*, une contribution qu'il a faite à cet ouvrage collectif. Après avoir fustigé l'Europe, l'immigration, les droits de l'Homme, la place croissante du juge, Éric Zemmour constate alarmiste : « Je ne parviens pas à admettre que le territoire national soit une vaste aire de jeu, où passent librement capitaux, marchandises, et hommes, venus du monde entier, sans me demander mon avis, ni celui des autres "indigènes". »[8] On constate alors qu'il n'était pas nécessaire d'attendre *Le suicide français* pour déplorer la « mort » de la France. Éric Zemmour s'en était chargé dès 1998. Malheureusement pour lui, l'avenir lui a donné tort. La France vit toujours. Dès lors, le reste de ses écrits anti-immigration ne sera que sempiternelle redite. Plus ou moins étoffée. Plus ou moins cynique. Plus ou moins cachée sous la fiction. Mais toujours violente.

Sans que cela ne choque ses partisans, nostalgiques d'une France traditionnelle et adeptes du triptyque « famille, travail, patrie »[9], ni même Pierre Sautarel, l'homme derrière le site « le plus connu de la fachosphère »[10], Fdesouche.com, « le lobby

6. Éric Zemmour, *Destin français*, *op. cit.*, p. 275.

7. Éric Zemmour, *Le livre noir de la droite*, *op. cit.*, p. 46.

8. Éric Zemmour, *in* Alain Griotteray (dir.), *Une idée certaine de la France*, *op. cit.*, p. 20.

9. Éric Zemmour, *Mélancolie française*, *op. cit.*, p. 153.

10. Dominique Albertini et David Doucet, *La fachosphère - Comment l'extrême-droite remporte la bataille du net*, Paris, Flammarion enquête, 2016,

des Gaulois »[11], Éric Zemmour est pourtant un fils d'Algériens, hostile à toute invasion étrangère : « On était français depuis que le décret Crémieux, en 1870, avait accordé la nationalité française à tous les Juifs d'Algérie. »[12] Voilà donc le passé de celui qui veut tant abroger le droit du sol. On ne peut qu'être sidéré de constater le cynisme qu'il y a à claquer la porte au nez des fils d'immigrés, après l'avoir soi-même empruntée. À vouloir fermer le chemin par lequel ses parents sont jadis passés, il montre peu d'égards pour ses origines.

Le mythe de la « race blanche » : un plafond de verre pour les « Français de branche »

Ce retour de bâton, Éric Zemmour l'a sans doute anticipé. Alors, pour couper l'herbe sous le pied à ceux qui pourraient lui opposer cette évidence, il a dégoté l'idée du « Français de branche »[13], qui ferait de lui un Français ayant incorporé l'histoire de France. Il a beau louer les vertus de l'éducation et de la culture, ses belles paroles sonnent creux, car le fin fond de sa pensée transparaît dans *Mélancolie française*, dissimulée derrière les oripeaux gaulliens : « C'est très bien qu'il y ait des Français jaunes, des Français noirs, des Français bruns. Ils montrent que la France est ouverte à toutes les races et qu'elle a une vocation universelle. Mais à condition qu'ils restent une petite minorité. Sinon, la France ne serait plus la France. Nous sommes quand même avant tout un peuple européen de race blanche, de culture grecque et latine et de religion chrétienne. »[14] Bien sûr, de Gaulle n'a jamais dit cela. Pas plus qu'il ne l'a écrit. On y reviendra.

Faisons comme si c'était vrai, pour l'instant. Alors, on ne peut qu'être effaré par ce triste constat. On a beau dévorer Racine, Alexandre Dumas ou Victor Hugo, on remarque que ce qui prime c'est la couleur de nos cheveux ou de notre peau. Dès lors,

---

p. 22.

11. *Ibid.*, p. 21.

12. Éric Zemmour, *Destin français*, *op. cit.*, p. 22.

13. Éric Zemmour, *La France n'a pas dit son dernier mot*, Paris, Rubempré, 2021, p. 336.

14. Éric Zemmour, *Mélancolie française*, *op. cit.*, p. 247.

on voit que son soi-disant «branchage» est limité puisque la maxime voudrait que les Français autres que les «petits blancs», ne puissent devenir une majorité. Par conséquent, l'horizon est peu glorieux pour celui qui aspire à devenir Français de tout son corps et de toute son âme, puisque le ciel est bardé d'un plafond de verre infranchissable. De surcroît, celui-ci est des plus sévères puisqu'il prend en grippe des critères physiques auxquels même la meilleure volonté du monde ne pourra jamais rien changer. Est-ce que l'on se rend compte du message que l'on envoie en accueillant ses théories? On dit aux aspirants «Français de branche» qui s'épuiseraient à s'assimiler et à s'approprier notre identité, de se rendre à l'évidence. Tous vos efforts sont vains, car votre «faciès d'étranger» vous empêchera de devenir Français. Cet adage révèle toute son absurdité lorsqu'il est poussé à son comble. Il ne faudrait donc pas que les «Français bruns» deviennent majoritaires pour que «la France reste la France»? Ainsi, on voit que selon ce principe, une teinture de cheveux demeure le meilleur moyen de devenir Français.

Sa critique à outrance du métissage de l'équipe de France «black-blanc-beur», victorieuse de la coupe du monde 98, illustre à merveille ce rejet. En effet, son évocation hante la quasi-totalité de ses récits qui paraissent après 1998. Il suffit de faire le compte. Dans *Les rats de garde*, il parle déjà de la glorification de «la France "black-blanc-beur"»[15]. Les deux *Bûchers des vaniteux*[16] n'y coupent pas. Dans *Le suicide français* il relève que «les hommes politiques de tous bords [...] exaltèrent avec des trémolos dans la voix la victoire de la France "black-blanc-beur".»[17] Même ses fictions n'y échappent pas, comme dans *L'Autre* où il rappelle «la gloire de notre équipe métissée très Benetton» [18] ou sa variante, «la gloire de l'équipe "black-blanc-

15. Patrick Poivre d'Arvor et Éric Zemmour, *Les rats de garde, op. cit.*, p.108-109.

16. Éric Zemmour, *Le bûcher des vaniteux, op. cit.* , p. 135 ; Éric Zemmour, *Le bûcher des vaniteux II, op. cit.,* p. 251-252

17. Éric Zemmour, *Le suicide français, op. cit.*, p. 425.

18. Éric Zemmour, *L'Autre, op. cit.*, p. 95.

beur" »[19] dans *Petit Frère*. Il n'est pas homme à aimer se renouveler. Son dernier opus, *La France n'a pas dit son dernier mot*, nous le redit : « En 1998, le même Chirac n'avait pas été le dernier à glorifier l'équipe "black, blanc, beur" qui avait donné à la France sa première victoire de l'histoire de la Coupe du monde de football. »[20] On a failli passer à côté. L'énumération donne le tournis. La fascination vire rapidement à l'obsession. Il ne peut s'empêcher d'en faire mention. Alors, comment ose-t-il dire : « on n'a pas le droit de s'étonner du nombre de joueurs noirs dans l'équipe nationale »[21] ? Visiblement, il ne fait que ça.

Dès lors, peu importe que les joueurs s'exténuent à chanter la Marseillaise avant l'ouverture d'un match de foot ou qu'ils « restent la bouche fermée et les jambes croisées »[22], ils resteront estampillés du sceau de « l'étranger ». Quelle que soit leur témérité, ils subiront le courroux du polémiste. Bien que victorieux, ils seront les perdants de la fable en étant toujours « de trop » aux yeux de ces penseurs. Leur péché : ne pas être de « race blanche ». Merci pour votre service les gars, à la prochaine. Pourtant, l'équipe nationale de foot ne mérite nullement le terme de « métissage », puisqu'elle n'est rien moins que le reflet de notre société.

Finalement, nous ne pouvons que nous insurger contre cette théorie de la « race blanche » qui réduit à néant les meilleures intentions d'assimilation et ostracise des individus sur de simples critères physiques. Ne nous abaissons pas à son niveau. Si l'on voulait pousser plus loin sa logique, on serait tenté de demander à Éric Zemmour quelle aurait été son attitude lorsqu'il était enfant, si les politiques des générations précédentes l'avaient empêché de poursuivre ses études, au seul motif que sa présence sur le territoire ferait exploser « ce seuil de tolérance »[23] entre Français bruns et Français blonds. Pour que « la France reste la France ».

19. Éric Zemmour, *Petit frère*, *op. cit.*, p. 27.

20. Éric Zemmour, *La France n'a pas dit son dernier mot*, *op. cit.*, p. 46.

21. *Ibid.*, p. 266.

22. Éric Zemmour, *Le bûcher des vaniteux II*, *op. cit.*, p. 115.

23. Éric Zemmour, *Un quinquennat pour rien*, *op. cit.*, p. 27.

De la haine des juifs à la haine des musulmans : rire du négationnisme et insulter les « Arabes »

Il paraît difficile de faire l'impasse sur la réhabilitation du maréchal Pétain, sur laquelle beaucoup a déjà été dit. Contentons-nous d'un bref rappel. Il s'oppose de plein front à la théorie de Robert Paxton qui, avec son ouvrage *La France de Vichy*[24], montrait que l'État français avait participé à la déportation de juifs dans des camps de concentration nazis. Pour cela, Éric exhume l'ouvrage d'un rabbin, Alain Michel, qui aurait montré que le maréchal Pétain « réussit à sauver les "vieux Israélites français" »[25]. Pour cela, il aurait procédé à « échange immoral, Juifs français contre Juifs étrangers, voulu et obtenu par Vichy »[26]. Cela faisait longtemps que cette théorie germait dans son esprit. Déjà, dans *Mélancolie française* on pouvait lire : « La rafle du Vél' d'Hiv date de juillet 1942. Le gouvernement de l'État français, par la bouche de René Bousquet, obtint des Allemands la distinction salvatrice entre Juifs français – protégés – et Juifs étrangers – embarqués pour les camps de la mort ; mais, sans l'aide de la police française, les Allemands n'auraient pas eu les moyens de rafler autant de Juifs. »[27] Cette dernière phrase est de taille. L'implication de la police française dans les rafles sera occultée dans *Le suicide français*.

Ces thèses erronées sont contredites par la quasi-unanimité des historiens sérieux et légitimes. On s'accordera sur un point, l'unanimité n'est pas toujours gage de vérité. Mais Éric Zemmour, qui n'est qu'un journaliste amateur d'histoire et non historien, ne peut prétendre déformer ainsi la réalité en toute impunité. Selon André Kaspi, historien spécialiste de la déportation, « c'est la population qui a été responsable du sauvetage des Juifs et non pas le régime de Pétain »[28]. Cependant on ne saurait trouver de meilleurs qualificatifs aux inepties d'Éric Zemmour que les propos de Laurent Joly, spécialiste de la Seconde Guerre

---

24. Robert O. Paxton, *La France de Vichy, 1940-1944*, Paris, Seuil, 1998.
25. Éric Zemmour, *Le suicide français*, *op. cit.*, p. 91.
26. *Ibid.*
27. Éric Zemmour, *Mélancolie française*, *op. cit.*, p. 116.
28. *LePoint.fr*, « Des historiens s'indignent des thèses de Zemmour », *source AFP*, 19 octobre 2014.

mondiale et de l'antisémitisme: «Absurde et faux»[29]. Paroles d'historiens, à la différence d'Éric Zemmour.

La stratégie déployée par notre dilettante de l'histoire repose sur une méthode, purement provocatrice, bien ficelée: le simulacre de l'iconoclasme. D'abord, il prend un sujet explosif. Ensuite, il avance une thèse saugrenue, à rebours de la doctrine dominante, que quelques rares hurluberlus sortis de son chapeau avancent. Enfin, il soutient cette contrevérité mordicus envers et contre tous, rejetant toutes les preuves qu'on lui apporte. On mettra d'emblée en garde ceux qui penseraient qu'il est de bonne foi en avançant ses inepties, puisqu'il reconnaît lui-même ignorer les arguments pertinents émanant de ses contradicteurs: «Je fais mine de ne pas avoir entendu sa pertinente précision»[30] ose-t-il avouer quand il sent qu'il perd les pieds dans le débat. Il revendique fièrement sa supercherie. Peu importe, le «malpensant» ne s'encombre pas de la vérité. Pas plus que de la vertu.

Dans cette escalade vers l'outrance, il y a plus révulsant. De sorte que la réhabilitation du maréchal Pétain dans *Le suicide français* pourrait quasiment passer pour anecdotique, tant l'antisémitisme y est assumé. On rappellera que dans ce même ouvrage, il salue le talent du soi-disant «humoriste» Dieudonné pour avoir, tenez-vous bien, fait remettre un «prix d'infréquentabilité» au négationniste Robert Faurisson «par un acteur en pyjama rayé de déporté»[31]. On est alors stupéfait de voir qu'on peut s'esclaffer à la vue d'un spectacle qui tourne en dérision l'un des pires crimes de notre histoire et glorifie en grande pompe celui qui le nie, faisant fi des chambres à gaz et de leur atrocité. Nous sommes à court de mots pour décrire notre effroi: personnes âgées, femmes et enfants menés à la chambres à gaz, le *Sonderkommando* chargé de laver le sol inondé du sang des victimes, détenus au corps décharnés tiraillés par la faim... On n'a pas forcément envie de rire après avoir vu *Le fils de Saul*[32]. D'autant plus qu'il regrette que les «institutions juives» obtinrent la

29. *Ibid.*

30. Éric Zemmour, *La France n'a pas dit son dernier mot*, *op. cit.*, p. 162.

31. Éric Zemmour, *Le suicide français*, *op. cit.*, p. 383.

32. *Le fils de Saul*, réalisé par László Nemez, 2015.

condamnation en justice de Dieudonné, et le contraignirent à fermer les salles de spectacle[33]. Déjà, dans *Un quinquennat pour rien*, il regrettait presque le manque de panache des propos antisémites d'un Jean-Marie Le Pen vieillissant : « Mais avec le temps tout s'en va. La fournée n'avait pas le sombre éclat de "Durafour crématoire" ou du "détail" »[34]. Mais où va la France si les propos antisémites ne fusent plus avec autant de brio ? Si certains parmi vous avaient encore des doutes sur son antisémitisme, ils seront servis. On ne peut décemment pas prétendre que l'on n'est pas antisémite et crier au talent d'un humoriste qui affuble un acteur d'une tenue de déporté pour mettre le projecteur sur un auteur négationniste. Avoir une épouse juive ne saurait laver de cette accusation[35], pas plus qu'avoir « une amie noire » ne saurait disculper de racisme[36]. Comme quoi, la réhabilitation du maréchal Pétain n'est qu'un vulgaire grain de sable dans cette marée antisémite.

Reprenant à son compte « l'expertise » de Le Pen sur les chambres à gaz, il nous livrera cette pensée : « Dans cette architecture grandiose, l'extermination des Juifs n'est ni négligée ni méprisée ; mais si elle est davantage qu'un "détail", elle n'occupe pas le cœur stratégique de la guerre. »[37] Pour ceux qui seraient trop effarés pour cerner sa pensée, l'« architecture grandiose » n'est rien moins que la Seconde Guerre mondiale. Preuve supplémentaire, s'il en fallait, qu'il ne rechigne pas à enrober de miel les pires abominations.

Vous avez la nausée ? Il n'en a cure. Seuls comptent ses intérêts. Il n'y a qu'une idée sous-jacente à toute cette débauche de boue : la thèse est fausse mais on parlera de moi. Je provoque donc je suis. Avancer des thèses iconoclastes, ou à rebours des canons de pensée n'a rien de contestable. Cela fait partie de la

33. Éric Zemmour, *Le suicide français, op. cit.*, p. 383.

34. Éric Zemmour, *Un quinquennat pour rien, op. cit*, p. 252.

35. Voir Éric Zemmour, Éric Zemmour, *La France n'a pas dit son dernier mot, op. cit.*

36. Émission « C à vous », France 5, 21 juin 2012 ; Voir également Chapitre 3 – Sa vision de l'étranger : diviser pour régner, p.113.

37. Éric Zemmour, *Le suicide français, op. cit.*, p. 305.

recherche que d'avancer de nouvelles hypothèses, en les étayant par des éléments, des preuves, des faits, des sources. Parfois, cela peut faire avancer la science. En revanche, ce qui est condamnable, c'est d'avancer des thèses délibérément falsifiées uniquement pour faire parler de soi, à de seules fins de propagande idéologique. Et de les bâtir sur du vent. Ses fins sont infâmes.

Il est de bon aloi de rappeler que « Louis-Ferdinand Céline était antisémite »[38], poussant le vice à être encore plus hostile à leur égard que les officiers allemands d'Hitler. C'est d'ailleurs ce que blâme Éric Zemmour, dans *Le Bûcher des vaniteux*, en racontant que Céline « expliquait aux officiers allemands qu'Hitler avait trop de mansuétude pour les juifs parce qu'il était lui-même d'origine juive »[39]. À cet égard, il livre son diagnostic de l'auteur de *Voyage au bout de la nuit* sans prendre de gants : « Sa haine des juifs finit d'ailleurs par relever du délire psychiatrique »[40]. Toute ressemblance avec une personne connue est loin d'être fortuite, notamment en matière d'islam. Lorsque des paroles se retournent contre leur auteur, elles ont un goût amer.

Montrant peu d'inclination à la mesure, il ressasse le cliché du vote communautaire, excipant que « 93 % des électeurs musulmans ont voté pour François Hollande »[41] lors de la présidentielle, en 2012. D'emblée, on peut lui opposer la formule du démographe Alfred Sauvy qu'il connaît mieux que quiconque pour l'avoir lui-même rappelée, « les chiffres sont des êtres fragiles qui, à force d'être torturés, finissent par avouer tout ce qu'on veut leur faire dire »[42]. Si cela vous choque, je vous en prie, cessez de suite votre lecture ici. Le reste vous laisserait en état de choc. Ceux qui restent sont prévenus.

Un « barbare » ? Un « Néandertal » ? Oui, vous avez bien lu, ces injures sont balancées à la face du lecteur, et même à plu-

38. Éric Zemmour, *Le bûcher des vaniteux*, *op. cit.*, p. 33.

39. *Ibid.*

40. *Ibid.*

41. Éric Zemmour, *Le bûcher des vaniteux II*, *op. cit.*, p. 283.

42. Éric Zemmour, *Le bûcher des vaniteux*, *op. cit.*, p. 200.

sieurs reprises, le laissant estomaqué. Comment ose-t-il ? Là, certains penseront que votre serviteur y va un peu fort. Vraiment ? Non, ce ne sont rien moins que des citations. De douces et gentilles citations. Certes pas du Victor Hugo. Mais « on fait c' qu'on peut avec c' qu'on a ». En effet, le racisme d'Éric Zemmour rejaillit, en toute transparence, avec des rapprochements du meilleur cru entre les personnes d'origine maghrébine et les espèces primitives du genre Homo. Ainsi, on l'a vu, il s'est livré à l'exercice dans *Le premier sexe*, décrivant le « jeune Arabe » de la façon suivante : « Il est le barbare dans Rome, le loup entré dans Paris. Il a un langage proche de celui de Néandertal. Il est l'homme d'avant la civilisation »[43]. La cause de tout cela ? L'essayiste nous la livre : « Il n'a pas lu Stendhal. Il n'a pas lu René Girard. Pas Dostoïevski et *l'Éternel mari.* »[44] Dans tout cela, le lecteur ne peut qu'être outragé par ces insultes qu'il crache au visage d'êtres humains. Est-ce une façon de traiter ses semblables ? Le choix des mots en dit long sur celui qui les emploie.

Ce n'est pas sa seule faute. En fustigeant « le jeune Arabe » qui n'aurait pas lu Dostoïevski, Zemmour fourre dans le même panier tous les enfants de l'immigration, qui en seront ravis, en les traitant de sauvages analphabètes. Ou peu s'en faut. Il fait l'économie de toute nuance, pourtant essentielle, en généralisant à outrance. Il oublie qu'il n'y a pas un fils d'immigré, un « Arabe », un « Africain » mais uniquement des cas particuliers. Traiter un « jeune Arabe » de « barbare », c'est un crime. Traiter tous les « jeunes Arabes » de « Néandertal », c'est inqualifiable.

Quelques années plus tard, dans son roman de politique-fiction *L'Autre*, il injecte la théorie du « grand remplacement » dans une biographie déguisée de Jacques Chirac. En bref, l'immigré veut la peau du « Français de souche »[45], pas moins, comme l'illustre ce passage annonciateur d'une prophétie apocalyptique : « Un jour, leurs enfants violeront vos filles, tueront vos fils et s'installeront dans votre hôtel particulier de l'île Saint-

43. Éric Zemmour, *Le premier sexe*, *op. cit.*, p. 99.

44. *Ibid.*

45. Éric Zemmour, *Le suicide français*, *op. cit.*, p. 432.

Louis. »[46] Voilà que, même avec un polar-fiction brodé sur la vie de Jacques Chirac, Éric Zemmour trouve le moyen d'enfoncer le clou sur l'immigration, en confiant : « on vit ce moment où l'Homo sapiens côtoie encore le Néandertalien »[47]. Encore cette comparaison plus que douteuse, nauséabonde, entre certains êtres humains et une espèce primitive éteinte depuis des milliers d'années. Attention, il y a encore plus révulsant. Le jugement, blessant, finira par arriver dans la bouche d'un intime du cercle présidentiel : ces « Arabes », « ce sont des barbares, il ne faut pas l'oublier »[48]. La fiction ne saurait nous abuser. Sans que cela ait donné la nausée à la critique, l'écrivain apparente certains de nos compatriotes à des hommes préhistoriques sous-évolués. Chirac aurait pu lui rétorquer : « Ah, celui-là, il est à la droite d'Hitler ! »[49]

Non seulement le racisme est bien présent, mais encore, on aura reconnu la stratégie politique camouflée derrière le masque de la fiction. La ficelle populiste est trop grosse pour passer inaperçue. Clivant par essence, le populiste se doit de dresser deux camps opposés les uns contre les autres. Il n'en va pas autrement ici. Avec ces infamies raciales, le récit, médiocre sur le fond et choquant à bien des égards, répand le parfum sinueux que l'immigré ne serait qu'un « sauvageon » tout bonnement inassimilable, qui ne sera jamais un « Français comme les autres »[50]. Quels que soit l'éducation, l'attention, l'effort que l'État lui apportera, il restera ce « barbare » primitif qui finira par violer nos filles, tuer nos fils pour prendre notre place. En définitive, un conseiller politique lâche, sans fard, que les « Arabes » ne pourront jamais « devenir des Français comme les autres »[51].

Alors, on ne pourra que constater qu'il est purement raciste selon les critères qu'il nous a donnés dans *Mélancolie française* : « Le racisme hiérarchise les individus en fonction de leur

46. Éric Zemmour, *L'Autre, op. cit.*, p. 222.

47. *Ibid.*, p. 127.

48. Éric Zemmour, *L'Autre, op. cit.*, p. 220.

49. Éric Zemmour, *L'homme qui ne s'aimait pas, op. cit.*, p. 84.

50. Éric Zemmour, *L'Autre, op. cit.*, p. 221.

51. *Ibid.*

race ; le Français pense que tout étranger, quelles que soient son origine, sa race, sa religion, peut accéder au nirvana de la civilisation française. Attitude un brin arrogante, xénophobe même, mais aucunement raciste. Le raciste, à l'instar de l'Anglais, considère qu'un Indien, malgré tous ses efforts, ne parviendra jamais à parler avec l'accent d'Oxford. »[52] En nous répétant que les musulmans sont des « barbares inassimilables », des « hommes des cavernes » qui ne sauront jamais lire, il se vautre dedans. Pourtant, il nous a seriné cet argument très tôt. Exemple dans *Balladur, immobile à grands pas* : « [les enfants des banlieues] ont, pour la plupart, suivi une scolarité médiocre et épisodique ; ils n'en ont gardé qu'une "haine" tenace de tout : les professeurs, le savoir, l'existence même d'un cadre social. »[53] Ou encore : « [François Bayrou] apprend que des jeunes filles voilées refusent d'étudier Rabelais ou Ronsard, auteurs impies. »[54] Avec ces sorties fracassantes, il voudrait nous faire croire que les enfants de l'immigration rejettent la culture française.

Pour répondre à sa fine analyse au sujet de cet « homme d'avant la civilisation »[55] qui n'a pas lu les classiques de la littérature russe, gageons sans trop de risque qu'en ce jour du traditionnel défilé du 1er mai 2013, la militante du Front national captée par la caméra du *Petit Journal* avec des saucissons suspendus à un drapeau n'était pas une fine lettrée[56]. Tenant fermement entre ses mains une construction consternante digne d'une cour d'école pour se faire « un périmètre de sécurité », elle pensait pouvoir se protéger tant bien que mal de la journaliste Salhia Brakhlia, tout aussi française qu'elle. Et peut-être moins illettrée ? En effet, avec ses vociférations télégraphiques en boucle, rétorquant « Moi pas répondre ! Moi être française »[57], cette grande dame s'imposa mal comme l'héritière de Chateaubriand. Le « langage proche de ce-

52. Éric Zemmour, *Mélancolie française*, *op. cit.*, p. 233.

53. Éric Zemmour, *Balladur, immobile à grands pas*, Paris, Grasset, 1995, p. 193.

54. *Ibid.*

55. Éric Zemmour, *Le premier sexe*, *op. cit.*, p. 99.

56. *Petit journal*, Canal +, émission du 2 mai 2013.

57. *Ibid.*

lui de Néandertal »[58] semble plus répandu qu'on ne le croit parmi les patriotes. Comme quoi, le privilège du sang ne suffit pas. Bizarrement, de ces Néandertal-là, Éric Zemmour n'en parle pas. Néanmoins, La Bruyère l'avait prévenu, « «Tous les étrangers ne sont pas des barbares et tous nos concitoyens ne sont pas civilisés. »[59]

En fin de compte, il réduit le « peuple » à quelques « franchouillards » xénophobes qui se moquent éperdument de la différence entre deux origines étrangères. Comme le soutient le conseiller en communication du président François Marsac : « Je sais qu'il est kabyle, reprit Marteau agacé, mais pour les Français, un Arabe et un Kabyle, c'est kif-kif »[60]. Pourquoi s'embêter après tout ? Le message raciste est implicite. On n'est pas très loin du : Un « bicot » est un « bicot ». En glissant ses insanités dans la bouche de personnes du cercle présidentiel, Éric Zemmour sous-entend que les dirigeants politiques sont racistes, ce qui permettrait alors aux lecteurs de s'abandonner à la même idéologie. Et de les rallier à son racisme. Malgré sa propagande, nous ne pensons pas qu'il faille céder à cette abjecte facilité.

En matière d'islam, sa pensée échappe à la logique la plus élémentaire. Ainsi, Éric Zemmour répète en boucle que « l'Islam n'est pas qu'une religion, une spiritualité, c'est aussi un mode de vie, un système qui lie le religieux, le judiciaire, le législatif, dans la soumission à Dieu et à la charia »[61]. Selon lui, l'Islam serait « à la fois une religion et un mode de vie, une culture et un code civil »[62]. Sans tomber dans sa confusion, il serait de bon ton de lui rappeler qu'il en est de même pour le christianisme, source du droit canonique, certains passages de la Bible ne souffrant pas de la comparaison avec le Coran. On citera par exemple « Je ne permets pas à la femme d'enseigner, ni de prendre de l'autorité

58. Éric Zemmour, *Le premier sexe*, *op. cit.*, p. 99.
59. Éric Zemmour, *Mélancolie française*, *op. cit.*, p. 220.
60. Éric Zemmour, *L'Autre*, *op. cit.*, p. 74.
61. Éric Zemmour, *Le bûcher des vaniteux*, *op. cit.*, p. 258.
62. Éric Zemmour, *Z comme Zemmour*, *op. cit.*, p. 258.

sur l'homme »[63] ; « Si un homme couche avec un homme, comme on couche avec une femme, ils ont fait tous deux une chose abominable; ils seront punis de mort »[64] ; si une femme saisit son mari par « les parties honteuses, tu lui couperas la main », quand bien même ce serait pour « délivrer son mari de la main de celui qui le frappe »[65]. De quoi faire pâlir n'importe quel islamophobe de mauvaise foi.

Face à cette réalité, Éric Zemmour répondrait sans doute qu'il n'y a pas d'attentats d'intégristes chrétiens en France ces dernières années. Nous lui objecterions alors les sages paroles de Gilles Kepel, qui rappelait que le djihadisme de troisième génération « consiste à perpétrer des attentats provocateurs destinés à creuser la fracture entre musulmans et non-musulmans à l'intérieur des sociétés européennes »[66] aux fins de provoquer les non-musulmans et les inciter à se venger sur les musulmans, créant ainsi une guerre civile. En tombant allègrement dans la vendetta antimusulmane, il tombe à pieds joints dans le piège tendu par ses adversaires, les djihadistes : « Le quinquennat hollandais a glissé dans le sang. Avec une tâche rouge vif indélébile. Les attentats contre Charlie, l'Hyper Cacher de la porte de Vincennes et la tuerie du Bataclan annoncent le début d'une guerre civile française, voire européenne, et le grand défi lancé par l'islam à la civilisation européenne sur sa propre terre d'élection. »[67] Ces derniers peuvent savourer leur victoire : ils ont réussi à dresser un camp contre un autre. « Idiots utiles » se plaisait-il à répéter contre les « multiculturalistes ». Il ne fait pas mieux. Voilà qu'il est « l'idiot utile » des terroristes.

63. 1 Timothée 2:12.

64. Lévitique 20:13.

65. Deutéronome 25:11 et 25:12.

66. Gilles Kepel, *La fracture- Chroniques 2015-2016*, Paris, Gallimard, 2016, p.262.

67. Éric Zemmour, *Un quinquennat pour rien*, *op. cit.*, p. 12.

Diffusion de la théorie du « grand remplacement »

On remarquera que l'idée d'une prétendue « décadence française » n'a rien de nouveau. En effet, il nous explique que la Pompadour employait le mot de « défaite » de la « race française », un demi-siècle avant la Révolution. Elle regrettait que « les parlements, les encyclopédistes »[68] aient dévoyé la France en changeant radicalement son visage. Une telle débauche de culture et de savoir, digne d'un sacrilège, méritait bien un enterrement. En exhumant l'histoire, on voit donc qu'il s'est toujours trouvé de grands esprits pour arguer d'une « décadence française ». L'Encyclopédie et les Lumières pour la Pompadour. Le « multiculturalisme » pour Zemmour. Comme quoi, à travers les siècles, les grands esprits se rencontrent...

Une théorie à prétention universelle fondée sur une crainte personnelle

C'est typiquement ce qui s'appelle trouver une aiguille dans une botte de foin. Pourtant, c'était bien là, sous nos yeux, personne ne semble y avoir pris garde : « Depuis dix ans en effet, la France connaît une situation atypique en Europe occidentale, demeurant l'un des rares îlots de croissance démographique, même faible, au milieu d'un océan de stagnation, voire de régression. On peut se réjouir ou se plaindre de cette "exception française". Relever ou ignorer que ce "petit plus" est probablement dû à l'immigration – regroupement familial généreux, naturalisations aisées, droit du sol automatique, taux de natalité supérieur à celui des Français dits "de souche". »[69] On constate alors que, même lorsqu'il écrit sa première biographie, *Édouard Balladur, Balladur, immobile à grands pas*, Éric Zemmour ne peut s'empêcher de dévoiler sa véritable obsession de ce qui serait une « démographie étrangère ». Déjà, on a un embryon de sa grille d'analyse avec le regroupement familial, le droit du sol, etc. Nous sommes alors en 1995. La date est à rappeler à ceux qui penseraient à tort qu'Éric Zemmour s'est radicalisé au fil du temps. Ces idées sont solidement ancrées dans son esprit depuis fort longtemps. En

68. Éric Zemmour, *Destin français*, *op. cit.*, p. 223.

69. Éric Zemmour, *Balladur, immobile à grands pas*, *op. cit.*, p.155.

effet, un essayiste politique ne peut employer innocemment le terme « Français de souche », alors l'apanage du Front National.

Cet ennemi auto-proclamé de l'islam nous raconte, dans son dernier opus, son déjeuner avec l'écrivain Renaud Camus, au sujet duquel il écrit, « nous établissons le même diagnostic sur ce qu'il a appelé d'une formule que je fais mienne "le grand remplacement". »[70] C'est cette théorie controversée qu'Éric Zemmour cherche à imposer dans nos esprits en jouant sur nos peurs et en insinuant la perte d'une prétendue « identité nationale ». Pourtant, il n'y a pas de quoi être terrifié, ce n'est qu'une affabulation de son auteur. Faisons tomber ce mythe.

Il estime que « Nicolas Sarkozy a posé le diagnostic partagé par une majorité de Français : "Il y a trop d'étrangers sur notre territoire." »[71] Pourtant à y regarder de plus près, tous les étrangers ne sont pas visés de la même façon. Le message se veut volontairement terrifiant lorsqu'il stigmatise une partie de la population. « L'islamisation des banlieues françaises est totale ou presque. L'assimilation, l'intégration, la mise en conformité au sein de ces quartiers exigent désormais d'être un musulman comme les autres. »[72]

Alors on voit que cette théorie du « grand remplacement » ne vise que « *les Musulmans de France* »[73] pour la plupart maghrébins et africains, mais ne s'inquiète nullement des Français ayant un passé américain, suédois, norvégien ou autre. Ceux-ci ont donc clairement le droit de faire en France comme bon leur semble et importer leurs *Starbucks*, leurs *iPhones* et autres. Là, il n'est plus question de s'insurger contre l'« hallalisation »[74] du quartier. Pour eux, à partir du moment où ils ont la peau blanche, il n'est pas question de faire « À Rome, comme les Romains »[75]. Il faut se rendre à l'évidence : en pointant du doigt les Maghrébins et les

70. Éric Zemmour, *La France n'a pas dit son dernier mot*, *op. cit.*, p. 144.
71. Éric Zemmour, *Le bûcher des vaniteux II*, *op. cit.*, p. 97.
72. Éric Zemmour, *Le suicide français*, *op. cit.*, p. 502.
73. *Ibid.*, p. 186.
74. Éric Zemmour, *Destin français*, *op. cit.*, p. 26.
75. Voir par exemple Éric Zemmour, *Z comme Zemmour*, *op. cit.*, p. 23.

Africains, Éric Zemmour est ostensiblement raciste. Cela ressort clairement des égards qu'il réserve au «pouvoir russe» qui serait «le seul à se vouloir le protecteur des chrétiens d'Orient contre les massacres et l'exode qui font d'eux les authentiques persécutés de cette histoire tragique.»[76] Faudrait-il donc comprendre que les musulmans massacrés et contraints à l'exode en Irak ou en Syrie seraient de faux persécutés?

Éric Zemmour s'inquiète: « Serons-nous encore français demain? Conserverons-nous notre mode de vie? Serons-nous encore chez nous?»[77] Cette préoccupation ne semble pas sincère quand on regarde dans le détail. La « tête blonde » peut paisiblement siroter son *Caffe latte* dans des chaînes américaines standardisées qui détrônent les uns après les autres nos cafés ancestraux, tandis que la « femme voilée » se fait persécuter pour avoir acheté du poulet hallal. Éric Zemmour nous avait habitués à de telles différences de traitement. Après le col blanc ou la capuche dans sa justice de classe, il nous donne à nouveau le choix: la tête blonde ou le voile. Chacune de ses théories fait des laissés-pour-compte.

Ainsi, quand on compare cette différence de traitement entre l'étranger musulman et celui qui ne l'est pas, on démasque sa véritable obsession: un racisme viscéral contre les musulmans. Michel Onfray détricote le mythe freudien dans *Le Crépuscule d'une idole* en révélant la clé de l'épistémologie freudienne: «Extrapoler à partir de son cas particulier une doctrine à prétention universelle.»[78] Chez Éric Zemmour, cette affabulation prend la forme d'une vendetta contre l'islam: « Des jeunes de demain iront chercher des femmes dans le bled d'origine de leurs parents, pour ne pas rompre la chaîne endogamique du mariage ancestral entre cousins.»[79] Voilà qu'il exhume le mythe des mariages consanguins entre personnes d'une même lignée, comme si les musulmans de France n'avaient guère envie de se mêler aux

76. Éric Zemmour, *Un quinquennat pour rien, op. cit.*, p. 410.
77. Éric Zemmour, *Le bûcher des vaniteux II, op. cit.*, p. 167.
78. Michel Onfray, *Le crépuscule d'une idole*, Paris, Grasset, 2010.
79. Éric Zemmour, *Le suicide français, op. cit.*, p. 145-146.

« Français », qu'ils ne seraient pas. Ce n'est là qu'un pâle dérivé du mythe du « bon sauvage », tout simplement inassimilable.

Il commet là une erreur fondamentale. Car les musulmans de France sont des Français tout autant que les « Français de souche ». Il sombre en vain dans un « délire de persécution », comme si les musulmans n'avaient qu'un objectif: « Il faut islamiser la France. »[80] Pire : « pour l'islam, la France est un bloc. Un bloc à rejeter dans les flammes de l'enfer »[81]. Il a beau s'égosiller contre l'islam, dire que l'islam « est aussi un droit », « un droit qui, en France vient se confronter au code civil napoléonien »[82], juridiquement, son raisonnement ne tient pas. La France est un pays laïque. Par conséquent, la société française ne voit pas la religion de ses citoyens. La République française n'a donc aucun blâme à adresser à la « femme voilée », pas plus qu'à celui qui porte une casquette, dès lors qu'ils respectent la loi.

La situation est d'autant plus injuste qu'il reconnaît que la France a fait venir cette immigration pour exploiter sa force de travail. « En quelques années, la face de l'immigration et de la France a changé. Après les hommes, sont venus femmes et enfants ; à une immigration du travail, traditionnelle depuis le milieu du XXe siècle, une immigration de flux, liée à l'activité économique, qui retourne au pays, de gré ou de force, en période de crise, succède une immigration familiale qui s'enracine, une immigration de peuplement. »[83] Il voudrait donc jouer sur ces forces utiles comme une variable d'ajustement qu'on ferait venir quand on en a besoin mais qu'on renvoie *illico* au « bled » dès qu'elles ne le sont plus, oubliant que ces travailleurs et travailleuses ont mari, femme et enfants. Bref, une vie à côté de leur labeur.

Que penser d'un pays qui, dès qu'il a besoin de main-d'œuvre pour faire la sale besogne dont personne ne veut car le salaire est trop bas, sollicite des bras étrangers mais les rejette aussitôt après usage ? L'inhumanité a ses limites. Surtout, on se

80. Éric Zemmour, *Un quinquennat pour rien*, *op. cit.*, p. 21.

81. *Ibid.*

82. Éric Zemmour, *Z comme Zemmour*, *op. cit.*, p. 308.

83. Éric Zemmour, *Le suicide français*, *op. cit.*, p. 145.

prive de voir que, si ces travailleurs sont indispensables, c'est en raison du salaire de misère, qui fait qu'aucun travailleur français n'accepterait pareil esclavagisme. Cela est donc autant indigne qu'inhumain de montrer du doigt ces travailleurs qui ont œuvré à la construction du pays pour faire ce qu'aucun Français ne voulait faire.

Mais il y a plus choquant. Lorsqu'il cite les propos du président algérien Houari Boumediene en 1974 : « Le ventre de nos femmes nous donnera la victoire »[84], il voudrait répandre l'idée d'une « immigration de peuplement » qui « fera masse » pour devenir « un peuple dans le peuple »[85]. Comme si les femmes « mettaient bas » pour « mettre le pays à bas ». Derrière cette propagande, il veut nous terrifier en laissant penser que la France devrait ployer devant l'islam : « Ce n'est pas à l'islam de s'adapter à la nation française, mais à la France de s'adapter à l'islam. L'islam est à la fois le révélateur et le détonateur de la désintégration de l'État-nation. »[86]

Pourtant, notre Constitution prévoit clairement que « la France est une République indivisible, laïque, démocratique et sociale » et qu'« elle respecte toutes les croyances ». Elle n'interdit donc pas la pratique d'une religion. Pis encore, à se faire « l'idiot-utile » des terroristes comme Mohamed Merah[87], il passe volontairement sous silence les musulmans qui respectent la loi de la République, pour se focaliser sur ceux qu'il monte les uns contre les autres. En conséquence, cette théorie du « grand remplacement » ne peut que nous révulser car elle ostracise les pratiquants d'une religion bien précise, en raison du fait qu'ils ne sont pas de « race blanche ». En creux, elle nous révèle qu'en envoyant paître l'étranger ailleurs, Éric Zemmour n'a qu'un seul objectif : rester le seul maître à bord. Si l'on poussait son affabulation à l'extrême, il faudrait alors réformer notre constitution et interdire la pratique de l'islam en France. Outre cette aberration juridique, on serait alors bien embêté de voir qu'en cas de besoin

84. *Ibid.*, p. 146.

85. Éric Zemmour, *Le suicide français*, *op. cit.*, p. 145-146.

86. *Ibid.*, p. 330-331.

87. *Ibid.*, p. 186.

urgent pour exercer certains métiers à des salaires de misère, on ne trouverait plus personne. Le mythe s'effondre : l'étranger n'a jamais ôté le pain de la bouche aux Français, il n'en a jamais eu que des miettes.

Répandre l'idée d'une « guerre civile » : mentir pour s'imposer comme un guerrier

On espère que vous êtes confortablement installé car le plus terrifiant arrive. Dans le second *Bûcher des vaniteux*, il nous livre un raccourci, un de plus à ajouter à la liste : « Les liens entre délinquance et immigration. Entre délinquance et terrorisme. Les armes de guerre en vente libre dans certaines banlieues »[88]. Il bâcle. Il ne se fatigue plus à faire des phrases. Puis, il finit sur « un droit du sol qui fabrique des citoyens français qui ne rêvent que de mettre leur pays à genoux »[89]. Ces quelques lignes font froid dans le dos. On les parcourt et on se dit, bon sang ! La France, ce pays que nous aimons tant, va être mis à feu et à sang par une horde de « sauvages » qui n'ont été mis au monde que dans un but : faire ployer le genou à la patrie reconnaissante. Forcément, on ne s'embarrasse pas de détails et on en veut à ces « ingrats » accueillis par la patrie de ne pas se montrer plus obligés. Éric Zemmour passe volontairement sous silence le fait que cet accueil ne s'est pas fait à grands bras, mais à poings serrés, bien loin du sort qui lui a été réservé lorsque ce dernier est venu avec ses parents quand il était enfant.

On remarque alors qu'il passe rapidement sur des sujets fondamentaux, notamment cette prétendue « vision angélique de l'immigration depuis trente ans »[90]. Sur ce point, ce n'est pas un mystère, il n'a jamais eu le moindre égard pour le droit du sol. Sauf lorsqu'il concernait sa personne. Alors, on voit clairement qu'à ses yeux, les enfants d'immigrés ne seront jamais des Français à part entière. Pourtant, si le droit du sang qu'il sacralise était toujours de mise, ses parents ne seraient jamais devenus français et leur fils n'aurait jamais eu la nationalité française.

88. Éric Zemmour, *Le bûcher des vaniteux II*, *op. cit.*, p. 115.

89. *Ibid.*

90. *Ibid.*

Adieu à ses ambitions présidentielles. Comme quoi, de la Cour européenne des droits de l'homme qu'il veut supprimer, sauf lorsqu'il s'agit d'introduire son recours, à l'instauration du droit du sang, qui ne lui aurait jamais permis de devenir français, une constante ressort : des droits mais que pour lui. Tout pour sa pomme ! Il n'a pas tort, on n'est jamais mieux servi que par soi-même.

De même il écarte rapidement une analyse de fond sur la prison qui serait « devenue le lieu privilégié de l'endoctrinement islamiste »[91]. Sa vision de la délinquance ne s'encombre pas de nuance. Il a tendance à mettre les gens dans une case, ce qui les empêche à jamais d'en sortir, notamment la « racaille », les « délinquants », privant ainsi tout ce beau monde de la moindre possibilité d'évolution. C'est une chose que d'avoir commis un larcin par le passé, mais la loi prévoit qu'une fois sa peine purgée, l'ancien bagnard doit réintégrer la société. Or, si la prison doit servir tant à punir qu' à éduquer, on sera d'accord sur le fait que sa première fonction est plus que remplie en embastillant des détenus à trois dans une cellule de deux mètres carrés, latrines comprises. Sans porte, bien entendu. La dignité c'est pour les « droits-de-l'hommistes ». En revanche, on s'interrogera sur ce que la prison a apporté à ces détenus pour se réinsérer. Alors, on ne pourra que déplorer que la prison ne remplit plus son office d'éducation, laissant les prisonniers végéter et s'abrutir à leur guise durant leur pénitence. Pis, on s'interdit toute réflexion sur la pratique de la religion en prison, laissant le sort de « pestiférés carcéraux » entre leurs mains. Face à ce néant dans l'éducation et la formation, qui est pourtant la clé de voûte indispensable d'une réinsertion en bonne et due forme, on se focalisera sur la « radicalisation » des détenus, plus aisée à fustiger que les nombreuses carences. Et de sermonner non pas la politique carcérale, dénuée de toute velléité formatrice, mais la personnalité des détenus, des « multirécidivistes », des « nuisibles », tout simplement « inaptes » à la vie en société.

Heureusement que la justice, dont il regrette pourtant le « laxisme », ne l'a pas condamné à de la prison ferme pour ses

91. *Ibid.*

incartades outrancières. L'article 24 de la loi du 29 juillet 1881 relative à la liberté de la presse, sur le fondement de laquelle il a été définitivement condamné[92], réprime d'une peine d'emprisonnement d'un an tous ceux qui « auront provoqué à la discrimination, à la haine, ou à la violence ». Il l'a donc échappé belle. Si on lui avait appliqué une « peine plancher », il aurait pu sortir de zonzon « endoctriné »...

Sa description des banlieues nous ôte les mots de la bouche. Battons en brèche cette mythologie inventée de toutes pièces dans l'unique but d'instiller un climat de « guerre civile ». À écrire que « les armes de guerre » se vendraient comme du bon pain dans « certaines banlieues », on voit que celui qui écrit ces lignes n'y a plus mis les pieds depuis un certain temps, sauf pour s'y faire filmer lors des reportages télé qui lui sont consacrés. En tonnant ces quelques mots qu'il faudrait prendre pour des paroles d'Évangile, il pense que cela suffit à nous convaincre qu'une artillerie lourde serait disponible à la vente en libre service dans nos contrées françaises. Est-ce vrai ? Non, bien évidemment. On le sait, ses assertions ne se préoccupent pas de la réalité. Pourtant la légende qui voudrait que la vente de Kalachnikov, fusils-mitrailleurs, et autres lance-roquettes fût en odeur de sainteté dans certains quartiers est trop largement répandue. Laissons Alain Rodier, chargé de l'étude du terrorisme et de la criminalité organisée au sein du Centre Français de Recherche sur le Renseignement (CF2R), le soin de la tailler en pièces : « Nous ne sommes pas au Mexique ou aux États-Unis, les armes ne circulent pas librement dans les banlieues aujourd'hui. »[93] Parole d'expert. Ce qui n'est pas le cas de tout le monde.

Mais dans tout cela, la réalité n'a guère d'importance : Éric Zemmour veut seulement terrasser le lecteur en lui laissant penser qu'une « guerre civile » se prépare sur le territoire,

92. Cour de cassation, 17 septembre 2019, arrêt n°18-85.299, pour ses propos tenus lors de l'émission télévisée « C à vous » .

93. Rachel Binhas, « Trafic d'armes, la fin d'un business en banlieue », *L'Express*, 11 septembre 2020, URL : https://www.lexpress.fr/actualite/societe/trafic-d-armes-la-fin-d-un-business-en-banlieue_2134246.html.

dont il laisse présager que tôt ou tard il en sera la victime. D'ailleurs, il avait donné le la dans *Le premier sexe* en écrivant que les enfants d'immigrés allaient « brûler, détruire, immoler les symboles de sa douce protection maternante, les écoles, les transports en commun, les pompiers » dans « un combat qui ne peut être qu'à mort »[94]. Depuis, ni les écoles, ni les transports en commun, ni les pompiers n'ont été immolés. Mais les mots n'ont pas changé pour autant. Pourquoi donc s'embêter à tenir compte de la réalité ?

« La France fait peur : la France se fait peur. »[95] Dès les premières lignes du *Suicide français*, le lecteur est pris à la gorge par ce climat anxiogène. « La France a peur. » Vraiment ? Non, mais c'est son rêve. Il aimerait que la France ait peur, instiller l'idée que les plombs vont sauter, pour qu'on lui rétorque bêtement l'écho populiste dont il nous a longtemps bassinés, le fameux « C'était mieux avant »[96]. À le prendre au mot, notre quotidien serait fait d'explosions, d'écoles en feu ou de bagnoles calcinées : « Insultes, colères, voitures brûlées, mais aussi bus, écoles, gymnases. La routine. »[97] Il voudrait nous convaincre que nos jours sont comptés : « Cette fois, la victime est un jeune homme. Demain, ce sera un policier. Puis un prof, un médecin, un chauffeur de bus, un pompier. Nous aurons droit à la même répétition de comportements convenus, de discours creux, de décisions vaines. Jusqu'à la prochaine fois. »[98] Il martèle pour qu'on finisse par se dire qu'on va tous y passer. Et qu'on rejoigne son camp.

Le pays et le drapeau français en flammes ? Notre quotidien. Enfin, surtout sur la couverture de ses livres et pour ses acolytes. Le coucou fait son nid. Pis encore, il ne se passerait « pas un jour sans qu'un "mineur isolé" qui n'est le plus souvent ni mineur ni isolé, et qui vient par exemple du Maroc ou d'Afghanistan, ne commette un larcin, une agression sexuelle,

94. Éric Zemmour, *Le premier sexe*, *op. cit.*, p. 107.
95. Éric Zemmour, *Le suicide français*, *op. cit.*, p. 9.
96. *Ibid.*
97. *Ibid.*, p. 495.
98. *Ibid.*, p. 19.

un trafic de drogue, voire un crime [...] dans un de ces innombrables "territoires perdus de la République".»[99] Sa basse ambition est de diffuser l'idée qu'il existerait des « zones de non-droit » sur le territoire français.

On vous avait prévenus que le plus terrible arrivait. Le voici. Le fin mot de l'histoire est édifiant : « Aucune petite bourgade, aucun petit village de France n'est plus à l'abri d'une équipée sauvage de bandes de Tchétchènes, ou de Kosovars, ou de Maghrébins ou d'Africains qui volent, violent, pillent, torturent, tuent. »[100] Vous n'avez pas rêvé, il parle de la France et non d'un État en proie à la guérilla. On lit alors effaré une description de la France en zone de guerre, tel un pays en plein chaos, assiégée par des bandes « barbares » tout droit venues de l'étranger. Sans faire l'autruche, on rétablira la vérité : la France n'est pas une *favela* brésilienne[101]. Ceux qui prétendent le contraire devraient d'urgence regarder *La Cité de dieu*[102] qui montre ce qu'est la vie dans une de ces *favelas*. Cela remettrait les pendules à l'heure.

Évidemment, de ces immondices, la pensée « dominante » ne parlerait guère, préférant allègrement passer sous silence ces prétendues vérités et prendre parti pour les « malfrats ». « Les sociologues des nouvelles générations, friands de *french theories*, nous expliqueront doctement que – à l'instar de la différence des sexes – la délinquance n'existe pas, que l'insécurité des "honnêtes gens" n'est qu'un leurre, un mythe, une construction sociale, qu'il y a qu'un "sentiment d'insécurité" qu'il faut combattre. »[103] Non seulement il assène des contre-vérités laissant penser que les ventes d'armes regorgeraient en banlieues, ce qui est faux selon les experts, mais plus encore, il s'agit de se faire mousser en passant pour le héraut de cette tragédie en étant celui qui met le mot sur une « vérité » qui dérange. À l'instar de la « bien-pensance », il aurait le courage de parler d'une « guerre civile » qui pointerait le bout de son nez sur le territoire

99. Éric Zemmour, *La France n'a pas dit son dernier mot*, *op. cit.*, p. 10.

100. *Ibid.*, p. 11.

101. Voir par exemple Éric Zemmour, *Petit frère*, *op. cit.*, p. 25.

102. Réalisé par Fernando Meireilles et Kátia Lund.

103. Éric Zemmour, *Le suicide français*, *op. cit.*, p. 122-123.

de la République. En toute sincérité, il nous dévoile cette stratégie qui résonne comme une évidence après la mort du cinéaste Gérard Oury: «On pouvait faire confiance à notre génie de la guerre civile: il n'allait pas tarder à ressusciter de vieilles sources de conflits et en forger de nouvelles.»[104] S'il se met à démasquer lui-même ses supercheries, que nous reste-t-il?

Par conséquent, on ne pourra qu'être outragé par cette propagande faite de mensonges et de calomnies, laissant penser que des armes circuleraient en libre service et que certains de nos concitoyens naîtraient pour mettre le pays à terre, alors qu'il s'agit uniquement pour lui d'endosser le rôle du sauveur, prompt à bouter cette «vermine» hors de nos frontières. Tant qu'on ne verra pas que cette «guerre civile» est une construction intellectuelle, qui ne doit aucunement occulter les difficultés et la réalité de certaines banlieues, on s'empêchera de voir l'essentiel: «C'est l'écrit qui pousse-au-crime, encore pire que l'alcool (Céline) »[105]. Ce ne sont là que les paroles qu'il adressait aux rappeurs qui composaient des paroles cinglantes à l'encontre de la France. Appliquons-les. En conséquence, nous ferions bien de nous détourner de ses écrits de l'angoisse, véritables «pousse-au-crime», pour nous enivrer de saintes écritures, et nous précipiter sur du Hugo ou du Zola.

En définitive, avec ce sinistre vocabulaire, Éric Zemmour voudrait instiller la thèse qu'une «guerre civile» aurait lieu sur notre territoire, dont l'évocation pourrait terroriser le citoyen français. Nous prions celui-ci de ne pas tomber dans le piège de cet essayiste qui voudrait se donner l'image d'un guerrier, car il écrivait lui-même: «De Gaulle clôturait la glorieuse série des hommes providentiels français ouverte cent cinquante ans plus tôt par Bonaparte, spécialité nationale comme le camembert ou le gevrey-chambertin (*sic*).»[106] La chose est dite. Il n'y a plus d'homme providentiel. Ne comptons donc pas sur lui.

---

104. Éric Zemmour, *Z comme Zemmour*, *op. cit.*, p. 41.

105. Éric Zemmour, *Le suicide français*, *op. cit.*, p. 349.

106. *Ibid.*, p. 21.

Chapitre 4
Sa méthode pour conquérir le pouvoir

Un banal populiste

D'abord « cri de colère » d'une « plèbe » prétendument méprisée, le populisme s'est imposé comme projet politique. Nous verrons comment Éric Zemmour l'a mis à son profit pour séduire les foules. Au moins une chose est sûre, c'est qu'il ne cache pas son admiration pour le populisme. Il nous révèle son enthousiasme en toute transparence : « Il n'est pas suffisant d'accuser le populisme, sans essayer de comprendre pourquoi le peuple suit. Pourquoi ça marche. Car ça marche. »[107] Défi accepté ! On vous dit pourquoi et comment.

Diviser pour régner : le « peuple » contre les « élites »

Couper la population en deux en séparant le bon grain de l'ivraie. Il s'agit là de la première grosse ficelle du populiste. Les bons d'un côté, les mauvais de l'autre. En prenant fait et cause, pour ces petites gens, ces « sans-grade » des révolutions arabes dans *Le bûcher des vaniteux*, il caricature une révolte de « 99 % » de la population contre ce « 1% » d'élites qui conserveraient le contrôle et la mépriserait : « Ce n'est rien. Trois fois rien. Des riens qui ne comptent pas, qui ne se voient pas, qui n'existent pas. Des grains de sable qu'on balaye d'un méprisant revers de main. Des insignifiants, des dédaignés, des méprisés. Des qui comptent pour du beurre. Des petits, des obscurs, des sans-grade. Un vendeur de fruits ambulant. Une femme de ménage. Des producteurs d'huile d'olive. Des 99 %. »[108] Le chiffre laisse coi. D'autant plus qu'on ne

107. Éric Zemmour, *Z comme Zemmour*, *op. cit.*, p. 261.
108. Éric Zemmour, *Le bûcher des vaniteux*, *op. cit.*, p. 7.

sait d'où il sort. Mais peu importe la vérité, la technique est bien ficelée.

Comme Éric Zemmour le remarque brillamment : « dans populiste, il y a peuple »[109]. Nous n'avions pas vu cette lapalissade. Les populistes n'agrègent un pan de la population à leur cause qu'en désignant un ennemi commun, traçant ainsi une ligne de partage entre une « élite » et « le peuple ». On l'a rappelé, cette frontière, qui dessine « une frontière intérieure divisant le social en deux camps séparés et antagonistes »[110], est essentielle pour construire un champ politique où l'adversaire est nécessairement un « ennemi de l'humanité »[111]. En opposant le « peuple » à ses « élites » mondialisées, Éric Zemmour dresse une frontière infranchissable entre deux camps opposés : « Ces élites française si véhémentement européistes s'avèrent les héritières des conseillers d'État de trente ans qui, sous la tutelle fictive des monarques de la famille Bonaparte, administrèrent l'Europe napoléonienne. »[112]

Seulement, la tâche est ardue car bien malin sera celui qui parviendra à définir le « peuple ». Dans sa plus simple expression, il peut s'agir tant de désigner les membres de la société française que les personnes qui forment la nation. Malgré ces tentatives, s'il est un point d'accord entre les universitaires, c'est que le mot « peuple » ne recouvre pas une seule définition mais une pluralité de sens. À cet égard, Pierre Rosanvallon explique que ce « peuple » oscille entre « la référence à un peuple-corps civique », en tant que principe constitutionnel, et un « peuple social », soit une partie spécifique de la population, faite des classes ouvrières, des petites gens[113]. Bref, les fameux « derniers de cordée ». Et le politologue de conclure qu'il n'existe pas de « peuple » à proprement parler, mais uniquement des groupes sociaux

109. Éric Zemmour, *Un quinquennat pour rien*, *op. cit.*, p. 79.

110. Ernesto Laclau, « Logiques de la construction politique et identités populaires », *in* Jean-Louis Laville et José Luis Coraggio (dir.), *Les Gauches du XXIe siècle. Un dialogue Nord-Sud*, Lormont, Le Bord de l'eau, 2016, p. 151.

111. Pierre Rosanvallon, *Le siècle du populisme*, *op. cit.*, p. 34.

112. Éric Zemmour, *Mélancolie française*, *op. cit.*, p. 166.

113. Pierre Rosanvallon, *Le siècle du populisme*, *op. cit.*, p. 34.

différenciés et d'opinions diverses. En somme, la vie démocratie est fondée sur l'idée que la population présente des réalités économiques, sociales et des opinions différentes. Aussi, c'est au politique qu'il revient de discuter, négocier et parfois même de combattre pour imposer ses idées. Ne nous embarrassons pas de ces détails. En totale négation avec cette réalité, Éric Zemmour instaure un monde binaire où il affirme être du côté du « peuple » contre les « élites ».

On a beau être abasourdi que personne n'ait jusqu'à présent relevé de telles incohérences, mais on a vu que la notion de « peuple » dans la verve d'Éric Zemmour compte bon nombre de laissés-pour-compte. Et partant, autant de personnes destinées à un glorieux aller simple en charter. Comme il exclut tout « le Paris du XXIe siècle, tertiarisé, boboïsé, diplômé, écologisé, piétonnisé, "velibisé", féminisé, mondialisé, dépolitisé, métissé, communautarisé. »[1], le « peuple » s'étiole peu à peu pour ne recouvrer qu'une infime partie seulement de la population.

Dès lors, réduit à peau de chagrin, l'usage intempestif du « peuple » par son auteur n'a qu'un but, le légitimer. Car c'est rhétoriquement que la méthode populiste fait illusion. De la même façon qu'on peut faire parler les morts, en les citant à tout va, il est aisé d'en faire pareil avec la « plèbe ». Grand absente d'un débat télévisé on peut aisément l'annexer à sa cause. Ce faisant, l'orateur qui se réclame du « peuple » donne à son auditoire l'illusion d'être soutenu par une foule invisible, fût-il le plus seul des hommes. Nonobstant la réalité, Zemmour exalte un peuple unitaire soudé par son rejet d'une soi-disant « caste dominante ». De cette façon, il peut se targuer d'un soutien massif à peu de frais d'un peuple qui boirait ses paroles et approuverait ses prises à partie. Dans cet exercice, l'essayiste est devenu un ventriloque hors pair.

Il serait de bon aloi de lui rappeler les mots de Gustave Le Bon : « le véritable progrès démocratique n'est pas d'abaisser l'élite au niveau de la foule, mais d'élever la foule vers l'élite ». Il ne s'agit donc pas de « dissoudre le peuple » lorsque celui-ci ne

1. Éric Zemmour, *Le suicide français*, *op. cit.*, p. 449.

sied guère au gouvernant, comme l'y exhortait Bertolt Brecht, mais de le porter aux nues. Moins éclatant comme slogan, la tâche n'en sera que plus belle.

Ériger le peuple en roi

Éric Zemmour risque peu à ériger le peuple en souverain: « C'est la règle en démocratie – le peuple est roi. »[2] En revanche, il a gros à gagner. Imaginons un instant le sentiment du «plébéien» en écoutant ces belles paroles. Il entend le message suivant: «Le président n'est qu'un exécutant. C'est moi qui serais à ma place». D'un coup, cet anonyme se voit propulser de son canapé à l'Élysée. Cela le flatte d'avoir le sentiment qu'un homme providentiel va lui redonner le pouvoir. Le monarque va s'effacer pour lui donner sa part. Enfin, il était temps! Ce n'est pas la faute de ce candide s'il tombe dans le panneau. La manipulation en aveuglerait plus d'un. Elle a déjà fait ses preuves en Amérique latine avec Hugo Chavez. Lui aussi, populiste de premier cru et tireur de ficelles hors-pair. Une fois la magie du spectacle passée, la réalité fut moins belle.

En outre, la convocation du « peuple » réhabilite une certaine grandeur morale disparue. Elle confère à celui qui s'en réclame une forme de transcendance. Parmi les différentes formes de légitimité, que ce soit la bénédiction électorale que confère le vote, l'onction culturelle qu'apporte la lecture, ou encore les références culturelles, le recours au «peuple» les supplante toutes. En l'occurrence, il s'agit d'une panacée pour Éric Zemmour, qui n'a jamais eu à affronter les affres du scrutin.

En dépit des aspirations sociales et économiques radicalement opposées de la population française, Éric Zemmour ravive la flamme d'un pseudo «peuple» unitaire oublié, plus uni que jamais dans l'adversité face à ses élites qui le toisent de haut. Ainsi, sa parole donne une voix à cette frange de la population qui se sentirait délaissée, oubliée, inaudible. Finalement, celle-ci se dit: «Je ne suis plus seul, quelqu'un m'entend!» Mieux, «il parle pour moi».

2. Éric Zemmour, *Le bûcher des vaniteux*, *op. cit.*, p. 265.

Pour éviter que cette personne ne se fasse avoir, il faudra lui rappeler l'amour d'Éric Zemmour pour l'autorité, l'ordre et son manque d'entrain pour le dialogue. Il n'y a donc aucune chance pour qu'il laisse quelqu'un d'autre parler à sa place. Il nous a mis en garde : « Napoléon avait prévenu les Français. "Dans ce monde, il n'y a que deux alternatives : commander ou obéir". »[3] On est prévenus : Éric Zemmour commandera, le « peuple » obéira.

La « main invisible » du « lobby gay »

Avec un vocable digne d'une propagande, celui de la « main invisible du lobby gay », Éric Zemmour distille l'idée d'un groupe d'influence qui manipulerait le monde, à l'insu du citoyen. On rappellera que selon une définition traditionnelle, le « lobbying » désigne le fait de rentrer en contact direct ou indirect avec un responsable public avec la ferme intention d'influencer sa décision politique, dans le but de défendre des valeurs et intérêts particuliers.

Dans *Le Premier sexe*, ce « lobby gay » prend les traits de publicitaires, anonymes mais unanimes car mis dans le même sac, qui « ont jugé que, homosexuels ou hétérosexuels, tous les hommes devaient adopter les valeurs ludiques et festives des "gays" ».[4] Quelques années plus tard, il ne retient plus ses coups dans *Le bûcher des vaniteux* : « La machine est bien rodée. Redoutablement efficace. Elle ne nécessite pas de gros moyens, seulement quelques hommes bien placés. La puissance d'un lobby dépend de sa détermination, de son habilité »[5], avant d'ajouter : « et un jour, vous apprenez qu'au milieu des mentions concernant les familles monoparentales et recomposées, sont ajoutées subrepticement les familles homoparentales »[6]. Les chevaux sont lancés. Plus rien ne l'arrête : « Le lobby gay avait pourtant soigneusement préparé son affaire. Il avait coché le trio sémantique gagnant à tous coups (*sic*) dans notre beau pays de France :

3. Éric Zemmour, *Mélancolie française, loc cit.*, p.84.

4. Éric Zemmour, *Le premier sexe, op. cit.*, p. 27.

5. Éric Zemmour, *Le bûcher des vaniteux, op. cit.*, p. 261.

6. *Ibid.*

égalité, compassion, victimisation »[7]. La formule est lâchée. Son acharnement le poussera à glorifier le président russe ; pour lui, « l'homme de l'année est Vladimir Poutine. »[8] Pourquoi ? Réponse : « Il refuse de se laisser intimider par des lobbys féministes ou gays. »[9]

Le coup de grâce sera porté plus tard : « Au fil des années, le lobby homosexuel s'organise et s'enrichit. Dans la stratégie de victimisation de ses porte-drapeaux les plus acharnés, il ira jusqu'à réécrire l'histoire de la Seconde Guerre mondiale, s'inventant des persécutions de la part de Vichy, qui aurait envoyé des homosexuels dans les camps de concentration. »[10] Sans entrer plus en avant dans une bataille des chiffres, on rappellera ce contexte historique qui permet d'apporter de la hauteur et de comprendre pourquoi une telle discussion serait vaine, tant on peut leur faire dire ce qu'on veut. Effectivement, s'agissant de la déportation des homosexuels durant la Seconde Guerre mondiale, le sujet est longtemps resté tabou et absent des manuels scolaires, ce que Florence Tamagne explique ainsi : « Le maintien d'une telle chape de silence ne peut se comprendre sans un bref retour en arrière. Au lendemain de la Seconde Guerre mondiale, rares sont les homosexuels à témoigner du sort qui fut le leur sous le régime nazi. C'est que le retour à la démocratie en Allemagne ne signifie pas la suppression de la législation discriminante à l'égard des homosexuels, et ces derniers se voient même nier le statut de "victimes du nazisme", qui est alors octroyé à d'autres catégories de déportés, en particulier aux « politiques ». Au sentiment de honte – l'impression de ne pas être des victimes "honorables", ou "méritantes" – s'ajoute par ailleurs souvent la volonté de préserver la réputation de familles déjà éprouvées. »[11]

---

7. Éric Zemmour, *Le bûcher des vaniteux II*, *op. cit.*, p. 313.

8. Éric Zemmour, *Un quinquennat pour rien*, *op. cit.*, p. 180.

9. *Ibid.*, p. 181.

10. Éric Zemmour, *Le suicide français*, *op. cit.*, p. 74.

11. Florence Tamagne, « La déportation des homosexuels durant la Seconde guerre mondiale » in *Revue d'éthique et de théologie morale* 2006/2, Cerf, n°239, p. 77-104.

Outre ce sujet historique sulfureux, que reproche-t-il au juste aux homosexuels ? De revendiquer l'égalité. Soit ! On rappellera qu'en 1982, « On rappellera qu'en 1982, l'Assemblée nationale mit fin à la discrimination dans l'âge de "majorité sexuelle" entre personnes, 15 ans pour les hétérosexuels, 18 ans jusqu'alors pour les homosexuels. Il s'agissait donc d'en finir avec cette discrimination fondée sur l'orientation sexuelle. ». Autrement dit, les relations homosexuelles étaient désormais envisagées de la même façon que les relations hétérosexuelles. Éric Zemmour préférerait-il revenir à cette inégalité ? Caricature me répondrait-il. Pourtant, il convient de pousser à l'extrême son raisonnement pour en révéler toute l'absurdité. Et lui faire perdre sa superbe. Ce ne sont pas les homosexuels, en particulier, qui clament ce principe, mais la République qui le prévoit haut et fort. Rien d'aberrant donc.

De se « victimiser ». On verra plus tard qu'il pratique lui-même une stratégie de « victimisation » à outrance, reprochant à ses opposants politiques une stratégie que lui-même déploie. On y reviendra.

D'être soutenus par un prétendu « lobby gay ». Cela nous est clairement livré dans son dernier ouvrage : « On se plaît à noter la nouvelle place prédominante du lobby dans tous les partis politiques, à des postes élevés ; mais aussi dans les grandes entreprises, les grandes écoles, les universités, les médias, le ministère de la Culture. On constate que l'orientation sexuelle – dont on ne se soucie guère – est désormais orientation politique et même idéologique ; que le lobby LGBT, avec son allié féministe, est un des fers de lance de cette société diversitaire que nous combattons tous deux ; [...]. »[12] Revenons à la définition même du lobbying, qui nous enseigne beaucoup. À son habitude, il fait royalement l'impasse sur ce travail de définition, travers dans lequel nous ne sombrerons pas. « Victimisation ». Mais comment est-il possible de reprocher aux homosexuels de se « victimiser » lorsqu'ils sont victimes d'attaques régulières ? Si bien que ce ne sont plus les intérêts particuliers qui sont en jeu, ceux des « minorités » selon son vocable, mais bel et bien l'intérêt général,

12. Éric Zemmour, *La France n'a pas dit son dernier mot*, *op. cit.*, p. 167.

puisqu'il y va de la sécurité des citoyens. Partant, il n'y a guère lobby, puisqu'il y a intérêt général. Le « lobby gay », à supposer qu'il existe, serait à tout le moins un « non-lobby ». Voilà de quoi calmer sa vindicte et rassurer ceux qui pensent que sa « main invisible » régirait la société de façon occulte.

Le retour de bâton du « peuple »

Au final, ses analyses visent à glorifier le bon sens populaire, la nature humaine bonne par essence comme le disait Rousseau, et à l'opposer à ces ennemis du peuple, aux basses préoccupations. Voilà comment instiller l'idée que ces « élites », dont il fait partie selon ses critères, ont fait sécession et guident le « peuple » contre son gré. Éric Zemmour les met en garde car la vengeance du « peuple » peut être terrible.

S'agissant de l'Europe, il pointe du doigt le mépris de cette oligarchie européiste pour le bon « peuple ». Ce manque d'humanité pourrait suffire à justifier la haine que la plèbe nourrit à leur encontre. Figurons-nous ce « nanti européiste » qui déciderait de tout en catimini. Dans son salon doré, il a rompu le lien qui le reliait aux Français. Livré à la vindicte populaire, il n'a rien à objecter. Tant pis pour lui, il l'a bien cherché. Un juste retour de bâton. Rebelote au niveau mondial. Tout compte fait, c'est encore pire. À New-York, outre-Atlantique, l'élite est encore plus loin du quotidien des Français. Le quidam qui ne peut pas se payer un aller-retour Paris-New-York ne pourra qu'approuver. Pas de grâce ! Quand au fameux « coup d'État des juges », il s'agit d'agiter la menace d'un pouvoir judiciaire devenu incontrôlable qui terrasserait la vie démocratique. D'autant plus que celle-ci se fait de façon quasi dictatoriale, par le développement d'une jurisprudence dont les magistrats ont le monopole. Autant la loi est l'expression de la volonté générale, par le biais du législateur, autant l'œuvre de loi par le juge a de quoi révolter.

Bien sûr qu'on a le droit de critiquer l'Union européenne ou de pointer ses failles. Bien sûr qu'on a le droit d'être un fervent souverainiste. Critiquer les institutions européennes n'a rien de condamnable. Ce n'est là que contribuer au débat, à condition qu'il soit républicain. Mais dans le langage zemmourien, le populisme saute aux yeux. Car cette soi-disant « élite » qui aurait méprisé le « peuple » va en subir les foudres, dans une vengeance des plus brutales.

Il a eu l'occasion d'illustrer ce retour de bâton. Selon lui, Nicolas Sarkozy n'a pas compris que « le mépris des élites nomades pour la nation provoque la fureur populaire, et que leurs salaires énormes scandalisent le sentiment égalitaire français »[13]. Aussi nous rappelait-il le funeste châtiment des « coupables » : « dans l'histoire de France, l'arrogance de l'aristocratie est toujours contenue par la puissance du roi. Et quand le peuple a l'impression que le roi fait cause commune avec l'aristocratie, comme ce fut le cas pour Louis XVI, il lui coupe la tête. »[14] Les « élites » sont prévenues. On leur conseillera de bien réfléchir aux conséquences de leur choix, si elles veulent garder leur tête.

Le culte du référendum

Sous la Ve République, la Constitution donne au Président la faculté de consulter le peuple par la voie du référendum sur différents sujets[15]. Cette technique reste à ce jour peu utilisée en France, ce qui n'est pas plus mal, car comme le rappelle le philosophe Pierre-Henri Tavoillot, « en Californie, le citoyen est consulté sur tout, au point que même les plus fervents démocrates fatiguent un peu. »[16] Faut-il sombrer dans ce travers et demander au peuple français de se prononcer sur le port des préservatifs par les acteurs pornos ?

Au contraire, Éric Zemmour semble bien décidé à en faire son cheval de bataille : « Seul le référendum peut briser leur imperium et rendre le pouvoir au peuple. »[17] Il fait partie de ces esprits durement frappés par le contournement du référendum de 2005 sur le projet de Constitution européenne, dont la victoire du « non » n'empêcha nullement la ratification parlementaire du traité de Lisbonne. Depuis, il chante régulièrement les louanges

---

13. Éric Zemmour, *Z comme Zemmour*, *op. cit.*, p. 36.

14. *Ibid.*

15. Voir les articles 11 et 89 de la Constitution du 4 octobre 1958.

16. Pierre-Henri Tavoillot, *Comment gouverner un peuple roi ? – Traité nouveau d'art politique*, Paris, Odile Jacob, 2019, p. 77.

17. Éric Zemmour, *Un quinquennat pour rien*, *op. cit.*, p. 278.

de ce mode de consultation. Il déplore notamment que Nicolas Sarkozy n'ait pas organisé de référendum sur l'immigration[18]. Sur ce sujet encore, la logique populiste sous-tend le débat. De cette manière, il ressuscite une vieille ficelle qui relègue la démocratie représentative au fin fond de l'histoire.

Quel que soit le sujet, l'appel au peuple semble être le meilleur moyen de faire fi de ces maudites « élites » peu sensibles aux revendications plébéiennes. Face à l'état léthargique de « l'oligarchie », ne faut-il pas tout simplement consulter directement le « peuple » ? Voici donc qu'après avoir bâti la France sur le modèle architectural de Rome, on en vient à piller le modèle institutionnel de la Suisse, dont le référendum est la marque de fabrique.

Comme l'analyse Pierre Rosanvallon, tous les mouvements populistes ont adopté une vision de la démocratie directe, seule à même de remplacer des « élites » corrompues et incapables par un « peuple » sain et pleinement souverain : « L'appel direct au peuple était ainsi présenté comme le moyen de se débarrasser des vieilles élites politiciennes et oligarchiques tout en montant la garde contre le danger d'envahissement par des immigrés "inassimilables", le système représentatif traditionnel étant renvoyé à une sorte de préhistoire de la démocratie. Tous les mouvements populistes adopteront par la suite cette vision de la démocratie directe, instrument à leurs yeux efficace d'une mise à l'écart des élites corrompues et incapables par un peuple sain et pleinement souverain. Référendum présentant en outre une forte spécificité performative, puisque avec lui la prise de parole est censée exprimer une volonté directement active, en rupture donc avec tous les atermoiements politiciens. »[19] En ce sens, le référendum présenterait l'avantage d'exprimer la volonté des citoyens sur un sujet donné, il s'oppose à la « tambouille politicienne » du compromis. C'est précisément dans cette conception populiste qu'Éric Zemmour en fait la promotion, sur un ton ironique : « On connaît les préventions contre la procédure référendaire : [...] ; elle précipiterait donc l'avènement d'un sauveur

18. Éric Zemmour, *Le bûcher des vaniteux*, *op. cit.*, p. 97.

19. Pierre Rosanvallon, *Le siècle du populisme*, *op. cit.*, p. 40.

populiste, qui établirait le contact direct avec le peuple. »[20] Subitement, le « peuple » se trouve remis sur le devant de la scène. Flatté d'être consulté, le peuple a l'illusion de reprendre la main sur son destin. Son ego s'en trouve revigoré. La réponse à la question est binaire : oui ou non. D'ailleurs, c'est là le danger.

Souvenons-nous de la formule du député André Laignel qui le poursuit depuis : « Vous avez juridiquement tort, parce que vous êtes politiquement minoritaire »[21]. Majorité n'est pas absoluité. Le péché du référendum est de rendre hégémonique le fait majoritaire. Illustration. Celui qui remportera le référendum ira crânement se vanter que le « peuple » était derrière lui. Pour preuve, il a gagné. Ce n'est pas faux. Mais pas vrai non plus. Il n'avait qu'une partie du « peuple » acquise à sa cause. Une majorité, pas une totalité. C'est ainsi qu'avec le vote référendaire, on nous fait croire que 51 % de votes favorables deviennent 100 %, comme si les 49 % s'étaient miraculeusement dissous dans ce marasme des perdants.

Ce n'est pas là le seul écueil. Il paraît évident que le choix du votant dépendra pour beaucoup de la façon dont la question est posée. Certaines questions induisent naturellement une réponse. N'importe quel officier de police le sait. C'est la tradition des « questions/affirmations » lors des auditions. D'ailleurs, il y a aussi le piège de la campagne. Tous les débats sur le sujet vont s'articuler autour d'arguments « pour » ou « contre ». Aussi foisonnants que soient ces échanges, ils resteront cantonnés au sujet référendaire. Si le sujet est par nature explosif, on peut craindre le pire. En dernier lieu, lorsque le peuple se prononce sur une question, il ne peut s'en prendre qu' à lui-même. Il n'y a plus d' « élite » sur laquelle taper. À moins qu'elle ne l'ait induit en erreur. Et encore, il est trop tard. Une fois que les jeux sont faits, même celui qui a délibérément menti échappe à toute représaille. De toute façon, lors d'une campagne référendaire, il y a de la mauvaise foi dans chaque bord. Partant, le référendum n'est qu'une forme de consultation comme une autre et ne saurait être

20. Éric Zemmour, *Balladur, immobile à grands pas*, *op. cit.*, p.180.

21. André Laignel à Jean Foyer, Assemblée nationale, 13 octobre 1981.

vu comme la panacée. En l'état actuel, il n'est qu'un palliatif pour redonner la parole au peuple. Ou du moins, une illusion.

Bien sûr, le premier référendum qu'Éric Zemmour soumettrait aux urnes, s'il était élu président, concernerait « la fin du regroupement familial, [de] la suppression du droit du sol, et l'encadrement strict du droit d'asile »[22]. Puisque le référendum est une technique populiste par nature, elle l'est encore plus lorsqu'il s'agit de soumettre au vote un sujet populiste par essence comme le traitement des étrangers. Si bien qu'il greffe du populisme sur du populisme. Un comble. On imagine d'ici les débats de haute volée de ceux qui souhaitent abolir ces droits...

Le rejet de l'État de droit : tordre le cou aux juges

S'il est un autre point commun entre les populistes, c'est de stigmatiser un « gouvernement des juges », afin de jeter le discrédit sur un pouvoir judiciaire devenu indépendant. En démocratie, le juge, qui est chargé de rendre des décisions constituant cette maudite jurisprudence, se voit accuser de préciser la loi en élargissant ses dispositions. Opposer le magistrat à la vie démocratique est une vieille antienne. Celle-ci est remise au goût du jour par Éric Zemmour, qui voit dans ce « coup d'État », « un combat de l'ordre moral contre le suffrage universel »[23]. Rien que cela.

Déjà, dans *Le contrat social*, le bon Rousseau marquait sa préférence pour une abolition de la séparation des pouvoirs en rappelant que « celui qui fait la loi sait mieux que personne comment elle doit être exécutée et interprétée »[24]. Seul le « peuple » soudé par la volonté générale aurait la faculté de se constituer en magistrat collectif aux fins de sanctionner le citoyen fautif. Mais aussitôt Jean-Jacques de conclure que « s'il y avait un peuple de dieux, il se gouvernerait démocratiquement » en prenant le soin d'ajouter qu' « un gouvernement si parfait ne conviendrait pas à des hommes »[25]. La formule éclaire admirablement l'idée. La démocratie directe ne se prête qu'aux dieux. Revenons sur terre. En

22. Éric Zemmour, *La France n'a pas dit son dernier mot*, *op. cit.*, p. 339.
23. Éric Zemmour, *Le coup d'État des juges*, *op. cit.*, p. 134.
24. Jean-Jacques Rousseau, *Du contrat social*, Livre III – Chapitre 2.
25. *Ibid.*

dehors de ces sphères divines, la démocratie délègue l'application de la loi au pouvoir judiciaire, qui octroie au juge le monopole de la contrainte légitime afin de réprimer le citoyen coupable.

Or, dès que le populiste arrive au pouvoir, il désigne le magistrat comme l'ennemi du peuple. Il est par essence hostile à la volonté générale puisque dans sa tour d'ivoire, il n'est pas doté du « bon sens populaire ». Dans un passé récent, rappelons qu'après l'adoption du très décrié « décret antimusulmans » visant les ressortissants de sept pays jugés dangereux, Donal Trump n'avait pas hésité à s'en prendre à un juge fédéral – pourtant républicain – qui avait suspendu le décret, en ces termes : « La décision de ce soi-disant juge [...] est ridicule et sera abrogée ». De quoi faire s'étrangler les défenseurs d'une justice indépendante. Pourtant, aux États-Unis comme en France, il y a une séparation des pouvoirs entre exécutif, législatif et judiciaire.

De surcroît, Éric Zemmour sombre allègrement dans ce piège tant il ne ménage pas ses mots contre nos institutions judiciaires. De même que pour l'ex-président américain, il ne s'agit là que d'un truisme populiste. Que ce soit dans *Le coup d'État des juges* ou dans *Le livre noir de la droite*, l'essayiste brosse les traits de juges qui ont perdu de leur superbe. L'époque de ces « aristocrates magnifiques » de la fin du XVIIIe siècle serait révolue. Désormais, la magistrature ne compterait plus que des fonctionnaires « aigris » au traitement « médiocre », déterminés à prendre leur revanche sur le monde. Pas uniquement contre le politique d'ailleurs. Mais aussi contre l'avocat que le juge jalouse lors de ses visites en trouvant à son cabinet du mobilier tout confort et une technologie « dernier cri »[26]. Exercice de style réussi. Mais, la caricature a ses limites. Contrairement à l'image d'Épinal, on sait que bon nombre d'avocats ne roulent pas sur l'or. Surtout ceux qui font du pénal. Dresser le juge contre l'auxiliaire de justice n'est qu'un préliminaire. Attendez-vous à pire.

Sans pitié pour le politique ou le patron, ces magistrats réduisent, avilissent, démolissent un système qu'ils estiment corrompu et amoral. Pour ce faire, ces Rastignac en robe s'ingèrent

26. Éric Zemmour, *Le coup d'État des juges*, *op. cit.*, p. 62.

partout, en politique pour contrarier les scrutins, mais aussi dans le privé, pour pallier la faiblesse du contrôle des actionnaires des entreprises. De fait, il décrit nos juges français comme investis d'une mission sacrée, « quasi divine ». Ils ne seraient animés que par un bas esprit de vengeance. Des juges ni de droite, ni de gauche. Mais purement nihilistes.

En se faisant nostalgique d'un temps échu, il nous conte le souvenir de ces « enveloppes jaunes » discrètes et sans traces qui circulaient sous les manteaux afin de financer partis politiques et campagnes électorales. Au point que c'est avec amertume et une pointe d'aigreur qu'il regrette que la Cour de cassation ait étendu la notion d'abus de bien social « au-delà du raisonnable »[27] pour toucher le pauvre dirigeant qui cherche à entretenir des relations avec des personnages influents. L'incohérence est telle que celui qui souhaite envoyer toute la « racaille » à l'ombre n'est jamais aussi clément qu'avec la délinquance en col blanc. Les caisses d'un parti ou d'une boîte devaient donc servir à rincer la tablée ? Comme si le statut social conférait un blanc-seing pour « réseauter » en toute impunité. Désormais, à l'écouter, chaque élu vivrait la boule au ventre à l'idée de se voir mis en examen du jour au lendemain et d'être traduit en justice, comme un vulgaire criminel. Ciel ! Si les patriciens en viennent à être des justiciables comme la plèbe, mais où va le monde ? Pourtant, il n'y a aucun doute sur le fait que la qualification d'abus de bien social prévue par le Code de commerce[28] autorise le juge à châtier sévèrement le dirigeant de parti politique ou de société qui pique dans la caisse pour financer ses dîners étoilés et autres agapes fastueuses.

Selon lui, cette pénalisation à outrance des « puissants » n'a que deux buts : mettre un terme à la vie démocratique en empêchant le bougre démuni de financer illégalement sa campagne électorale, et affaiblir les entreprises françaises dans la bataille qu'elle livre sur un marché mondialisé. C'est pourquoi, on l'aura compris, la meilleure solution pour rétablir la vie démocratique et la compétitivité est d'autoriser le chef de parti ou le patron à

27. *Ibid.*, p. 119.

28. Voir les articles L.241-3 et L.242-6 du Code de commerce.

chiper le magot sans vergogne. Il ne faut pas y aller par quatre chemins, le salut du pays se trouve dans les valises de billets. Pour se conformer à ses vues, le législateur n'aura pas d'autres choix que d'abroger le délit d'abus de bien social. Certains élus de Levallois-Perret en seraient bien aises.

Seulement, le penseur ne s'arrête pas en si bon chemin. Sa vindicte frappe de plein fouet toutes nos institutions. C'est bien simple, le Conseil d'État usurpe son prestige puisqu'il n'est pas « sensible à l'idée républicaine »[29]. En la matière, il est vrai qu'on ne saurait trouver meilleur républicain que lui. Au bas mot : populiste, xénophobe, raciste, misogyne, homophobe et islamophobe. En substance. On en passe. Quant au Conseil constitutionnel, il ne trouve guère plus de grâce à ses yeux en s'étant arrogé les pleins pouvoirs aux fins de dominer le politique et dicter son calendrier à Matignon. Point trop n'en faut. Le Conseil imposerait également ses vues en matière « éthique » et « démocratique »[30]. Qu'il soit français ou européen, le juge est obnubilé par la même idéologie « droit-de-l'hommiste » qui privilégie l'individu sur la Nation et paralyse la volonté de l'État.

Face à ces institutions qui frisent le satanisme par leurs bonnes intentions, Éric Zemmour devrait toiser ces institutions qu'il décrie. Or, on ne pourra que s'étonner qu'il ait daigné exercer un recours devant la Cour européenne des droits de l'homme dont il réclame le trépas. Par souci de cohérence, il devrait *illico* retirer son recours devant cette institution qui détruit notre civilisation à petit feu, sous peine de conforter ce « coup d'État » qu'il dénonce.

L'inventeur du populisme lettré ou la culture comme imposture

Sermon des plus acerbes consacré à l'année 2011, *Le bûcher des vaniteux*, recueil de chroniques acides, épargna peu de monde. Vivants du moins. Cet autodafé général, dont Éric Zemmour alluma la mèche, vit se consumer des politiques de tous bords.

29. Éric Zemmour, *Le coup d'État des juges*, *op. cit.*, p. 191.

30. *Ibid.*

Depuis Icare qui voulait tutoyer les cieux, on sait à quelle vitesse se propage le feu. L'immolation gagna inéluctablement Marine Le Pen. Avec une rare violence, le couperet d'Éric Zemmour s'abattit de tout son poids sur sa tête, en des termes propices à un enterrement intellectuel: « Longtemps son inculture historique ou littéraire a été brocardée, surtout au sein du Front national, et suscitait des comparaisons désobligeantes avec son père. »[31] L'oraison funèbre, des plus dévastatrices, était prononcée. Quoique. Sur le cercueil de « l'héritière »[32] du Front national, le Faucheur remettra, quelques années plus tard, une lampée de terre pour flageller son échec cuisant au débat de l'entre-deux-tours en 2017: « Pardon, mais tu as été lamentable. Tu nous as humiliés. »[33] Alors seulement, la messe était dite. L'illégitimité culturelle de Marine Le Pen était alors actée.

Pourtant, cette « ignare », selon Éric Zemmour, possédait un précieux sésame, à défaut d'avoir la culture qui va avec. Avec le sens de la formule, le constat nous était livré par Pierre Péan et Christophe Cohen: « la droite a abandonné la nation à Le Pen ; quant à la gauche, elle commence à lui céder le peuple »[34]. De cet état des lieux, Éric Zemmour a fait son miel. Fidèle à l'analyse qu'il en livre depuis 1998, l'auteur du *Livre noir de la droite* estime que Mai 68 amena tous nos politiques à « faire table rase du passé, pour regarder avec un mépris absolu mille ans d'histoire de France, pour haïr la nation et les frontières qui l'enserrent, pour recommencer tout à zéro »[35]. Depuis rien ne s'est arrangé, selon lui.

Dans cette lignée, Éric Zemmour nous balance son constat en pleine figure, selon un raccourci infâme dont lui seul a le secret: « La logique est implacable: l'amour de la France, c'est la droite et l'extrême-droite ; et l'extrême-droite, c'est Vichy ; et Vichy, c'est la rafle du Vél' d'Hiv' ; et la rafle du Vél' d'Hiv', c'est

31. Éric Zemmour, *Le bûcher des vaniteux*, *op. cit.*, p.27.

32. *Ibid.*

33. Éric Zemmour, *La France n'a pas dit son dernier mot*, *op. cit.*, p.23.

34. Philippe Cohen et Pierre Péan, *Le Pen, une histoire française*, Paris, Robert Laffont, 2012, p.227.

35. Éric Zemmour, *Le livre noir de la droite*, *op. cit.*, p.5.

l'extermination des Juifs. L'amour de la France, c'est donc l'extermination des Juifs. CQFD. »[36] Conçu pour estomaquer, le syllogisme donne la nausée puisqu'il réduit l'amour de la patrie à celui des chambres à gaz, faisant allègrement fi des innocents massacrés, juifs, enfants, résistants et de la mémoire de Jean Moulin. Voilà qu'en voulant nous prouver, de manière pour le moins expéditive, que le sentiment patriotique se réduirait à cette hideuse équation, l'auteur de ces propos nous montre qu'il n'y a pas que l'amour de la « nation » qui aurait du plomb dans l'aile. Le respect aussi.

Voici dressé le sinistre tableau : la Nation est entre les mains de Le Pen et celles-ci sont toutes les deux « haïes ». La situation rappelle le Dédale. En effet, Marine Le Pen n'a pas le bagage culturel pour s'extirper de ce dilemme cornélien. En outre, son nom de famille est un boulet qu'elle traîne comme un supplicié. Elle sera à jamais la fille de son père. Alors voilà, il fallait bien trouver un moyen de lui reprendre ce flambeau de la Nation. Mais alors, comment enrobe-t-il son populisme de fer dans un gant de velours ? Pour accomplir ce forfait en toute élégance, la technique, bien rodée, consiste à user de références politiques ou culturelles, en apparence incontestables, pour frapper d'un sceau légitime son idéologie belliqueuse. En scellant ses obsessions intimes avec les grandes figures de la politique et de la littérature, l'aura de l'Histoire de France lui confère une immunité de fait propice aux pires vilenies sémantiques. De la sorte, sa doxa se trouve adoubée par une caution morale irréprochable, à peu de frais en plus. Les guillemets suffisent à se parer des oripeaux du passé, et surtout, de la gloire qui l'accompagne.

La stratégie inédite, inventée par Éric Zemmour, ne mérite qu'un seul nom, celle de populisme lettré. Comme pour tout populiste qui se respecte, cette stratégie consiste à sombrer dans tous les travers du populisme, notamment opposer sempiternellement le « peuple » et ses « élites », ostraciser « l'étranger », dénoncer le « gouvernement des juges » et vouer un culte sans borne au « référendum », mais toujours sous le lustre des monstres sacrés. Cela change tout. Le polémiste n'est plus seul

36. Voir notamment Éric Zemmour, *Le suicide français*, *op. cit.*, p. 193.

à prendre la parole ou la plume. Molière, Flaubert, Hugo, ils sont tous là. Mieux, avec lui. Démontrons-le. La religion musulmane est régulièrement l'objet de son courroux. Il l'a prise en grippe comme un chien enragé s'acharnant à ronger son os. Aussi, pour couvrir d'onction son islamophobie, il convoque régulièrement de Gaulle, qui aurait lui-même été prétendument « hanté » par cette question musulmane[37].

Asséné et répété par ce marteau-piqueur de l'édition, le sacrilège historique semble laisser cois tous ses contradicteurs. Il faut bien l'avouer, pour l'adversaire, le choc est rude. Pis, imparable. Nul ne peut survivre à une telle estocade. Le coup ne serait plus seulement asséné par Éric Zemmour. Il convoque de Gaulle à la rescousse. Paré du glaive gaullien à la magnificence éternelle, il ne peut rien arriver au héraut de la nation. Il met l'histoire de France derrière lui. Du moins, les fragments qui l'intéressent, le reste est voué aux oubliettes.

Cependant, il convient de faire tomber le masque : cet usage de la culture n'est qu'une imposture. Pour autant qu'elle ait ses adeptes, la méthode ne s'embarrasse pas de la vertu. Démontrons-le. À ce titre, l'intéressé lui-même déplorait que « depuis quarante ans, de Gaulle [eût] subi toutes les exploitations, les récupérations, tous les détournements »[38]. Force est de constater qu'Éric Zemmour est l'un des rouages de cette machine infernale. En particulier, la religion musulmane est régulièrement l'objet de son courroux. Aussi, pour couvrir d'onction son islamophobie, il convoque régulièrement de Gaulle, qui aurait refusé que son village ne devînt « Colombey-les-Deux-Mosquées »[39]. Après l'avoir cité dans *Z comme Zemmour*[40], il y revient dans *Le Bûcher des vaniteux II*, à deux reprises dans *Le suicide français*[41], dans *Destin français*[42] puis dans *La France n'a pas dit son dernier*

37. Éric Zemmour, *Le bûcher des vaniteux II, op. cit.*, p. 111.
38. Éric Zemmour, *Le bûcher des vaniteux, op. cit.*, p. 271.
39. Éric Zemmour, *Le bûcher des vaniteux II, op. cit.*, p. 111.
40. Éric Zemmour, *Z comme Zemmour, op. cit.*, p. 172.
41. Éric Zemmour, *Le suicide français, op. cit.*, p. 27 et p. 140.
42. Éric Zemmour, *Destin français, op. cit.*, p. 25.

mot[43], mais également dans sa fiction, *Petit Frère*[44]. Affirmée de si nombreuses fois et avec tant de conviction, la « sainte parole » du Général semble *a priori* ne pas souffrir la contradiction. Et pourtant...

Avec honnêteté intellectuelle, poursuivons notre démonstration sur « Colombey-les-Deux-Mosquées ». Si l'on prend ces quelques mots pour argent comptant, on serait tenté de voir en De Gaulle un virulent islamophobe. Cependant, si l'on fait le travail de s'intéresser à leur provenance, on découvre qu'ils nous sont colportés par Alain Peyrefitte dans ses mémoires publiés en 1994, *C'était de Gaulle*[45], soit plus de vingt-quatre ans après la mort du général. Autrement dit, cette expression n'a jamais été écrite ni prononcée par le Général de son vivant. Il n'en existe aucune trace. Sans compter que les affres du temps peuvent faire, malgré eux, leur mauvais office, et ce, même pour un « scribe » de bonne foi. D'aucuns doutent même de son authenticité. « Aurait-il inventé cette phrase ? »[46] C'est fort possible. En tout cas, la question se pose sérieusement, même pour *le Figaro*[47]. Seulement voilà, à force de la voir martelée quasi systématiquement dans chacun des essais[48] ou des fictions[49] d'Éric Zemmour, on finirait presque par croire qu'elle est sortie un jour de la bouche de Gaulle. Ne nous laissons pas abuser de la sorte. On ne pourra que s'indigner d'un tel procédé qui consiste à passer sous silence ses sources, et à prendre pour acquis des propos que le Général n'a jamais tenus. En recourant à cette citation invérifiable, il associe

43. Éric Zemmour, *La France n'a pas dit son dernier mot, op. cit.*, p. 112.

44. Éric Zemmour, *Petit frère, op. cit.*, p. 37.

45. Alain Peyrefitte, *C'était de Gaulle I*, Paris, Gallimard, p.66.

46. Christine Clerc, « La deuxième mort du général », *Le Figaro*, 6 nov. 2020, URL : https://www.lefigaro.fr/vox/histoire/la-deuxieme-mort-du-general-20201106.

47. *Ibid.*

48. Éric Zemmour, *Le suicide français, op. cit.*, p. 27 ; Éric Zemmour, *Le suicide français, op. cit.*, p. 140 ; Éric Zemmour, *La France n'a pas dit son dernier mot, op. cit.*, p. 112.

49. Éric Zemmour, *Petit frère, op. cit.*, p. 37.

de Gaulle à sa cause. Il n'est pas sûr que le Général apprécierait qu'on salisse ainsi sa mémoire.

La méthode, implacable, fonctionne de la même manière avec tous ses thèmes de prédilection. Ainsi, pour réhabiliter la prostitution, il cite régulièrement l'exemple de « Flaubert qui allait jusqu'en Égypte pour goûter aux putes orientales » [50] ou encore celui de « Maupassant, qui faisait venir, rigolard, un huissier de justice au bordel pour certifier ses innombrables "saillies" »[51]. Dans ces conditions, il paraît bien délicat de lui rétorquer que vendre le corps des femmes est une hérésie. Ce serait se mettre à dos les auteurs de *Madame Bovary* et de *Bel-Ami*. C'est d'ailleurs une stratégie qu'il dévoilait à demi-mot en disant qu'il serait très heureux s'il évitait « le courroux et le mépris de Flaubert »[52]. L'impudent qui oserait le contredire serait *illico* taxé d'inculture crasse, incapable d'apprécier les belles-lettres puisqu'il réprouve le mode de vie de ces grands écrivains, présenté là comme une source d'inspiration mirifique. Je souille donc j'écris.

De cette façon, usant et abusant de ce populisme lettré, il fit ce que Marine Le Pen ne put jamais faire, tant à cause de son ignorance qu'à raison du nom qu'elle traîne comme un fardeau : reprendre la Nation au Front National par le verbe. Ainsi, on remarque qu'Éric Zemmour, qui était exempt de toute coloration politique subversive à ses débuts, a surfé sur cette virginité salutaire pour dépouiller l'extrême-droite de son dernier butin.

En fin de compte, on ne pourra qu'être atterré par cette stratégie des plus fourbes qui consiste à faire parler les morts pour proférer les pires outrages, tout en laissant perdurer impunément cette profanation culturelle. Et pour cause, ressasser à outrance des phrases choc, dont on peut sérieusement mettre en doute l'authenticité, n'est qu'un subterfuge. Tant qu'on s'épargnera l'effort intellectuel, qui consiste à sourcer minutieusement chacune des citations, souvent apocryphes, dont il use et abuse, puis de les replacer consciencieusement dans leur contexte his-

---

50. Éric Zemmour, *Le premier sexe*, *op. cit.*, p. 45.

51. *Ibid.*

52. Éric Zemmour, *Z comme Zemmour*, *op. cit.*, p. 7.

torique, on se privera de voir l'essentiel : Éric Zemmour reste un populiste sous le masque de la culture. Aussi, cette prétendue érudition mise au service de sa propagande idéologique ne doit pas nous abuser. L'imposture mérite d'être dénoncée. À la suite des révélations des liens entre la femme d'Éric Woerth et Ingrid Bettencourt, il concluait un plaidoyer pour la défense d'Éric Woerth de la sorte : « Je m'arrête, de crainte d'être accusé de populisme. »[53] Malheureusement, il est trop tard.

Une grille d'analyse prête à l'usage dès 98

D'une voix unanime, tous louent la culture du personnage, faite de références historiques grandiloquentes et dégainant des citations à tout va, se contentant d'une cuistrerie de façade sans creuser plus avant. Pourtant, celui qui a lu tous ses ouvrages tombera des nues. Cet écrivain, soi-disant charpenté intellectuellement, tourne en rond comme un poisson dans son bocal en recyclant toujours les mêmes interprétations. À ceux qui penseraient à tort qu'Éric Zemmour s'est radicalisé au fil des années, il convient d'exhumer, on l'a déjà fait plus haut, ses premiers faits d'armes. Alors, on voit clairement que les germes de sa pensée apparaissaient dès ses premières contributions, notamment celle à l'ouvrage collectif *Une certaine idée de la France*. Le directeur de l'ouvrage, Alain Griotteray, s'insurgeait dès l'introduction du fait « qu'aucun ministre de l'Éducation nationale "même prétendument gaulliste" [n'eût] donné comme lecture, aux enfants des écoles primaires, des pages des mémoires du général de Gaulle sur la France »[54]. Dès le préambule, le ton était donné, et avec lui le parti pris de la démarche. On aura compris facilement, tant les ficelles sont grosses, qu'il s'agissait pour les auteurs de cet exercice de pur chauvinisme de camper l'image de « résistant » en récupérant l'image du Général et la grandeur qui l'accompagne. Parce que voilà, en écrivant qu'enfants et étudiants n'ont pu acquérir une certaine idée de leur patrie, faute d'avoir lu les mémoires du Général traitant de « la politique militaire française

53. *Ibid.*, p. 180.

54. Éric Zemmour, *in* Alain Griotteray (dir.), *Une idée certaine de la France*, *op. cit.*, p. 7.

d'entre-les-deux-guerres » [55], l'auteur de l'introduction répandait l'idée d'un patriotisme honteux qui, n'étant plus inculqué dès le plus jeune âge, nous mènerait tout droit à une nouvelle « guerre civile inéluctable ». Ce ne sont pas les auteurs des contributions de l'ouvrage qui vont lui donner tort, bien au contraire.

À ce sujet, Alain Griotteray expliquait n'avoir pas sélectionné ces seize auteurs par hasard, même s'il s'est « laissé porter »[56] par ses rencontres des derniers mois précédant la publication. Surtout, son choix ferme s'était arrêté sur « des hommes et des femmes dont la fermeté des convictions » l'incitait « à penser qu'en 1940 ils auraient fait le bon choix »[57]. Décédé en 2008, avant la publication du *Suicide français* et la disculpation du maréchal Pétain par Éric Zemmour, l'ancien résistant serait tombé de l'armoire. En effet, on peut lire sous la plume de l'intellectuel qui aurait fait le bon choix durant le pic de la collaboration qu'après avoir étrillé l'œuvre de Robert Paxton, « Alain Michel donne un démenti cinglant [à Robert Paxton] en montrant l'efficacité de l'échange immoral, Juif français contre Juifs étrangers, voulu et obtenu par Vichy »[58]. Dès lors, la question se pose : peut-on faire « le bon choix »[59] en 1940 tout en étant du côté de Vichy ? Il n'est pas sûr que, de son vivant, de Gaulle approuverait cette hérésie, quand bien même elle serait colportée par celui-là même qui revendique son legs.

Cette fameuse grille d'analyse, que l'on retrouvera de manière constante des premiers essais jusqu'aux derniers en passant par ses fictions, quelle est-elle ? La voici. En passant quasiment inaperçu dans cet ouvrage collectif où il n'occupe que quelques pages, Éric Zemmour déboulonne déjà les « valeurs féminines », auxquelles il consacrera de plus amples développements, en pointant le dépouillement des politiques dont le rôle

55. *Ibid.*

56. *Ibid.*, p. 13.

57. *Ibid.*

58. Voir notamment Éric Zemmour, *Le suicide français*, *op. cit.*, p. 432, p. 91.

59. Éric Zemmour, *in* Alain Griotteray (dir.), *Une idée certaine de la France*, *op. cit.*, p. 13.

se borne désormais « à dialoguer, écouter, expliquer » [60]. Ceux qui ont gardé en tête *Le Premier sexe* se souviennent que ces prétendus « péchés » rappellent de manière étonnante les « "valeurs" féminines »[61] qui auraient supplanté les valeurs dites « masculines », notamment le « dialogue sur l'autorité »[62] ou « l'écoute sur l'ordre »[63]. Non seulement, il déplore la perte de pouvoir du politique, ce qui sera une constante de ses ouvrages, mais encore se demande si « le temps des femmes en politique n'est-il pas venu ? »[64] Ainsi, il suggère un lien évident entre la « féminisation » de la vie politique et ce dépeçage en règle des prérogatives anciennes.

Par ailleurs, un constat alarmiste sur l'Europe nous est livré, de façon fracassante : « À quoi sert un homme politique français, élu du peuple français, sinon à appliquer les normes édictées à Bruxelles, sous le vigilant contrôle de la Cour de justice de Luxembourg ? »[65]. Aussi, son analyse phare consistant à déplorer la perte de souveraineté de la France au profit d'une « hégémonie européenne », n'apparaîtra pas sur le tard, elle est belle et bien présente dès ses premiers essais, en 1998. Aussi, ses productions ultérieures reprenant cette doxa europhobe, et dénonçant aussi bien une « Europe qui négocie pour nous »[66] qu'« un État dépecé par l'Europe »[67] ou encore une politique gaullienne vidée de sa substance au nom de l'Europe[68], ne seront que de pâles resucées.

De même, Éric Zemmour abusera de la comparaison entre Amérique et Europe, ici à l'état de projet, en proclamant

60. *Ibid.*, p. 19.
61. Éric Zemmour, *Le premier sexe, op. cit.*, p. 11.
62. *Ibid.*
63. *Ibid.*
64. Éric Zemmour, *in* Alain Griotteray (dir.), *Une idée certaine de la France, op. cit.*, p. 19.
65. *Ibid.*
66. Éric Zemmour, *Le bûcher des vaniteux, op. cit.*, p. 235.
67. Éric Zemmour, *Le bûcher des vaniteux II, op. cit.*, p. 47.
68. Éric Zemmour, *Mélancolie française, op. cit.*, p. 163.

que la France serait « une sorte d'Amérique qui s'ignore »[69]. Cette même ritournelle anti-européenne imprégnera tous ses écrits, ce qui le conduira tantôt à ironiser sur « les États-Unis d'Europe »[70], tantôt à proférer que « l'Amérique s'imposa à l'Europe et à la France par l'arrivée de ses *boys* sur les champs de bataille de la Marne »[71]. Il est trop tard, la « contamination » américaine s'est déjà répandue jusqu'à nos institutions. Las, notre système judiciaire est « infecté » de cet américanisme puisque le régime juridique américain s'y serait imposé « comme l'horizon indépassable de la plupart des réformes imaginées de notre système judiciaire »[72]. On remarquera alors qu'après des années d'utilisation de la formule sans révéler ses sources, il finira par rendre hommage à Victor Hugo dans *Le suicide français*, qui serait l'auteur des bons mots : « Un jour viendrait, disait Victor Hugo, où l'on verra ces deux groupes immenses, les États-Unis d'Amérique et les États-Unis d'Europe, placés en face l'un de l'autre »[73]. *Redde Cæsari quæt sunt Cæsaris, et quaet sunt Dei Deo*[74].

Par ailleurs, il clame une autre de ses thèses adorées qui parsèmera chacun de ces essais, en lâchant de manière sarcastique que « nous sommes tous des immigrés dans un pays d'immigration »[75]. On le verra dans la suite de ses écrits, mais s'il y a bien une idée qu'il abhorre au possible, c'est celle que « les Français sont tous des immigrés ! »[76] Ce qu'il dénoncera en faisant emprunter à un personnage bien gaulois de *Petit frère*, Charles Boucher, un chemin de traverse qui se terminera tragiquement pour l'intéressé.

---

69. Éric Zemmour, *in* Alain Griotteray (dir.), *Une idée certaine de la France, op. cit.*, p. 18-19.

70. Éric Zemmour, *Le bûcher des vaniteux, op. cit.*, p. 249.

71. Éric Zemmour, *Mélancolie française, op. cit.*, p. 109.

72. Éric Zemmour, *Le coup d'État des juges, op. cit.*, p. 167.

73. Éric Zemmour, *Le suicide français, op. cit.*, p. 361-362.

74. Rendez à César ce qui appartient à César, et à Dieu ce qui appartient à Dieu.

75. Éric Zemmour, *in* Alain Griotteray (dir.), *Une idée certaine de la France, op. cit.*, p. 18-19.

76. Éric Zemmour, *Petit frère, op. cit.*, p. 115.

Par-dessus tout, nous assistons impuissants aux prémices de son populisme naissant qui consistera à opposer les « élites » au « peuple », car il déplore l'évolution de la langue française devant un « sabir incompréhensible, à base américaine pour les élites »[77], tout en égratignant la langue « orientale dans les banlieues »[78], suggérant l'idée d'un délitement de notre société.

Dès lors, on constate avec effroi que toutes les analyses qu'Éric Zemmour développera par la suite sont amorcées, même sommairement, dans sa brève contribution à cet ouvrage. En soi, ce n'est pas une erreur que de faire ces analyses, qui relèvent de sa liberté d'expression, tant que celles-ci sont républicaines. Cependant, cela devient un crime que de les recycler sans vergogne en toute situation, en se faisant passer pour un penseur érudit. Cette technique, qui consiste à plaquer systématiquement sur chaque fait, contemporain ou historique, une même grille d'analyse, offre à son auteur le confort de ne jamais être déstabilisé par l'imprévu et d'avoir réponse à tout. En effet, par essence, la réponse se trouve dans cette grille que l'intellectuel a dressée par le passé, et qu'il ne cesse de répéter en boucle, quitte à y faire rentrer au forceps les nouveaux problèmes de société.

Malgré notre analyse, certains affidés seraient tentés de ne voir là qu'une sélection subjective de votre serviteur qui, pourtant, a dépecé méticuleusement toute l'œuvre de leur auteur bien-aimé. Alors, à ceux qui persisteraient à croire que l'essayiste est charpenté intellectuellement, on demandera : Est-ce véritablement là la preuve d'un esprit brillant que de répéter en boucle les mêmes analyses, sans même les faire évoluer dans le temps ni leur apporter la moindre nuance ? Et on ne saurait trouver de meilleure réponse pour les convaincre que de leur livrer ce qui suit.

---

77. Éric Zemmour, *in* Alain Griotteray (dir.), *Une idée certaine de la France*, *op. cit.*, p. 20.

78. *Ibid.*

Comme un poisson dans un bocal : l'art du recyclage

L'art de recycler les mêmes analyses

Il ne saurait y avoir meilleure exorde que de placer ces obsèques littéraires sous le signe d'une prophétie venant du futur défunt : « BHL peut se targuer d'une redoutable efficacité, et d'une grande constance ; depuis trente ans, il dit toujours la même chose »[79]. Quel bon augure ! Était-ce là sagesse de la part du malheureux que d'attaquer un autre intellectuel sur un terrain, où malheureusement, il va perdre ? Alors qu'à la sortie de son ouvrage *Le suicide français*, les critiques étaient pour la plupart choquées par ce « révisionnisme » historique, on est, aujourd'hui encore surpris de voir que cette polémique occulta une autre escroquerie. En effet, tous ses bons mots et ses analyses étaient déjà disséminés dans ses précédents ouvrages. Le mythe, bien trop répandu, de sa stature intellectuelle souffre-t-il d'une comparaison avec le réel ? Oui, plus que jamais. Ce qui suit intéressera sans doute ceux qui affirment que le personnage est charpenté intellectuellement.

Dès sa contribution à l'essai *Une idée certaine de la France*, le noyau dur était posé. Il ne bougera pas. Celui-ci sera seulement agrémenté d'exemples, légèrement étoffé avec le temps. Mais rien de nouveau sous le soleil de Satan. Les jalons étaient posés dès 1998, année symbolique. Les voici donc compactés : Mai 68 aurait amorcé le début de la « décadence française » ; l'Union européenne aurait spolié le politique français de sa souveraineté et réduit le législateur français au rôle de « scribe » de la législation européenne ; les juges auraient pris le pouvoir dans un « gouvernement » des juges ; le « lobby gay » influencerait la société en catimini avec sa main invisible ; les « mâles » seraient devenus des femmes ; le « divorce de masse » est le mal de notre siècle ; la « féminisation » d'une profession symbolise sa perte de pouvoir ; nos prétendues « élites » auraient organisé un « grand remplacement » de nos banlieues. Dès lors,

79. Éric Zemmour, *Le suicide français*, *op. cit.*, p. 192.

rien ne bougera, les développements seront seulement étoffés. Finissons-en avec ce mythe qui n'a que trop duré.

Mai 68 ou les soi-disant prémices de la « décadence française »

Dès *Le livre noir de la droite*, Éric Zemmour nous lance le constat d'une prétendue « décadence française » qui résulterait de mai 68. D'emblée, on pourrait nous dire que ce *Livre noir* n'est qu'un déroulement des arrière-cuisines de la droite française après mai 68. En partie, mais pas seulement. Certes, il s'agit d'un essai politique qui retrace une certaine histoire de la droite. Comme pour tout acte d'écriture, l'auteur y injecte son idéologie. Il faut donc faire cet effort qui consiste à dissocier les événements purement factuels de leur lecture par l'auteur afin d'en extirper son idéologie.

De manière vindicative, il nous livre sa diatribe anti-soixante-huitarde : « Mais pour conserver le pouvoir, les gaullistes et leurs alliés courberont l'échine devant la montée en puissance de l'esprit de Mai dans la société française. Haine des trois P : patrie, père, patron, liberté sexuelle, refus de l'autorité, égalitarisme forcené, rejet de l'État et du pouvoir, adoration des enfants, des femmes, et des immigrés, mépris du peuple, de la France, et de son histoire »[80]. Et d'ajouter quelques pages plus loin que le mouvement de mai 68 « consommait la mort d'un imaginaire collectif français accepté, intériorisé par les deux adversaires, un imaginaire national, fondé sur la grandeur légendaire de la France, reposant sur ses grands ancêtres, de Clovis et de Vercingétorix, de Richelieu, et de Louis XIV, et sur l'autorité de l'État qui l'avait façonnée ; un imaginaire qui rassemblait de Gaulle et les communistes dans le culte de Jeanne d'Arc et de la Sécurité sociale » afin de « faire table rase du passé pour regarder avec un mépris absolu mille ans d'histoire de France, pour haïr la nation et les frontières qui l'enserrent, pour recommencer tout à zéro »[81].

80. Éric Zemmour, *Le livre noir de la droite*, *op. cit.*, p. 46.

81. *Ibid.*, p. 51.

Sans trop se fouler, il reprendra ce constat seize ans plus tard, dans *Le suicide français*: « il y a un avant et un après 1968 »[82]. Il y déclinera cette prétendue « haine des trois P », preuve que le temps lui a laissé le temps d'approfondir son analyse: « Le triptyque soixante-huitard: Dérision, Déconstruction, Destruction, sapa les fondements de toutes les structures traditionnelles: famille, nation, travail, État, école. »[83] On saluera le travail de remise en cause de son analyse.

À l'entendre, de la grandeur française, il ne resterait que des gravats de ruines, où la famille serait détestée. Pourtant, dans le même temps, il regrette « l'adoration des enfants ». De sorte qu'on constatera que, selon lui, on peut détester la famille, tout en fustigeant les demandes paternelles de « congé parental ». C'est pour le moins contradictoire. On ne peut reprocher le délitement de la famille et empêcher les pères de s'impliquer dans l'éducation de leur progéniture.

Surtout, il étrille la « liberté sexuelle ». Cependant, il admet sans vergogne dans son dernier opus avoir profité de cette libération des mœurs: « Un esprit 68 dont j'étais devenu, avec mon *Suicide français*, un des plus vibrants contempteurs ; mais dont je me souvenais en ce moment précis qu'il avait aussi fait la joie de ma jeunesse rebelle et avide de liberté. »[84] Là aussi, on ne peut pas sérieusement profiter de l'air libertaire soixante-huitard pour ensuite le critiquer. Il faudrait savoir. De telles contradictions nous laissent bouche bée.

L'Union européenne aurait spolié le politique français de sa souveraineté

Il s'agit sans doute de son analyse la plus souvent rabâchée. Rares sont ses livres qui ne mentionnent pas une quelconque « suprématie » de l'UE sur le politique français. Non seulement elle entrave le politique de sa moindre capacité d'action, mais pis, elle réduirait le Parlement français à une « chambre de traduction »[85]

---

82. Éric Zemmour, *Le suicide français, op. cit.*, p. 11.

83. *Ibid.*, p. 14.

84. Éric Zemmour, *La France n'a pas dit son dernier mot, op. cit.*, p. 202.

85. Éric Zemmour, *Z comme Zemmour, op. cit.*, p. 155.

des directives décidées à Bruxelles. Au final, c'est le citoyen français qui paierait les pots cassés puisque sous la main de fer de cette législation européenne purement « consumériste », il s'est transformé en « consommateur ».

Il harangue le lecteur à propos d'une « perte » de pouvoir du politique dans chacun de ses essais. On rappellera que l'analyse est présente dès 98 dans *Une idée certaine de la France* : « De toutes les manières, à quoi sert un homme politique français, élu du peuple français, sinon à appliquer les normes édictées à Bruxelles, sous le vigilant contrôle de la Cour de justice de Luxembourg ? »[86] Ensuite, il écrira que « c'est l'Europe qui négocie pour nous »[87]. Puis, il livre ce constat : « Désormais, chaque Français a compris que l'État est dépecé par l'Europe, miné par la mondialisation. »[88] Quelle surprise ! On lit noir sur blanc que, selon lui, l'État français n'a plus aucun pouvoir à raison de la construction européenne, pourtant cela ne le prive pas le moins du monde de briguer les plus hautes fonctions. On saluera donc le grand écart idéologique qui consiste à reconnaître un prétendu manque de pouvoir et la prétention à vouloir le conquérir. Ce qui nous amène à nous poser cette question : l'élection présidentielle selon Zemmour, une aventure avant tout personnelle ?

Tout son respect des institutions se résume aux paroles qu'il glisse dans la bouche de son président, François Marsac : « Je vais vous dire quelque chose dont il faudra vous souvenir dans l'avenir : le président de la Commission européenne et le Parlement européen, c'est zéro + zéro. Cela vous convient-il comme réponse ? »[89] L'Europe c'est « zéro ». Elle ne sert « à rien ». Mais elle nous prive de tout pouvoir ? Il y a de quoi être perdu.

S'agissant du législateur français, relégué au rôle de « scribe » du législateur européen, le constat est faux. Cela ne l'empêche pourtant pas de le répéter, répéter, répéter encore.

86. Éric Zemmour, *in* Alain Griotteray (dir.), *Une idée certaine de la France*, *op. cit.*, p. 19.
87. Éric Zemmour, *Le bûcher des vaniteux*, *op. cit.*, p. 235.
88. Éric Zemmour, *Le bûcher des vaniteux II*, *op. cit.*, p. 47.
89. Éric Zemmour, *L'Autre*, *op. cit.*, p. 124.

« Bientôt, 80 % de la législation française sera d'origine européenne», a prévenu avec raison Jacques Delors. »[90] La vérité nous était livrée par un ancien député, coutumier de nos institutions, François Bayrou, qui rappelait qu'il était faux de réduire le rôle de législateur français à celui de traducteur de la législation européenne[91].

En tout état de cause, une même question demeure: pourquoi vouloir le pouvoir s'il reconnaît lui-même qu'il ne pourra pas légiférer? Selon sa vision, désire-t-il être un esclave à la solde de Bruxelles? Si ses analyses sont avérées, la présidence de Zemmour est destinée à être fantoche. À transmettre à ceux qui seraient tentés de voter pour lui. On le verra, la seule conséquence à tirer de cet acharnement «antieuropéiste» serait, pour le candidat Zemmour, de proposer un «Frexit»[92] pour retrouver notre souveraineté. Sinon, il est condamné à s'enfermer dans «l'impuissance» qu'il reproche aux anciens présidents.

Le politique ne serait pas le seul à avoir perdu sa superbe, le juge également aurait été détroussé. Il l'annonçait très tôt: «Mais dans ce nouveau paysage éclaté, les juges français eux-mêmes risquent de se voir privés de la souveraineté qu'ils ont ôtée aux politiques.»[93] Par la suite, il recyclera peu ou prou la même phrase: «De Gaulle était resté inflexible. Il n'avait pas envie de mettre une parcelle de la souveraineté française entre les mains de juges suédois ou moldo-slovaques.»[94] Qui deviendra: «D'autant plus que depuis des années tous les juges français – y compris les plus hautes institutions – se sont mis au garde-à-vous devant le juge européen.»[95] Puis: «des juges étrangers dictent sa conduite au gouvernement démocratiquement élu par le peuple français, sans que celui-ci n'ait pu à aucun

90. Éric Zemmour, *Le livre noir de la droite, op. cit.*, p. 140.

91. François Bayrou, *De la vérité en politique*, Paris, Plon, 2013.

92. Voir chapitre 5 «Le Frexit ou les normes imposées par Bruxelles»? », p. 247.

93. Éric Zemmour, *Le coup d'État des juges, op. cit.*, p. 198.

94. Éric Zemmour, *Le livre noir de la droite, op. cit.*, p. 122.

95. Éric Zemmour, *Z comme Zemmour, op. cit.*, p. 301.

moment intervenir»[96] Et, après des années de longue réflexion et de remise en cause, il conclura: «le contrôle de [l'application de la Convention européenne des droits de l'Homme] fut confié à une cour européenne siégeant à Strasbourg, et dont la jurisprudence s'imposait aux États membres.»[97]

Sur ce point, on se contentera de répéter que ce constat est pour le moins contradictoire de la part d'un auteur qui ne cesse de dire que le juge, y inclus le juge local, est devenu tout-puissant, menaçant l'élu comme le représentant de l'État de son arsenal pénal pour le mettre derrière les barreaux. Si le juge français n'avait plus aucun pouvoir, il serait impuissant face aux politiques. Preuve s'il en est que, malgré la présence d'un juge européen, le juge français a bien conservé ses prérogatives.

Enfin, un de ses prêches réguliers repose sur la réduction du «citoyen» en «consommateur». Ainsi, dans *Le coup d'État des juges*, on lisait: «La devise démocratique: "le gouvernement du peuple par le peuple pour le peuple" aura vécu; les enfants des écoles apprendront désormais: la démocratie, le gouvernement du droit par le juge pour le consommateur.»[98] Également présente dans *Les rats de garde*, on suspecte que la formule n'a pas été écrite par Patrick Poivre d'Arvor, pourtant co-auteur: «[La France] sera mûre pour entrer dans le grand marché mondial, qui a besoin de consommateurs, pas d'épargnants, d'hédonistes, pas d'ascètes, de créatifs, pas de laborieux, de cosmopolites "cool", pas de patriotes "ringards".»[99] Dans *Z comme Zemmour*, on peut lire que c'est «une droite libérale qui veut livrer au marché des générations de consommateurs malléables parce qu'incultes.»[100] Légère variante dans *Le bûcher des vaniteux*, autour «du capitalisme qui voulait des consommateurs incultes et une extrême gauche post-soixante-huitarde qui voyait dans la révolution la

96. Éric Zemmour, *Le bûcher des vaniteux*, *op.cit.*, p.121.
97. Éric Zemmour, *Le suicide français*, *op.cit.*, p.40.
98. Éric Zemmour, *Le coup d'État des juges*, *op.cit.*
99. Patrick Poivre d'Arvor et Éric Zemmour, *Les rats de garde*, *op.cit.*, p.85-86.
100. Éric Zemmour, *Z comme Zemmour*, *op.cit.*, p.12-13.

destruction de la culture bourgeoise »[101]. Il n'hésitera pas à désosser la vente en ligne, tant vantée par nos prétendues « élites européistes » qui « décriront avec une jubilation arrogante ces chaînes de production disséminées dans le monde entier conduisant les pièces détachées venues de partout, et commandées par un ordinateur installé nulle part, [...], avant que ces produits ne retraversent la planète pour être vendus au consommateur anonyme et universel. »[102] On revoit l'analyse dans *Le suicide français* : « le Marché s'emparera sans mal de ces hommes déracinés et déculturés pour en faire de simples consommateurs. »[103]

De telles considérations lui passent au-dessus de la tête lorsqu'il s'agit d'écouler les tirages de son dernier opus, qui plus est sur un site de vente en ligne américain faisant peu de cas des règles fiscales françaises. En effet, il accuse la vente en ligne de tous les maux, mais il n'hésite pas la moindre seconde à recourir à la plateforme Amazon, multinationale américaine par excellence qui paie peu d'impôts en France, pour vendre son livre en avant-première alors qu'il fustige ces entreprises américaines qui recourent à la « concurrence fiscale » entre les pays. Faisons un syllogisme à sa manière : selon Éric Zemmour, l'Union européenne et la mondialisation transformeraient les citoyens en consommateurs ; Éric Zemmour utilise Amazon qui est le symbole du libéralisme ; Amazon réduit les citoyens en consommateurs ; Éric Zemmour veut nous transformer en consommateurs malléables et incultes. CQFD.

Le « gouvernement des juges »

Une autre de ces antiennes consiste à soutenir que les juges auraient pris le pouvoir, usurpant le pouvoir et leurs fonctions, dans un « gouvernement des juges » tout-puissant. Dès *Le coup d'État des juges*, il nourrit l'idée que le juge français aurait « longtemps nourri un complexe d'infériorité »[104], ce qui l'aurait amené,

101. Éric Zemmour, *Le bûcher des vaniteux*, *op. cit.*, p. 138.

102. Éric Zemmour, *Le suicide français*, *op. cit.*, p. 236.

103. *Ibid.*, p. 14.

104. *Ibid.*, p. 66.

progressivement, en quête de « gloire médiatique »[105], à prendre sa revanche sur le politique. Celui-ci est le premier responsable de son « triste sort », puisque « de gauche ou de droite, ils ont hissé le juge sur le pavois »[106]. Le sort funeste du politique, ou l'arroseur arrosé. Aussi, il décrit, tétanisé, la trouille immense que vivrait au quotidien la classe politique à raison de cette « vague sans précédent de pénalisation de l'activité des élus ou des représentants de l'État. Dans le moindre village de France, le plus petit maire ou préfet risque désormais de passer devant un tribunal, comme un vulgaire criminel »[107]. Sous ce déluge de pathos, il laisserait presque penser que leurs jours sont comptés avant qu'un innocent ne soit envoyé au bûcher sans passer par la case prison. Rien n'est plus faux. Le magistrat français ne fait qu'appliquer la loi pénale, qui n'est plus la même que dans les années 50. Mais pour qu'un mensonge devienne vrai, rien de tel que de le répéter. Le répéter. Encore, et encore. Ainsi, l'expression « gouvernement des juges »[108] reviendra, de manière lancinante, pour pénétrer dans la tête du lecteur.

Une fois la machine lancée, difficile de l'arrêter. Le tronc commun de tous ces magistrats, bazardés indistinctement dans le même sac, serait cette « même idéologie droit-de-l'hommiste, qui privilégie les droits de l'individu sur ceux de la Nation, et les droits des communautés sur ceux de l'État républicain »[109]. Aussi, sa métaphore récurrente sera celle d'une religion « droit-de-l'hommiste » : « La Cour européenne des Droits de l'homme était devenue la nouvelle source d'infaillibilité papale »[110]. Et d'affirmer : « Cette nouvelle façon d'imposer le respect des droits de l'homme relève en revanche d'une conception théocratique de la dévolution des pouvoirs qui donne au juge, quel qu'il soit, le rôle central de prêtre d'une religion laïque. »[111]. On la verra donc

105. *Ibid.*, p. 76.
106. *Ibid.*
107. *Ibid.*, p. 135-136.
108. Éric Zemmour, *Le bûcher des vaniteux, op. cit.*, p. 121.
109. Éric Zemmour, *Le coup d'État des juges, op. cit.*, p. 83.
110. *Ibid.*, p. 184.
111. *Ibid.*, p. 170.

à toutes les sauces. Dans *Mélancolie française*, il nous lance : « Le christianisme a été remplacé aujourd'hui par ce que Régis Debray appelle la religion des droits de l'Homme. »[112] Puis, dans *Z comme Zemmour*, il accuse les juges de « prêtres prêchant la morale droits-de-l'hommiste »[113], les textes constituant « la religion des droits de l'homme. »[114] Réflexion qu'il recyclera dans *Un quinquennat pour rien* : « Les droits de l'homme sont la nouvelle religion de ces grands juristes qui se sont arrogés, selon la belle expression du professeur de droit Georges Lavau, une "fonction de type prophétique". »[115]

Et Éric Zemmour de radoter, au fil de ses essais, toujours les mêmes principes et les mêmes jurisprudences. Il est lancé. Par suite, il n'en démordra plus. Dans *Le coup d'État des juges*, selon lui, le Conseil d'État aurait « enfanté » un « droit à l'immigration » sur le fondement de l'article 8 de la Convention européenne des Droits de l'homme qui pose le principe du « respect de la vie privée et familiale de chacun »[116]. Le justiciable, migrant de préférence, n'agit plus seul mais bénéficie de l'aide de multiples associations, SOS Racisme, Gisti et Cimade en tête, qui « forcent » la main des juges « rétifs » ou « ignorants »[117]. Ainsi, il écrivait qu'« en 1980 déjà, le même Conseil d'État avait ainsi autorisé le regroupement familial des Africains polygames »[118]. Les faits seront repris pour être étayés dans *Le livre noir de la droite*, où il prend le soin de narrer « le cas d'un Africain du nom de Montcho »[119] pour nous expliquer que « les enfants de la seconde femme du sieur Montcho recevaient l'autorisation de le rejoindre. Ceux de sa troisième aussi. Et de sa quatrième. Et de toutes les femmes de tous les sieurs Montcho. »[120] Et dans *Destin*

112. Éric Zemmour, *Mélancolie française*, *op. cit.*, p. 224.
113. Éric Zemmour, *Z comme Zemmour*, *op. cit.*, p. 38.
114. *Ibid.*, p. 123.
115. Éric Zemmour, *Un quinquennat pour rien*, *op. cit.*, p. 40.
116. Éric Zemmour, *Le coup d'État des juges*, *op. cit.*, p. 171.
117. *Ibid.*
118. *Ibid.*, p. 80.
119. Éric Zemmour, *Le livre noir de la droite*, *op. cit.*, p. 129.
120. *Ibid.*

français, de nous parler de nouveau de ce « même Conseil [qui] autorisera la polygamie des Africains »[121]. À force de sermons, on serait presque convaincu qu'il existe un droit à la polygamie en France.

En droit, ce constat est aberrant puisque la loi française prévoit l'impossibilité de délivrer une carte de résident ou, le cas échéant, l'obligation de la retirer aux étrangers vivant en situation de polygamie. À ce titre, il était expressément prévu par la loi du 24 août 1993 dite « loi Pasqua » que « la carte de résident ne peut être délivrée à un ressortissant étranger qui vit en état de polygamie ni aux conjoints d'un tel ressortissant. Une carte de résident délivrée en méconnaissance de ces dispositions doit être retirée ». Par ailleurs, l'article 30 de cette même loi interdit le regroupement familial polygamique en France. Par la suite, ce sont les lois du 24 avril 1997 dite « loi Debré » et celle du 11 mai 1998 dite « loi Chevènement » qui poseront comme condition générale à la délivrance de plein droit d'un titre de séjour le fait de ne pas vivre en état de polygamie. Par conséquent, on voit que les propos vindicatifs affirmés et martelés ne souffrent pas d'une simple comparaison avec le droit.

Surtout, la prétendue « hégémonie » du Conseil constitutionnel est l'objet de ses cibles. Avec le sens de la mesure qui le caractérise, il regrette que le Conseil constitutionnel soit « devenu si puissant, qu'il hante les débats parlementaires, et leste les arbitrages de Matignon »[122]. Rien que cela. Et d'honnir ce « temps qui s'entichera de la Cour suprême américaine »[123]. La faute incomberait à Giscard, qui se serait vu « comme un président à l'américaine »[124] et qui « rêvait sans le dire d'une Cour suprême à l'américaine »[125].

Le voile est également l'objet récurrent de ses foudres. Il condamne fermement la décision de Lionel Jospin, alors ministre de l'Éducation nationale en 1989, de ne pas avoir résolu

121. Éric Zemmour, *Destin français*, *op. cit.*, p. 534.

122. *Ibid.*

123. Éric Zemmour, *Destin français*, *op. cit.*, p. 261.

124. Éric Zemmour, *Le livre noir de la droite*, *op. cit.*, p. 103.

125. *Ibid.*, p. 119.

lui-même « la querelle née du foulard islamique de quatre jeunes filles de Creil » et d'avoir réclamé, « indécis, l'arbitrage du Conseil d'État »[126]. Ses essais ne seront que pure redite, comme dans *Z comme Zemmour*: « En 1989, Lionel Jospin est ministre de l'Éducation nationale lorsqu'éclate l'affaire des quatre filles voilées au lycée de Creil. [...] Passe le ballon au Conseil d'État. Qui redonne la balle aux directeurs d'établissements scolaires qu'il laisse décider seuls. »[127] Du début de ses écrits aux derniers, il n'en démord pas, l'affaire du voile lui est restée en travers de la gorge: « Mais l'État tardait toujours à trancher. Lionel Jospin avait fini par demander au Conseil d'État de le faire à sa place. »[128] Il tournera également en rond dans ses fictions: « Tu te souviens des quatre jeunes filles voilées de Creil? J'avais un bon copain au cabinet de Rocard à l'époque. Il m'a raconté que Matignon voulait faire une loi interdisant le voile à l'école. Tout le monde était d'accord. Mais au dernier moment, Rocard a calé parce que, rue de Grenelle, Jospin ne voulait pas d'une loi. »[129] On s'étonnera au passage de voir que celui qui reproche au ministre de l'Éducation nationale d'avoir « jusqu'alors refusé [de] faire voter une loi qui imposera au juge (et aux jeunes filles voilées et aux islamistes qui les manipulent) la rigueur républicaine »[130], de ne pas reprocher à ce même juge d'interdire le voile bleu des religieuses.

Enfin, la même décision de la Cour de justice de l'Union européenne reviendra inéluctablement. Elle concernait un joueur belge, peu connu, Jean-Marc Bosman qui « désirait quitter le Racing Club de Liège, pour une équipe française de deuxième division: Dunkerque »[131]. Comme il l'explique dans *Le Coup d'État des juges*, le paiement d'une prime de formation souleva un litige entre les deux clubs qui « s'acheva devant les juges de Luxembourg. Qui donnèrent raison à Boesman (*sic*) »[132]. La décision

126. Éric Zemmour, *Le coup d'État des juges, ibid.*, p. 79.

127. *Ibid.*, p. 138-139.

128. Éric Zemmour, *Le suicide français, op. cit.*, p. 321.

129. Éric Zemmour, *Petit frère, op. cit.*, p. 158-159.

130. Éric Zemmour, *Le coup d'État des juges, op. cit.*, p. 83.

131. *Ibid.*, p. 205.

132. *Ibid.*

reviendra dans *Z comme Zemmour* où il parle du « fameux arrêt Bosman » où la Cour de justice européenne « interdisait au nom de la liberté du travail en Europe de limiter le nombre de joueurs étrangers dans les clubs européens. »[133] Elle reviendra dans *Le bûcher des vaniteux II* avec cette mondialisation « décidée par le juge européen et le célèbre arrêt Bosman, qui supprimait les frontières dans l'Europe du football »[134] ainsi que dans *Le suicide français* : « Le 15 décembre 1995, la Cour donna raison à Bosman, estimant que les règlements de l'UEFA étaient contraires à l'article 48 du traité de Rome sur la libre circulation des travailleurs dans les États membres. »[135] Un bon filon ne se tarit jamais.

Ses autres analyses : un air de « déjà vu »

Les pages de cet ouvrage ont déjà abondamment couvert ses autres rengaines : les « mâles » seraient devenus des femmes, le « divorce de masse » serait le mal de notre siècle, la « féminisation » d'une profession symboliserait sa perte de pouvoir et enfin, nos « élites » auraient organisé un « grand remplacement », selon ses termes.

De manière lapidaire, on se contentera de dire que la description du « mâle » selon Éric Zemmour nous laisse songeurs[136]. En outre, qu'est-ce qu'un véritable « mâle » ? Doit-il se réduire à ses attributs physiques ? Après des siècles d'évolution, doit-on considérer qu'un mâle c'est un amas de poils, une peau dure comme du roc et une envie de faire la guerre dès son plus tendre âge ? La bassesse de cette question suffit à y répondre.

S'agissant du « divorce de masse », l'affabulation de ses théories a déjà été dénoncée. Elle ne résiste pas à une analyse juridique minutieuse[137].

Concernant la perte de pouvoir des professions qui se « féminisent », on se bornera à répéter ce que nous avons soute-

133. Éric Zemmour, *Z comme Zemmour*, *op. cit.*, p. 182.

134. Éric Zemmour, *Le bûcher des vaniteux II*, *op. cit.*, p. 262.

135. Éric Zemmour, *Le suicide français*, *op. cit.*, p. 390.

136. Voir Chapitre 2 - Le mâle-type selon Éric Zemmour, p. 82.

137. *Ibid.*

nu sur la magistrature : il regrette un « gouvernement des juges » qui auraient pris le pouvoir sur le politique et qui imposerait ses vues. Or, la magistrature compte de plus en plus de femmes. Dès lors, de sa vision, on ne peut tirer qu'une conséquence : les femmes incarnent magnifiquement le pouvoir[138].

Quant à la théorie du « grand remplacement » qui irrigue ses écrits, entre ses diatribes sur les « étrangers inassimilables » et le parfum de « guerre civile » qu'il cherche à répandre, nous avons déjà tout dit[139].

Alors que la sortie de chacun de ses livres suscite des réactions clivantes, hormis Pétain de-ci, le « grand remplacement » de-là, on voit qu'il n'y a rien de nouveau. Toutes les thématiques et exemples ayant déjà été formulées par le passé. À ceux qui nous objecteraient que ce n'est là qu'une sélection *de facto* subjective, on objectera qu'on voit clairement qu'Éric Zemmour n'a pas fait évoluer sa pensée intellectuelle ni ses exemples depuis de nombreuses années. Sa grille est restée la même au fil du temps, quels que soient les événements. Pour un intellectuel prétendument charpenté, ces analyses qui reviennent en boucle, à l'identique, ont de quoi faire frémir. Le manque de nouveauté a de quoi choquer.

La trame étant posée, nous lui offrons de bonne grâce les grandes lignes de sa prochaine fiction, avec la modestie d'avoir été son Cyrano. En effet, on peut facilement imaginer son prochain roman qui verrait se croiser un politique à l'ancienne à la gouaille bien trempée, un amateur de bonne chère, glouton, affriolé à la vue des corps des « négresses » et intimidé par les « bites des noirs », un complice du « grand remplacement ». Un homme de main l'attend durant ses conversations avec des journalistes « bien-pensants » au cours desquelles il traite copieusement les « Arabes » de tous les noms. Un autre homme l'accompagne toujours, une valise de VRP à la main, menottes au poignet, car cette valise contient des liasses de billets, fraîches et

138. Voir Chapitre 1 - Le partisan d'une justice de classe, p. 31.

139. Voir Chapitre 2 - Diffusion de la théorie du « grand remplacement », p. 128.

dans l'ordre, tout juste sorties de la banque. On lui laissera le soin de choisir le nom du Gaulois qui se fera égorger au nom d'Allah ainsi que celui du ministre vieille école qui passera les mallettes pleines de flouze. Il n'y a plus qu'à...

L'art de recycler les mêmes citations

Ses fanatiques zélés, qui n'y verraient que du feu à l'usage intempestif d'une seule et même grille d'analyse plaquée en toutes circonstances, seraient sans doute abusés par ses références culturelles. Dès lors, nous allons les déboulonner, puisque celles-ci sont aussi toujours les mêmes. Ainsi, après avoir réduit à néant sa même grille d'analyse, puis ses références culturelles, il ne restera rien de l'aura prétendument érudite qu'il s'est construite sur la scène médiatique. Mettons à nu cette imposture.

Si, selon la formule bien connue d'Édouard Herriot, « la culture, c'est ce qui reste quand on a tout oublié », alors celle d'Éric Zemmour est gargantuesque. Du Panthéon de la littérature, de toute l'histoire de France, il ne reste qu'une couche superficielle se réduisant à quelques citations. Toujours les mêmes. Pis, il use de cette culture comme d'un vernis, dans un exercice démonstratif purement ostentatoire. Toutefois, ressortir les grandes phrases de l'histoire pour les coller sur des faits contemporains n'est pas gage d'érudition. En effet, la véritable culture c'est d'abord l'assimilation, qui consiste à réfléchir sur notre passé pour se projeter dans le futur, et non seulement balancer des citations à tout-va pour moucher son auditoire. La cuistrerie a ses limites. D'autant plus quand elle se borne à un radotage. Je vous vois. Vous doutez ! Vous ne croyez pas cet intellectuel qui a donné des leçons cathodiques à la France entière et tenu tête à nos intellectuels les plus brillants capable de pareille vilenie ? Très bien. Ne lisez pas la suite. Vous seriez déçu.

Les politiques de tous bords adulent le général de Gaulle. Entre sens de l'histoire et respect de la nation, il n'y a rien d'étonnant à ce que la figure du général fasse l'objet de récupérations, de l'extrême-droite à la gauche, ce qui n'aurait pas manqué d'abasourdir ses illustres opposants, François Mitterrand notamment. Aussi, l'aura du « sauveur de la France » parsème ses écrits, avec une fidèle ritournelle sur quatre citations, qui ponctuent inéluctablement ses récits. Chacune a un usage bien ciblé selon ses thèmes de prédilection.

Aux fins de justifier ses saillies islamophobes, on lit régulièrement depuis *Mélancolie française* que « de Gaulle accordera l'indépendance, pour ne pas voir son village devenir Colombey-les-Deux-Mosquées »[140]. Dans *Le bûcher des vaniteux II*, il nous dit que le général « ne voulait pas que son village devînt «Colombey-les-Deux-Mosquées». »[141] Nous l'avions déjà lu, quasiment avec les mêmes mots, dans *Z comme Zemmour* : « il voulait surtout éviter, en gardant l'Algérie dans la France, que son village ne devînt Colombey-les-Deux-Mosquées »[142]. Comme il le raconte dans *Destin français*, c'est dans la bouche de son père qu'il aurait entendu « pour la première fois que de Gaulle "avait donné l'Algérie pour que son village ne s'appelle pas Colombey-les-Deux-Mosquées". »[143] Il le citera d'ailleurs deux fois dans ce même ouvrage, le général « avait d'abord et avant tout voulu éviter que son village ne devînt "Colombey-les-Deux-Mosquées". »[144] Le calembour lui a plu car il revient dans tous ses essais. Et pour cause, après *Z comme Zemmour*, on le retrouve également dans *Petit Frère*. En effet, au cours d'un dîner entre le narrateur et le (futur) ministre de fiction, Pierre Gaspard lâche : « De Gaulle a donné l'Algérie justement pour ne pas avoir Colombey les deux mosquées »[145]. Les traits d'union ont disparu. Décidément, la fiction permet toutes les audaces. On la verra passer dans *Un quinquennat pour rien* que ce fut parce que de Gaulle « craignait que le dynamisme démographique des populations musulmanes ne transformât son village en "Colombey-les-Deux-Mosquées" qu'il préféra renoncer à l'intégrité du territoire »[146]. On retrouvera à peu de chose près la même phrase dans *Le suicide français* : « [le général de Gaulle] qui aura bradé l'Algérie pour que son village

140. Éric Zemmour, *Mélancolie française, op. cit.*, p. 122.

141. Éric Zemmour, *Le bûcher des vaniteux II, op. cit.*, p. 111.

142. Éric Zemmour, *Z comme Zemmour, op. cit.*, p. 172.

143. Éric Zemmour, *Destin français, op. cit.*, p. 25.

144. *Ibid.*, p. 565.

145. Éric Zemmour, *Petit frère, op. cit.*, p. 37.

146. Éric Zemmour, *Un quinquennat pour rien, op. cit.*, p. 415.

ne devienne pas Colombey-les-Deux-Mosquées»[147]. Sans crier gare, les tirets ont réapparu. Non loin de là, seulement quelques pages plus loin, le jeu de mot revient dans *Le suicide français*, pus plusieurs fois dans le même ouvrage: «On connaît [la] célèbre formule [du général de Gaulle] sur son village qui deviendrait «Colombey-les-Deux-Mosquées"»[148]. Naturellement celle-ci pointera son nez dans son dernier ouvrage, *La France n'a pas dit son dernier mot*: «Le général était aussi l'homme qui donne l'indépendance à l'Algérie pour que son village ne devienne pas "Colombey-les-Deux-Mosquées".»[149]

Sous sa plume, De Gaulle prend facilement les traits d'un virulent islamophobe, rétif à toute pratique de l'islam en France. Vraiment? Pourtant, on l'a déjà dit, cette expression n'a jamais été écrite ni prononcée par le général de son vivant. Ne nous laissons pas abuser de la sorte. L'imposture doit être dénoncée. Aussi, il regrette qu'«aujourd'hui, pour cette phrase, il serait traîné en justice par toutes les associations anti-racistes»[150]. On répondra: encore eût-il fallu que de Gaulle la prononçât.

Mais attendez, il a d'autres citations du général dans sa besace. Dans cette lignée, afin d'instiller l'arôme perfide du «grand remplacement» selon lequel nos «prétendues» élites auraient délibérément le dessein de remplacer les «petits blancs» par une population étrangère, maghrébine et africaine, la rengaine du pays de «race blanche» et de «culture gréco-latine» figure en bonne place. Exhumée dans *Mélancolie française* en 2010: «"C'est très bien qu'il y ait des Français jaunes, des Français noirs, des Français bruns. Ils montrent que la France est ouverte à toutes les races et qu'elle a une vocation universelle. Mais à condition qu'ils restent une petite minorité. Sinon, la France ne serait plus la France. Nous sommes quand même avant tout un peuple européen de race blanche, de culture grecque et latine et de religion chrétienne".»[151] Elle sera recyclée l'année d'après

147. Éric Zemmour, *Le suicide français, op. cit.*, p. 27.
148. *Ibid.*, p. 140.
149. Éric Zemmour, *La France n'a pas dit son dernier mot, op. cit.*, p. 112.
150. Éric Zemmour, *Z comme Zemmour, op. cit.*, p. 172.
151. Éric Zemmour, *Mélancolie française, op. cit.*, p. 247.

en 2011 dans *Z comme Zemmour*: « Nous sommes quand même avant tout un peuple de race blanche, de culture grecque et latine, et de religion chrétienne »[152]. Aurait-il eu moins le temps de lire cette année-là ? Cette prétendue apostrophe posthume réapparaîtra dans *Un quinquennat pour rien* où il estime que Florian Philippot, qui venait de créer le mouvement Les Patriotes, « aurait pu reprendre au mot près la célèbre formule du général de Gaulle[153] Puis dans *Destin français*: « Nous sommes avant tout un peuple de race blanche, de religion chrétienne et de culture gréco-romaine »[154]. On la reverra ensuite dans *Le suicide français*: « [Les jeunes de banlieues dans les années 30] sont tous de confession chrétienne (et les jeunes sont tous autant déchristianisés), de même culture gréco-latine et de race blanche, pour paraphraser la célèbre apostrophe du général de Gaulle »[155]. La boucle ne serait pas complète sans la voir expédiée dans son dernier opus, *La France n'a pas dit son dernier mot*: « c'était la France, "pays de race blanche, de religion chrétienne et de culture gréco-romaine", qui était menacée d'invasion et d'extinction. »[156]

Là encore, la sournoiserie consiste pour le polémiste à ne pas indiquer honnêtement ses sources. Et à ne pas informer le lecteur qu'il s'agit, une nouvelle fois, de prétendues discussions intimes ébruitées par Alain Peyrefitte des années après la mort du Général. Le procédé est le même. À force de marteler cette citation, et de la prendre pour acquise, on serait tenté de penser qu'il s'agit d'une déclaration publique du général de Gaulle. Il n'en est rien.

Afin d'étriller la construction européenne, qui aurait pillé tous les pouvoirs du politique français, il se plaît à radoter la métaphore gaullienne : « La France est le jockey et l'Allemagne, le cheval ». Celle-ci apparaîtra successivement dans *Le bûcher des*

152. Éric Zemmour, *Z comme Zemmour*, *op. cit.*, p. 172.
153. Éric Zemmour, *Un quinquennat pour rien*, *op. cit.*, p. 15.
154. Éric Zemmour, *Destin français*, *op. cit.*, p. 186.
155. Éric Zemmour, *Le suicide français*, *op. cit.*, p. 95-96.
156. Éric Zemmour, *La France n'a pas dit son dernier mot*, *op. cit.*, p. 112.

vaniteux[157] et *Le suicide français*[158]. Seulement deux fois ? Non, comme la précédente citation, elle revient aussi plusieurs fois dans le même ouvrage : « la France était alors, selon l'expression célèbre du général, "le jockey, et l'Allemagne, le cheval" »[159].

Encore une fois, toute lumière doit être faite sur ce martelage en règles. Cette métaphore équestre mérite la plus grande précaution quand on la manie, car comme l'explique Alfred Grosser dans *La politique européenne du général de Gaulle*[160] : « Une citation, mais je le dis entre guillemets parce que l'on n'est jamais sûr des citations rapportées par des journalistes qui disent qu'ils ont eu des témoins, rapporte que dans les rapports franco-allemands, "la France doit être le cavalier et l'Allemagne le cheval" ». Dans les écrits d'Éric Zemmour, ces précisions disparaissent. Pourtant, on peut émettre des doutes sur une citation rapportée par des journalistes, devant des prétendus témoins, que l'on n'a jamais vus. Une sacrée chaîne de transmission. Cela commence à faire beaucoup. D'autant plus quand on sait à quel point le contenu et le sens d'un message s'altèrent et se déforment après un ou deux intermédiaires seulement. Expression inventée ou déformée du général, celle-ci finirait presque par devenir authentique à cause de Zemmour. Nous aussi, répétons-nous. Seriner ne fait pas naître vérité.

Enfin, moins usitée, il apprécie également une de ses reparties, dont il raconte la genèse dans *Petit Frère* : « Après la célèbre conférence de presse de 1967 sur le peuple d'élite, sûr de lui et dominateur, il avait reçu le grand rabbin de France qui lui avait demandé audience et lui avait lancé, superbe : "Si vous voulez me parler des Juifs français, vous êtes le bienvenu ; si vous voulez me parler d'Israël, j'ai un ministre des Affaires étrangères pour ça !" »[161] Origine qui nous sera contée, dans les mêmes termes au sein du *Suicide français* : « On se souvient que le général de

157. Éric Zemmour, *Le bûcher des vaniteux*, *op. cit.*, p. 77.

158. Éric Zemmour, *Le suicide français*, *op. cit.*, p. 59.

159. *Ibid.*, p. 338.

160. Alfred Grosser, « La politique européenne du général de Gaulle » in *Espoir* n°62, 1988.

161. Éric Zemmour, *Petit frère*, *op. cit.*, p. 215.

Gaulle, recevant le grand rabbin de France après les mots fameux de sa conférence de presse de juin 1967 sur le "peuple d'élite, sûr de lui et dominateur", lui avait lancé : "Si c'est pour me parler des Français de confession juive, vous êtes le bienvenu, si c'est pour me parler de mes relations avec l'État d'Israël, j'ai un ministre des Affaires étrangères pour ça." »[162]

Bizarrement, cette citation n'est pas la même lors des reprises. Cela nous amène inévitablement à nous faire douter de son exactitude historique. Dans cette entreprise, le travail de retour aux sources vient confirmer nos doutes puisque, de la conférence de presse, mis à part un communiqué laconique qui ne fait pas état de ces propos, une note manuscrite du grand rabbin exhumée des archives du ministère des Affaires étrangères israélien, n'en fait pas état non plus. La prudence est mère de sûreté.

Pourquoi user et abuser du Général ? Il nous l'explique lui-même : « De Gaulle est le nom qu'il faut glorifier si on veut être invité dans les dîners en ville »[163]. Pour cause, avec toutes ces agapes auxquelles il est convié avec son emploi du temps de ministre, il nous rallierait presque à sa cause[164].

Bien sûr, il n'y a pas que l'ombre du Général. Les grands auteurs du Panthéon de la littérature sont aussi convoqués pour soutenir sa doxa sur le « mâle dominant », notamment son plaidoyer en faveur de la prostitution. Ainsi, on l'a déjà signalé, on peut lire dans *Le Premier sexe* que : « On songe à Casanova et à ses virées dans les bordels vénitiens ou parisiens [...] On songe à Flaubert qui allait jusqu'en Égypte pour goûter aux putes orientales ; à son "fils spirituel", Maupassant, qui faisait venir, rigolard, un huissier de justice au bordel pour certifier ses innombrables "saillies" à un Flaubert incrédule ; à Baudelaire et ses beautés créoles mais non moins tarifées. »[165] De même dans *Le bûcher des vaniteux*, on retrouvera ces mêmes anecdotes croustillantes :

162. Éric Zemmour, *Le suicide français*, *op. cit.*, p. 258-259.

163. Éric Zemmour, *Destin français*, *op. cit.*, p. 544.

164. Voir Chapitre 1 – Un emploi du temps de ministre, p. 23.

165. Éric Zemmour, *Le premier sexe*, *op. cit.*, p. 45.

« Roselyne Bachelot aurait embastillé Casanova qui aurait pu rédiger un guide Michelin des bordels d'Europe ; Flaubert qui allait jusqu'au Caire pour découvrir les prostituées égyptiennes ; Stendhal qui conseillait d'aller voir une "fille de rien" avant de rendre visite à la femme aimée ; Maupassant ou Victor Hugo qui notaient les performances des unes et des autres »[166]. Baudelaire et ses « beautés créoles » ont mystérieusement disparu. Autant dire que si vous n'avez pas aimé ce voyage dans les lupanars de la littérature, vous n'allez pas goûter de le relire, une fois de plus, dans *Le suicide français* : « La société du XIXe corsetait ce romantisme féminin, comme l'a admirablement montré Flaubert dans *Madame Bovary*. Le génial Normand, grand amateur de bordel et de putains, qu'il alla chercher jusqu'en Égypte »[167]. C'en est scellé de la prostitution et des « putains » de Flaubert. Toutefois, on se surprendra à lire, sous la plume de celui qui vilipende le « multiculturalisme », un éloge appuyé duVoici, tourisme sexuel, symbole par excellence de ces « élites hors-sol », selon son vocable, fussent-elles lettrées.

Derrière cette même épopée courtisane, il y a un message implicite. Ceux qui trouveraient cela dégradant pour la femme de vendre ses charmes au premier venu, seraient *illico* dans le camp des opposants à Flaubert. Partant, ces « incultes » seraient contre *Madame Bovary* donc contre les belles-lettres. Voici comment un voyage en terre égyptienne peut conduire à ostraciser certains courants de pensée en les enfermant dans le camp des non-lettrés. Ne soyons pas dupes d'une telle supercherie. On peut apprécier *L'Éducation sentimentale* tout en fustigeant la prostitution au XXIe siècle.

Excepté que ce n'en est pas fini de la littérature. Molière figure en bonne place dans le panthéon des resucées d'Éric Zemmour. Il affectionne de comparer les acteurs et actrices de la vie politique aux personnages du grand auteur. Évidemment, c'est facile, les séducteurs sont des « Dom Juan de Molière »[168] Serge Nedjar, le patron de CNews souffrait « comme l'Avare de Molière

166. Éric Zemmour, *Le bûcher des vaniteux*, *op. cit.*, p. 100.
167. Éric Zemmour, *Le suicide français*, *op. cit.*, p. 101.
168. Éric Zemmour, *Destin français*, *op. cit.*, p. 270.

à qui on a volé sa cassette » [169] à raison des amendes que le CSA lui imposait. Pour taxer l'incompétence des politiques, il les qualifie de Monsieur Jourdain, *Le Bourgeois gentilhomme* d'origine modeste fier d'être devenu riche, qui dépense sans compter pour acquérir les manières des gens de qualité, s'attirant uniquement les railleries de ses maîtres d'armes, de musique et de philosophie. Ainsi, « Todd et Chirac sont comme le bourgeois de Molière : ils font du bonapartisme dans le savoir. »[170] Déjà André Malraux, qui n'était pourtant pas n'importe qui, en prenait pour son grade : « Nouveau Monsieur Jourdain, Malraux faisait du "soft power" sans le savoir. » [171] Lui-même s'auto-affuble de ce sobriquet, mais à son honneur : « Depuis des années, je faisais du Muray sans le savoir. J'étais le bourgeois gentilhomme du murayisme ! » [172] Monsieur se soigne. Tandis qu'« avec ses graphiques, ses courbes, ses chiffrages au milliard d'euros près, Marine Le Pen ressemble parfois à un Bourgeois gentilhomme de l'énarchie. »[173] Par ailleurs, ses opposants idéologiques sont qualifiés de « médecins de Molière ». Il en est ainsi des partisans d'une VIe République, « médecins de Molière » qui « n'ont jamais renoncé » [174] ou, au sujet des réformes de l'école, de ces « pédagogistes [qui] sont à l'école ce que les médecins de Molière étaient à la médecine » [175].

Mais vilipender le féminisme a sa préférence. Les féministes qui réclament une féminisation de la langue française « ne sont que des héroïnes de Molière. Les précieuses ridicules sont de retour »[176] auxquelles « seuls les Trissotin médiatiques et politiques » font « les yeux doux »[177]. « Avec Sarkozy, on était

169. Éric Zemmour, *La France n'a pas dit son dernier mot*, *op. cit.*, p. 327.

170. Éric Zemmour, *Le livre noir de la droite*, *op. cit.*, p. 279.

171. Éric Zemmour, *Mélancolie française*, *op. cit.*, p. 132.

172. Éric Zemmour, « Muray », *in* Jacques de Guillebon et Maxence Caron (dir.), *Philippe Muray*, Paris, Cerf, 2011, p. 121-122.

173. Éric Zemmour, *Le bûcher des vaniteux*, *op. cit.*, p. 324.

174. Éric Zemmour, *Un quinquennat pour rien*, *op. cit.*, p. 273.

175. *Ibid.*, p. 363.

176. Éric Zemmour, *Le bûcher des vaniteux II*, *op. cit.*, p. 94.

177. *Ibid.*, p. 95.

dans *Tartuffe* ; désormais, on joue *Les Précieuses ridicules.* »[178] Aussi adore-t-il fustiger la féminisation par ces bons mots : « *les précieuses ridicules* avaient vaincu *les femmes savantes.* »[179] Il radote dans *Un quinquennat pour rien* : « *Les précieuses ridicules* qui ne sont même pas capables d'être des *femmes savantes* veulent éradiquer la prostitution »[180]. Pas un ouvrage où il ne raille ces « "femmes savantes" du XVIIIe siècle, qui avaient voulu imposer leur goût et leur langage »[181]. Comme dans son dernier ouvrage où il regrette « que *Les Femmes savantes* ne soit transformée en pièce féministe »[182]. Madame de Staël n'y échappe pas et était, selon lui, « une femme savante de Molière »[183] aux yeux de Robespierre. Aucun doute, « on revient ainsi dans le monde de Molière et de ses femmes savantes »[184]. On sera surpris que sous ce déluge de pièces moliéresques, il y ait une grande absente. Qu'est-il advenu de *l'École des femmes* ? À chaque fois, il embobine ses estocades du même vernis, ce qui ne suffit pas à en faire un fervent exemple de « l'assimilation » qu'il revendique tant. Il n'y a pas à dire, avec lui « on se croirait dans une turquerie de Molière. »[185]

Surtout, « en 1982, la France joua l'un des plus grands matchs de l'histoire du football »[186] contre l'Allemagne, nous racontait-il dans *Z comme Zemmour*. La défaite l'a traumatisé. Comme il l'écrit dans *Un quinquennat pour rien* : « Quand j'entends "France-Allemagne", mon pouls s'accélère, mes membres se figent, j'éponge discrètement mon front. Je suis le 8 juillet 1982, à Séville. »[187] Rares sont ses ouvrages où il ne prend pas la peine de raconter la descente aux enfers de ce match. Cela n'est certes pas une faute puisqu'on peut s'accorder sur l'héroïsme des

178. Éric Zemmour, *Un quinquennat pour rien, op. cit.*, p. 81.
179. Éric Zemmour, *Le suicide français, op. cit.*, p. 354.
180. Éric Zemmour, *Un quinquennat pour rien, op. cit.*, p. 161.
181. Éric Zemmour, *Destin français, op. cit.*, p. 213.
182. Éric Zemmour, *La France n'a pas dit son dernier mot, op. cit.*, p. 9.
183. Éric Zemmour, *Destin français, op. cit.*, p. 353.
184. *Ibid.*, p. 491.
185. Éric Zemmour, *Un quinquennat pour rien, op. cit.*, p. 480.
186. Éric Zemmour, *Z comme Zemmour, op. cit.*, p. 124.
187. Éric Zemmour, *Un quinquennat pour rien, op. cit.*, p. 529.

joueurs face à un arbitre corrompu, néanmoins cela devient perturbant lorsque cela vire à l'obsession : « Des larmes qu'on a versées, un soir de juin, à Séville, en 1982, en contemplant le regard hagard et humide de Platini, errant sur le terrain de sa défaite incompréhensible contre l'Allemagne, le maillot sur ses épaules nues. »[188] Dans *Un quinquennat pour rien*, il compare la défaite de l'équipe de France à la bataille de Waterloo, un autre de ses traumas : « Comme les Gaulois d'Astérix ne connaissent pas Alésia, comme on refait inlassablement la bataille de Waterloo »[189]. Il ne faut pas s'aventurer bien loin dans *Destin français*, pour tomber dessus, montrant qu'il n'a pas digéré cette injustice : « La seule peine qui m'avait éploré avait été causée par la défaite injuste et brutale de l'équipe de France de football face à l'Allemagne en 1982, à Séville. »[190] Et que fait-il quand il rencontre Philippe Séguin au déjeuner : « On ressassait sans se lasser chaque minute, chaque action, chaque haut fait du match France-Allemagne de la Coupe du monde de 1982. »[191]

Ses fictions n'y échappent pas. De nouveau, dans *Petit Frère*, il narre « cette douce soirée de juin 1982. La demi-finale de Séville entre la France et l'Allemagne »[192] et « le désarroi de Platini, torse nu, un maillot posé sur l'épaule, errant sur le terrain, le regard morne et vide »[193]. Il livre sa vision du match, dans des termes quasi identiques d'un livre à l'autre. C'est le cas de l'entrée d'un des joueurs de l'équipe allemande. « Mais quand l'Allemand Rummenigge était entré sur la pelouse de Séville, arborant une barbe de trois jours, un collier au ras du cou, un regard métallique du toréador qui toise le taureau, Serge avait senti instinctivement que ce guerrier-là pouvait renverser le sort »[194] écrit-il dans *Petit Frère*. Il est plus spirituel dans son essai *Un quinquennat pour rien* : « Mais depuis l'entrée sur le terrain de Rummenig-

188. Éric Zemmour, *Le bûcher des vaniteux II*, *op. cit.*, p. 251.
189. Éric Zemmour, *Un quinquennat pour rien*, *op. cit.*, p. 529.
190. Éric Zemmour, *Destin français*, *op. cit.*, p. 11-12.
191. Éric Zemmour, *La France n'a pas dit son dernier mot*, *op. cit.*, p. 115.
192. Éric Zemmour, *Petit frère*, *op. cit.*, p. 31.
193. *Ibid.*
194. *Ibid.*

ge, l'espoir avait changé de camp, le combat changé d'âme. »[195] Dans *Le suicide français*, il décrit : « À Séville, Blücher s'appela Rummenigge. Quand rentra le joueur blond à la boucle d'oreille, qui n'avait guère joué pendant la compétition, le combat changea d'âme »[196]. En compilant ses ouvrages, on finirait presque par avoir le déroulement complet du match. Dans *Z comme Zemmour* il narre « l'agression violente commise par le gardien de but allemand Schumacher contre le Lorrain Battiston lors du match de 1982 »[197] à laquelle on aura de nouveau droit dans *Un quinquennat pour rien* : « Lors du fameux France-Allemagne de Séville, le violent gardien allemand Schumacher fut traité de nazi. »[198] Amère consolation, il assassinera l'arbitre ripoux de sa plume, quelques années plus tard : « L'arbitre s'appelait Corver. [...] Corver joua son rôle de traître de comédie, laissant les défenseurs allemands s'essuyer les crampons sur les chevilles de Platini et de Rocheteau, regardant ailleurs lorsque le gardien de la Mannschaft Harold Schumacher transforma le terrain de football en ring de boxe »[199]. Depuis la défaite, Serge, le frère du DJ assassiné dans *Petit Frère*, « visionnait au moins une fois par mois la cassette qu'avait enregistrée son père »[200]. À voir ce match ressassé, se pose une question. Une seule. Est-ce uniquement ce personnage de fiction de *Petit frère* qui vit dans le passé en regardant ce match enregistré, bloqué sur ce match de 1982, qu'il voit défiler en boucle en VHS ? Ou est-ce Éric Zemmour ? Désormais, sa nouvelle antienne est l'équipe « black-blanc-beur », symbole du « multiculturalisme », qui revient dans chacun de ses ouvrages. Mais à cette ritournelle, nous avons déjà consacré une sous-partie. Ne sombrons pas dans son travers qui consiste à radoter au sein d'un même ouvrage.

Nous passerons sur les escarmouches verbales, qui reviennent à l'identique, notamment ce toast grivois : « Dans les

195. Éric Zemmour, *Un quinquennat pour rien*, *op. cit.*, p. 529.
196. Éric Zemmour, *Le suicide français*, *op. cit.*, p. 229.
197. Éric Zemmour, *Z comme Zemmour*, *op. cit.*, p. 125.
198. Éric Zemmour, *Un quinquennat pour rien*, *op. cit.*, p. 517.
199. Éric Zemmour, *Le suicide français*, *op. cit.*, p. 229.
200. Éric Zemmour, *Petit frère*, *op. cit.*, p. 32.

années 1970, Jacques Chirac scandait ses agapes arrosées avec ses compagnons du RPR par la truculente devise des hussards napoléoniens : "À nos femmes, à nos chevaux, et à ceux qui les montent" ! »[201] Celle-ci tapissera chacun des livres qui se référeront à l'ancien président. Ainsi, dans sa biographie, il raconte qu'il a pris goût à « ces soirées arrosées, ces toasts de hussards : «À nos chevaux, à nos femmes et à ceux qui les montent ! » [202] Naturellement, elle reviendra dans la biographie déguisée, à propos du président François Marsac : « On l'a connu macho comme pas deux, tu te rappelles quand il gueulait après les meetings, "à nos chevaux, à nos femmes et à ceux qui les montent" »[203]. Nous notons, et admirons, sa capacité remarquable à se renouveler de livre en livre.

De toute évidence, la défaite de Waterloo a laissé un trauma irréparable. Cependant, est-ce que parce qu'à chaque fois qu'il y a une défaite quelconque, électorale, sportive, on la rapproche de Waterloo, que l'on prouve qu'on a de la culture historique ? On peut en douter. Pourtant, dans sa première fiction, *Le Dandy rouge* annonçait prophétique : « l'heure de son Waterloo est arrivée »[204]. Par la suite, il donne du Waterloo par-ci, du Waterloo par-là : « Waterloo menaçait »[205]. C'est ce qui s'est passé aussi avec « le Waterloo de Lionel Jospin en 2002 »[206] et le « Waterloo électoral »[207] des cantonales de l'UMP en 2011. Des pages y sont consacrées dans *Mélancolie française* : « La défaite de Waterloo, et le traité de Vienne, si admirable aux yeux germanophiles d'Henry Kissinger, nous conduisaient inéluctablement au déclin et à l'histoire tragique du XXe siècle. Seule la victoire de Napoléon aurait pu nous épargner ce désastre. » [208] Il ira même jusqu'à dire : « *Le radeau de la Méduse* est le symbole du déclin français

201. Éric Zemmour, *Le premier sexe, op. cit.*, p. 33.
202. Éric Zemmour, *L'homme qui ne s'aimait pas, op. cit.*, p. 26.
203. Éric Zemmour, *L'Autre, op. cit.*, p. 186.
204. Éric Zemmour, *Le Dandy rouge, op. cit.*, p. 147.
205. Éric Zemmour, *Z comme Zemmour, op. cit.*, p. 57.
206. Éric Zemmour, *Le bûcher des vaniteux, op. cit.*, p. 57.
207. *Ibid.*, p. 84.
208. Éric Zemmour, *Mélancolie française, op. cit.*, p. 108.

après Waterloo. »[209] Dans *Le livre noir de la droite*, Alain Madelin lance à Bruno Mégret « le mot de Cambronne »[210]. Le destin français ne pouvait se passer de « la défaite de Waterloo »[211]. Comme une évidence, la référence émaillera *Le suicide français*, où les références à « la bataille de Waterloo » pullulent au sein du même ouvrage[212] avant que le constat ne soit dressé : « La France semble depuis Waterloo condamnée à l'anachronisme »[213].

Par ailleurs, on sera sidéré de voir que ses références cinématographiques et musicales sont toujours les mêmes. En particulier, on s'étonnera que parmi toutes les richesses du cinéma français, l'un des rares films à retenir son attention fut *Les tontons flingueurs*, dont il s'amuse à citer les répliques, en toute galanterie, dans *Le suicide français* : « "*Pas touche au grisbi, salope !*" »[214] Ne vous inquiétez pas, on y avait droit dès la biographie de Jacques Chirac où Charles Pasqua « tonne, à la manière menaçante d'un Lino Ventura dans *Les Tontons flingueurs* »[215]. Il parlait déjà de « Bernard Blier dans *Les tontons flingueurs* »[216] dans *Z comme Zemmour*. Dans *Le bûcher des vaniteux II*, on aura droit à l' « une des scènes d'ouverture du célèbre film *Les Tontons flingueurs* »[217]. Pour peu qu'on ait lu *Un quinquennat pour rien*, on aura entendu parler des « célébrissimes *Tontons flingueurs* »[218] et pour cause, ça c'était « un monde d'hommes comme dans *Les tontons flingueurs* »[219]. Ah, « dans *Les Tontons flingueurs* »[220]... Serait-il comme Pierre Bédier dont il parle dans *La France n'a pas*

209. *Ibid.*, p. 125.
210. Éric Zemmour, *Le livre noir de la droite*, *op. cit.*, p. 24.
211. Éric Zemmour, *Destin français*, *op. cit.*, p. 161.
212. Éric Zemmour, *Le suicide français*, *op. cit.*, p. 25 et p. 153.
213. *Ibid.*, p. 401.
214. *Ibid.*, p. 359.
215. Éric Zemmour, *L'homme qui ne s'aimait pas*, *op. cit.*, p. 194.
216. Éric Zemmour, *Z comme Zemmour*, *op. cit.*, p. 203.
217. Éric Zemmour, *Le bûcher des vaniteux II*, *op. cit.*, p. 126.
218. Éric Zemmour, *Un quinquennat pour rien*, *op. cit.*, p. 155.
219. *Ibid.*, p. 215.
220. *Ibid.*, p. 226.

dit son dernier mot, qui « connaît par cœur les répliques des *Tontons* flingueurs et ne rate jamais une occasion de les déclamer pour amuser la galerie »[221] ? Dans son dernier bouquin, il finira par confesser : « la vie n'est pas une suite de scènes des *Tontons flingueurs* »[222]. Sur ce point, on ne peut que lui donner raison.

À ses fervents supporters qui crieraient à l'escroquerie, à la sélection, on prouvera notre bonne foi en ayant passé sous silence d'autres redites, notamment sa marotte pour le vieil adage « À Rome, fais comme les Romains » qu'on voit dans *Mélancolie française*[223], dans *Le bûcher des vaniteux*[224], dans *Z comme Zemmour*[225], *Le Suicide français*[226], en variante dans *Destin français*: « À Rome, on fait comme les Romains »[227].

Il adore aussi les paroles que Jean-Marie Le Pen avait lancées dans l'hémicycle: « «*Ave Caesar, morituri te salutant*», s'écrie-t-il à la tribune de l'Assemblée, soignant comme toujours ses effets oratoires. »[228] Cri que les gladiateurs lançaient à l'Empereur avant de combattre dans l'arène. Souvent en latin, comme dans *La France n'a pas dit son dernier mot*: « *Ave Cesar, morituri te salutant*, une fois encore. »[229] Mais il finit par nous en donner la traduction dans *Destin français*: « *Ave César(s)*, ceux qui vont mourir te saluent. »[230] Le moins qu'on puisse dire, c'est qu'avec tous ces gladiateurs dans l'arène, le pugilat va être sanglant.

On trouve encore « *the right man at the right place* ». De qui parle-t-il en disant cela? Le président de fiction François Marsac est « *the right man at the right place* »[231]. « Pierre Cauchon

221. Éric Zemmour, *La France n'a pas dit son dernier mot, op. cit.*, p. 260-261.
222. *Ibid.*, p. 208.
223. Éric Zemmour, *Mélancolie française, op. cit.*, p. 234.
224. Éric Zemmour, *Le bûcher des vaniteux, op. cit.*, p. 91.
225. Éric Zemmour, *Z comme Zemmour, op. cit.*, p. 23.
226. Éric Zemmour, *Le suicide français, op. cit.*, p. 324.
227. Éric Zemmour, *Destin français, op. cit.*, p. 18.
228. Éric Zemmour, *Le livre noir de la droite, op. cit.*, p. 196.
229. Éric Zemmour, *La France n'a pas dit son dernier mot, op. cit.*, p. 197.
230. Éric Zemmour, *Destin français, op. cit.*, p. 37.
231. Éric Zemmour, *L'Autre, op. cit.*, p. 73.

est *the right man at the right place.*»[232] Mais aussi Choderlos de Laclos « est *the good man at the right place* de cette époque anglophile. »[233] On remarque que ça fait beaucoup de *good men at the right place.* Prennent-ils un ticket ?

On passe rapidement sur ces copier-coller flagrants que sont les annonces de Jacques Chirac. La parole au *Premier sexe*: « Après sa réélection en 2002, le président Chirac a présenté ses trois priorités : plan contre le cancer, plan pour les handicapés, et plan contre la mortalité sur les routes ! Objectifs dignes d'un président de conseil général ! »[234] Dans *Un quinquennat pour rien*: « Une fois réélu, il présenta les trois grandes priorités de son mandat : la lutte contre les accidents de la route, le cancer et l'insertion des handicapés. Des priorités de président... de région. »[235] Dans *Le suicide français*: « En 2002, à peine réélu, le président Chirac annoncera les trois priorités de son quinquennat qui s'ouvrait : lutte contre le cancer, lutte contre l'insécurité routière et insertion des handicapés ; des objectifs dignes d'un président de conseil général. »[236] Par courtoisie, on ne s'étendra pas dessus.

À ceux encore qui seraient admiratifs de ses fulgurances, on vient de voir que celles-ci sont toujours les mêmes. Une leçon de cuistrerie, ou comment, à partir de quelques citations, on peut bâtir une carrière prolixe d'intellectuel. Ce charpentage culturel nous laisse pantois. En soi, recourir toujours aux mêmes exemples n'est pas un délit mais cela interroge, quand on se prétend cultivé. On se contentera de citer à notre tour Voltaire : « L'art de la citation est l'art de ceux qui ne savent pas réfléchir par eux-mêmes ». Surtout, ce radotage conjugué avec une grille d'analyses qui revient en boucle a de quoi faire naître des doutes sur l'érudition du personnage. À force de tourner dans son bocal, le poisson doit avoir le tournis...

232. Éric Zemmour, *Destin français*, *op. cit.*, p. 117.

233. *Ibid.*, p. 268.

234. Éric Zemmour, *Le premier sexe*, *op. cit.*, p. 114-115.

235. Éric Zemmour, *Un quinquennat pour rien*, *op. cit.*, p. 368.

236. Éric Zemmour, *Le suicide français*, *op. cit.*, p. 342.

Nous ne croyons donc pas que recycler toujours les mêmes analyses assorties des mêmes citations soit le propre d'un intellectuel structuré. Mais, plutôt, d'un imposteur. Les fondations de son édifice reposent sur une paille. À mettre d'urgence entre les mains de ceux qui soutiendraient mordicus que l'intellectuel a une culture hors pair.

L'art de recycler ses bonnes pages : deux biographies de Chirac pour le prix d'une

L'homme qui ne s'aimait pas est une biographie, plutôt savoureuse, de Jacques Chirac à contre-courant des canons habituels peignant un homme qui, malgré ses succès, était « un aventurier qui revient toujours. Un insoumis qui finit toujours par se soumettre. Un rebelle de carte postale. »[237] On y apprend quelques potins truculents sur l'ancien maire de Paris, notamment qu'il était horripilé par la culture française au sens des humanités. En raison de son exécration pour le « génie français de la littérature associée à la conversation »[238], qui lui rappelait « ses manques et ses complexes »[239], il s'était forgé une culture orientaliste hors pair qui lui permettait « d'en remontrer au plus brillant faiseur parisien »[240], domaine d'excellence où il y avait peu de concurrence, ce qui lui permit de « briller sans risque d'être contredit »[241]. Aussi, quelle ne sera pas la joie du lecteur qui a apprécié cet ouvrage que… de le lire en double ! En effet, la fiction est le terreau idéal pour Éric Zemmour de recycler ses meilleures anecdotes distillées dans son ouvrage consacré à Jacques Chirac. Ainsi, on remarquera que les facettes attachantes de François Marsac, le président de *L'Autre*, sont un pâle copier-coller de celles de Chirac dans *L'homme qui ne s'aimait pas*. Pourquoi se priver de faire d'une pierre deux coups ? Comme on dit sur les marchés, « deux pour le prix d'un ». Somme toute, ce serait dommage de gâcher.

237. Éric Zemmour, *L'homme qui ne s'aimait pas*, *op. cit.*, p. 11.

238. *Ibid.*, p. 58-59.

239. *Ibid.*

240. *Ibid.*, p. 59.

241. *Ibid.*

Et puis, comme on se plaira à citer Lavoisier, « rien ne se perd, rien ne se crée, tout se transforme »[242]. Prouvons-le par les mots.

D'emblée, la phénoménale mémoire de François Marsac qui devait « sa mémoire formidable acquise jadis avec les fables de la Fontaine »[243] acquise dès son enfance, n'est pas sans rappeler celle de Chirac, qui dès l'âge de quatre ans était « obligé d'apprendre par cœur les fables de La Fontaine »[244]. À des mères en pâmoison qui cédaient tout à leurs chérubins, seule la menace de la rouste par le père suffisait à calmer le petit. Ainsi, les deux femmes menaçaient : « Si tu continues, je vais le dire à ton père »[245] qui deviendra « si tu continues, François, je vais le dire à ton père »[246]. Ces pères autoritaires se lamentaient que leurs fils fussent des fumistes, « Mon fils est devenu un glandeur ! Un glandeur ! »[247] tonnera papa Chirac, quand papa Marsac lui fera écho : « Un glandeur, mon fils est un glandeur. »[248] Aussi, ils avaient décidé de leur avenir, « ce sera Polytechnique ou rien » avait décrété le père Chirac[249]. « Il fera polytechnique », répétera, souverain, le père Marsac[250]. Voué aux plus hautes écoles, les deux hommes ont parcouru le même chemin : « Sciences-Po, ENA, Chodron de Courcel »[251] pour l'un, Mitron de Volnay pour « L'Autre »[252], malgré quelques iconoclasmes adolescents, notamment une fascination commune pour le « mahatma Gandhi »[253] que Jacques et

242. Citation apocryphe.

243. Éric Zemmour, *L'Autre, op. cit.*, p. 92.

244. Éric Zemmour, *L'homme qui ne s'aimait pas, op. cit.*, p. 15.

245. *Ibid.*, p. 14.

246. Éric Zemmour, *L'Autre, op. cit.*, p. 49.

247. Éric Zemmour, *L'homme qui ne s'aimait pas, op. cit.*, p. 16.

248. Éric Zemmour, *L'Autre, op. cit.*, p. 87.

249. Éric Zemmour, *L'homme qui ne s'aimait pas, op. cit.*, p. 16.

250. Éric Zemmour, *L'Autre, op. cit.*, p. 89-90.

251. Éric Zemmour, *L'homme qui ne s'aimait pas, op. cit.*, p. 11.

252. Éric Zemmour, *L'Autre, op. cit.*, p. 114.

253. Éric Zemmour, *L'homme qui ne s'aimait pas, op. cit.*, p. 57 ; Éric Zemmour, *L'Autre, op. cit.*, p. 89.

François « admiraient », ainsi que la distribution de *l'Humanité*, selon « l'épisode conté cent fois »[254].

Aussi, les deux suivront des chemins parallèles lors de leurs études et séances de travail. Et ils auront la même attitude. Alors que Chirac était un « insatiable dévoreur de polycopiés et de notes »[255], Marsac sera « obsédé par les fiches de lecture, les polycopiés »[256]. Quand le jeune Chirac remettait ses amis sur le droit chemin lorsqu'ils s'égaraient en divagations, lorsqu'on parlait de filles ou de foot, lors de leurs réunions de travail avec un « Bon, on se met au travail »[257] ou d'un « vous n'êtes pas des gars sérieux »[258], François Marsac les gourmandera : « Bon allez, on travaille »[259].

À ceux qui se demandaient pourquoi François Marsac se faisait surnommer par sa mère, pourtant bien française, « Frankie »[260], la réponse était déjà fournie, mais à propos du compte de Jacques, « sa mère l'a toujours appelé Jacky »[261]. Une mère dont les deux présidents sont restés proches. Pour Jacques, « Jamais un jour qu'il ne la vît, ne lui écrivît, ou ne l'appelât au téléphone, maman »[262], pour François, même avant ses soirées de débauche, « il avait appelé sa maman au téléphone »[263].

Ce n'est pas tout. Fils de provinciaux sans royaume, les deux hommes ont été contraints d'épouser un nom, « un sac »[264] comme on disait dans les romans balzaciens au XIXe siècle. La « famille agacée » de Bernadette, opposée à cette union avec ce

---

254. Éric Zemmour, *L'homme qui ne s'aimait pas*, *op. cit.*, p. 21 ; *ibid.*, p. 31.

255. *Ibid.*, p. 19.

256. Éric Zemmour, *L'Autre*, *op. cit.*, p. 93.

257. Éric Zemmour, *L'homme qui ne s'aimait pas*, *op. cit.*, p. 14.

258. *Ibid.*, p. 20.

259. Éric Zemmour, *L'Autre*, *op. cit.*, p. 93.

260. *Ibid.*

261. Éric Zemmour, *L'homme qui ne s'aimait pas*, *op. cit.*, p. 9.

262. *Ibid.*, p. 10.

263. Éric Zemmour, *L'Autre*, *op. cit.*, p. 174.

264. Éric Zemmour, *L'homme qui ne s'aimait pas*, *op. cit.*, p. 10 ; Éric Zemmour, *L'Autre*, *op. cit.*, p. 114.

« parvenu », « avait confiné les mariés dans la chapelle annexe »[265]. De même, « le père de Geneviève avait refusé d'accompagner sa fille dans « son » église de Sainte-Clotilde. Le curé, gêné, proposa en guise de compromis d'ouvrir l'annexe, justement sise rue Las Cases. »[266] Geneviève, la première dame, et Bernadette Chirac ont toutes deux été obligées de « résumer les livres » que leur « glandeur » de mari découvrit avant l'oral[267]. Les deux altières de l'aristocratie ont également toutes deux misé sur l'ENA pour « remplacer les quartiers de noblesse »[268] que leur époux ne possédaient pas.

Enfin, les deux hommes ont des aptitudes qui les distinguent du commun des mortels. Le don de François Marsac qui consiste à « dire des choses, et de penser en même temps à autre chose, sans que ses interlocuteurs se doutent de rien »[269] n'est pas sans rappeler celui que Claude Chirac a découvert à son père, qui le partageait avec Bill Clinton, leur permettant instantanément d'avoir la réponse aux questions de leurs interlocuteurs, sans avoir à écouter la fin de la réponse. « Un jour, on lui a raconté que Bill Clinton hésitait volontairement avant de répondre aux questions des journalistes, bafouillant, cafouillant, alors que son cerveau avait détecté au laser, dès les premiers mots prononcés, le sujet et les trois réponses possibles. Elle avait découvert avec émerveillement que son père agissait ainsi depuis trente ans. »[270]

Surtout, les deux hommes sont de redoutables tueurs, sous leur gloutonnerie joviale. Toutefois, ils partagent une méthode bien particulière d'éliminer leurs opposants : « Quand je veux tuer, j'embrasse »[271] avoue Chirac, « Moi quand je veux tuer, j'embrasse. Tu peux pas imaginer le nombre de types que j'ai bé-

265. Éric Zemmour, *L'homme qui ne s'aimait pas*, *op. cit.*, p. 10.

266. Éric Zemmour, *L'Autre*, *op. cit.*, p. 114.

267. *Ibid.*, p. 103.

268. *Ibid.*, p. 105.

269. *Ibid.*, p. 17.

270. Éric Zemmour, *L'homme qui ne s'aimait pas*, *op. cit.*, p. 149.

271. *Ibid.*, p. 56.

cotés », complétera Marsac[272]. Que fait donc cette dernière phrase dans *La France n'a pas dit son dernier mot* : « « Quand je veux tuer, j'embrasse », disait Chirac »[273]. Serait-ce le copier-coller de trop ? Il y a là suffisamment matière à comprendre l'esbroufe.

Il remarquait lui-même sa tendance à se répéter, notamment au sujet de la loi imposant le choix de prénoms français. Son constat résonne comme une vérité générale : « J'ai l'impression de radoter. »[274] Bien vu, c'est le cas.

L'utilisation d'un système juridique, médiatique et politique qu'il étrille pour servir ses intérêts

La « mal-pensance » comme fonds de commerce

Contrairement à ce que l'on pourrait penser, personne n'a créé le monstre. Pas ses anciens employeurs au *Figaro*, pas plus que France 2 qui a déroulé le tapis rouge à son idéologie, et les différents médias. Il s'est créé lui-même à partir d'un vide. Chaque bon film a son grand méchant, qui terrorise les innocents, n'a guère de pitié pour les femmes et les enfants, avant de se faire rabattre le caquet par une ligue de justiciers. Comment un tel scénario a-t-il pu dépasser la fiction pour gagner notre vie politique ?

Éric Zemmour n'a cessé de déboulonner François Hollande, lorsqu'il était candidat à la présidentielle, car ce « chéri des médias »[275] n'aurait jamais rompu « le politiquement correct sur l'immigration » [276]. La sentence arriva, un jour, comme un couperet : « Plus politiquement correct qu'Hollande, tu meurs. » Ce n'est là qu'une illustration. Rassurons-nous, ou plutôt inquiétons-nous, il y en a bien d'autres. Après ses envolées racistes contre le « couple Benetton »[277] formé par Christian et Adriana

272. Éric Zemmour, *L'Autre, op. cit.*, p. 312.

273. Éric Zemmour, *La France n'a pas dit son dernier mot, op. cit.*, p. 320.

274. *Ibid.*, p. 272.

275. Éric Zemmour, *Le bûcher des vaniteux, op. cit.*, p. 113.

276. *Ibid.*

277. Éric Zemmour, *Le premier sexe, op. cit.*, p. 45.

Karembeu, « archétype de fantasme politiquement correct du métissage »[278], il brocarde le « conformisme bien-pensant »[279] d'Alain Juppé ; il vilipende « les leçons de morale "politiquement correcte" (*sic*) des grands médias »[280] ; il se lamente des paroles de la chanson *Lily* de Pierre Perret qui « avait tout pour devenir le standard de ce "politiquement correct" à la française »[281], enfin, il s'indigne des slogans « humanistes »[282] du second tour de la présidentielle de 2002 ainsi que des appels à voter contre Jean-Marie Le Pen.

À partir de ce réquisitoire étouffant contre le « politiquement correct », il a échafaudé sa stratégie, par pur antagonisme. La nature a horreur du vide. Dès lors, son créneau était tout trouvé, puisqu'il était vacant : se consacrer au « politiquement incorrect ». Soit occuper le terrain de la « mal-pensance » à tout prix. Peu importe si cela l'amène à mentir effrontément, du moment que cela lui permet de faire parler de lui. Peu importe encore si cela l'amène à user de la brosse à reluire sur des personnes qu'il méprise. Citons-en un exemple parmi d'autres.

Ne rechignant pas à la flagornerie pour servir sa cause et jouer une proximité avec le « chaland » des « bas-quartiers » qu'il ne fréquente guère, Éric Zemmour va jusqu'à réhabiliter la figure de « l'hétéro de base » en buveur de bière, amateur de foot et de voitures et surtout résistant à « l'androgynéité » supposée des mannequins, leur préférant « le gros derrière » de Jennifer Lopez[283]. Ce stéréotype du « macho » pourrait aisément prendre les traits du beauf moustachu de Cabu qui, vissé devant sa télé avec sa canette de binouze, aura fait moins de mondanités dans sa vie entière qu'Éric Zemmour en une journée. Avec cet éloge hypocrite du sympathique « Français de base », il cherche à se donner l'image d'un « intellectuel » qui partage le plaisir de la

278. *Ibid.*

279. Éric Zemmour, *Le bûcher des vaniteux*, *op. cit.*, p. 79.

280. Éric Zemmour, *Le bûcher des vaniteux II*, *op. cit.*, p. 79.

281. Éric Zemmour, *Le suicide français*, *op. cit.*, p. 163.

282. *Ibid.*, p. 466.

283. Éric Zemmour, *Le premier sexe*, *op. cit.*, p. 16-17.

bonne chère et des matchs de foot. Tous les moyens sont bons pour parvenir à ses fins. Les amateurs de vérité sont invités à détourner les yeux.

Imaginons un instant un journaliste qui condamne sévèrement les politiques qui ont mené la France à sa prétendue « décadence ». Pas un essai de sa plume sans qu'il n'étrille ces « élites ». Cependant, malgré la haine viscérale qu'il leur porte, il passe la plupart de son temps avec les politiques, occupe le reste de son temps entre plateaux télévisés et émissions de radio. Enfin, il consacre le reliquat aux dédicaces de ses livres. Pris sur le vif, à utiliser un « système » qu'il passe son temps à déboulonner, on serait bien tenté de lui retourner la politesse et de l'interpeller à la façon d'Hercule Poirot : « Mon Cher, vous seriez vous-même une "élite", si l'on se fie aux termes que vous employez à longueur de temps. Qui plus est, vous êtes des plus médiatiques. Rares sont les semaines où l'on ne relate pas vos tirades pernicieuses. Une question me tracasse. Vous qui ne cessez de leur vouer la plus tenace des haines, ne vous détestez-vous donc pas trop ? » Bien sûr, personne n'y pensera et pour cause, Éric Zemmour a trouvé une méthode qui semple imparable. Mais une fois révélée au grand jour, celle-ci vous fera frémir.

En effet, pour se sortir de ce flagrant délit d'être épinglé à côtoyer « l'ennemi », ou à utiliser les « médias », l'astuce consiste à crucifier sur l'hôtel de la pensée les « élites bien-pensantes » afin de s'imposer comme une « élite mal-pensante ». Anti-orthodoxe, anti-consensuel. Contre le « système ». Impossible de l'attaquer, de le mettre dans le même sac que cette « oligarchie politico-médiatique » qu'il voue au bûcher. Ce vaniteux ne serait pas fait du même moule. Mais il reste un vaniteux malgré tout.

Avec lui la « mal-pensance » a trouvé son héraut. Toute en démesure, la méthode a fait des ravages. Celle-ci repose sur la formule, énoncée en son temps par Léon Zitrone, que tous les commerciaux de France et de Navarre connaissent : « Qu'on parle de moi en bien ou en mal, peu importe. L'essentiel, c'est qu'on parle de moi ! » Autrement dit, toute publicité est une bonne publicité.

L'intéressé reconnaît lui-même ce succès dans son dernier opus : « J'étais devenu ce "polémiste d'extrême-droite multicondamné", dont on ne veut plus prononcer le nom, mais dont on agite le fantôme pour menacer les enfants qui ne veulent pas bien penser. »[284] On croirait presque lire un livre d'Harry Potter où le simple fait de prononcer le nom du grand méchant tétanise chacun. Sous la comparaison anodine, se cache le pire. Car cette fois-ci, il n'est plus question d'une saga à succès de livres pour petits et grands mais de la triste réalité. Tenez-vous prêts.

Partant du constat qu'il y aurait un consensus sur de nombreux sujets, ce qui réduirait à peau de chagrin la matière à polémiquer, Éric Zemmour n'a pas hésité à sauter à pieds joints dans tout le marécage de la « mal-pensance », sans s'attirer toutes les foudres qu'il mériterait. Cette doxa de la « mal-pensance », quelle est-elle ? Elle a été largement abordée dans nos précédents développements : raciste, colonialiste, islamophobe, phallocrate, misogyne, homophobe, guerrière. Faut-il en ajouter ?

Hideuses par nature, ces immondices ne peuvent se parer du masque de la vertu. Pourtant, Éric Zemmour n'a pas hésité à leur faire prendre la plus belle des tournures. L'horreur prendra la forme de la Révolution : « Révolutionnaire parce que réactionnaire »[285]. Mais attention, pas celle de 1789. La révolution version 2021 emprunte des traits différents que celle de mettre une monarchie à terre : la guerre, la colonisation, l'autorité, l'ordre, etc. C'est un métier que de faire passer l'abominable pour ce qui fut un mouvement fondateur de notre histoire.

Cette œuvre de propagande passe par une réhabilitation en règle de personnages plus sulfureux les uns que les autres, dont les éloges dévolus à Pétain étaient loin d'être les seuls. Partisan d'une justice de classe jusqu'au bout des ongles, il ne peut s'empêcher de prendre parti pour les politiques malveillants ou de s'indigner du sort réservé à celui qui commit les pires bassesses. Ces rares moments de compassion pour ces « nababs » hors-la-loi sont d'ailleurs les seules preuves de son humanisme.

---

284. Éric Zemmour, *La France n'a pas dit son dernier mot*, *op. cit.*, p. 15.

285. *Ibid.*, p. 42.

C'est un combat de tous les jours que celui de lutter corps et âme contre la loi, mais uniquement pour les « mieux lotis ». Que de courage ! Ainsi, dans *Le suicide français*, il lave de tout opprobre le président Nixon, en qui il loue « l'homme qui a réussi à sortir l'Amérique du guêpier vietnamien, a engagé ce grand renversement des alliances avec la Chine communiste, et bientôt arrêtera la guerre du Kippour qui risquait de tourner au conflit nucléaire, mais aussi l'homme qui a renversé d'une pichenette Salvador Allende au Chili ». Cet émouvant hommage se termine ainsi : « Cet homme qui incarne la puissance absolue en est réduit à quémander obséquieusement l'indulgence de quelques magistrats qu'il avait nommés. »[286] Sortez vos mouchoirs pour ce grand homme… qui a violé la loi.

Alors qu'on imagine que la « racaille » qui aurait osé piquer un téléphone portable aurait déjà sa tête sur le billot, on voit qu'Éric Zemmour disculpe paisiblement Nixon de toute sa scélératesse. À en croire ces quelques lignes, Nixon passerait pour la brebis dans une histoire où il fut le loup. En effet, l'ancien président américain avait fait truffer le parti démocrate de micros par des plombiers maudits, avait recouru à des financements irréguliers pour sa campagne et obstrué la justice en abusant de son pouvoir, et ce pour servir ses intérêts personnels. On pourra alors penser que ces journalistes consciencieux du *Washington Post*, Bob Woodward et Carl Bernstein, qui ont publié ses révélations, ne sont que des « rats de garde » aux yeux d'Éric Zemmour. Il était peut être normal pour lui que le peuple américain demeurât trompé. Contrairement à Éric Zemmour, toujours prompt à cacher sous le tapis les pires ignominies commises par les malfrats en col blanc, nous ne le pensons pas. De manière salutaire, ce contre-pouvoir a fait son travail. Saluons le travail de ces rongeurs.

Une « victimisation » médiatique : nul besoin de faire taire celui qui n'a jamais cessé de parler

Ce pourfendeur de la « victimisation », qu'il caricature lorsqu'il la perçoit chez ses opposants, n'a jamais de mots assez durs à

286. Éric Zemmour, *Le suicide français*, *op. cit.*, p. 63.

leur égard : « La victimisation féministe est l'argument inlassable de [Ségolène] Royal »[287]. L'ancienne candidate du PS n'est pas la seule à subir ses foudres. Christiane Taubira « se victimise et s'héroïse tout à la fois »[288]. Chaque personne qui se sent lésée, à un moment ou à un autre, a droit à son tombereau d'injures. Les homosexuels et leur prétendu « lobby gay » sont réprimandés pour leur « stratégie de victimisation »[289] qui consisterait à jouer du triptyque satanique : « égalité, compassion, victimisation »[290]. Ou encore les migrants qui « viennent de partout avec un discours victimaire stéréotypé »[291]. On ne s'offusquera pas tout de suite de lire que ces personnes qui fuient la mort soient vulgairement accusées d'user d'un même « discours victimaire », puisqu'il y a plus répugnant. Dans la mesure où cette stratégie de « victimisation », qui consiste à se faire passer pour le petit chaperon alors que l'on est grand méchant loup, Éric Zemmour l'utilise abondamment.

Car c'est une même stratégie de « victimisation » qu'il a savamment déployée, quitte à nous faire prendre des vessies pour des lanternes. Son objectif est de se faire passer pour le rebut médiatique : « L'interdiction d'un adversaire politique est un réflexe démocratique bien connu depuis Saint-Just et son célèbre cri qui inspira la Terreur en 1793 : "Pas de liberté pour les ennemis de la liberté !" »[292] Aussi fourbe que soit le personnage, cette feinte ne doit pas nous abuser. Rétablissons la vérité de ce qui n'est qu'un grossier canular. Sans que cela ne choque plus que cela, son dernier ouvrage ne cesse de faire état d'un hallali qu'il subirait de plein fouet. À le croire, il serait malmené de toute part. On voudrait le faire taire. L'intimider. L'attaquer. Le tuer. Il ferait l'objet de menaces. « Tout le monde » voudrait le réduire à néant. Les tirs viendraient de tous bords : « Je répliquais comme

287. Éric Zemmour, *Le bûcher des vaniteux II*, *op. cit.*, p. 237.
288. Éric Zemmour, *Un quinquennat pour rien*, *op. cit.*, p. 163.
289. Éric Zemmour, *Le suicide français*, *op. cit.*, p. 74.
290. Éric Zemmour, *Le bûcher des vaniteux II*, *op. cit.*, p. 313.
291. Éric Zemmour, *Le bûcher des vaniteux*, *op. cit.*, p. 291.
292. *Ibid.*, p. 203.

je pouvais mais les coups pleuvaient de tous côtés. »[293] Le pauvre ! Mince. Je l'ai plaint trop vite, ce n'était qu'un simulacre. Un de plus. Attendez de lire la suite.

Dans *La France n'a pas dit son dernier mot*, cet éternel persécuté nous livre sa vision de la justice, où il serait condamné par avance par une « omerta » qui plane sur sa tête. Écoutons le récit de ce bourreau qui se prend pour une victime, afin de mieux cerner son délire de persécution. L'inversion des rôles y est exemplaire. Si bien qu'à force de se vêtir des habits du martyr, il parviendrait presque à se faire passer pour le dindon de la farce, alors qu'il n'en est que le bouffon. Levée de rideau pour faire place à cette comédie.

En effet, Éric Zemmour nous livre un récit larmoyant d'une soirée dont il est pourtant le coupable. Revenons sur les lieux du crime : « La plupart des délinquants sont arabes et noirs »[294]. Ainsi lâchée lors d'une émission de Thierry Ardisson, en 2010, cette brillante analyse sociologique attira quelques déboires judiciaires à l'intéressé. Voyons sa vision des choses. Retour sur le plateau : « Une jeune femme noire, Rokhaya Diallo, au regard buté et mauvais, et au verbe coupant comme un silex, m'interrompait sans cesse »[295]. Tout de suite, cette description au scalpel du physique de son interlocutrice nous interpelle. Que n'aurait-on pas entendu si Rokhaya Diallo avait écrit : « Un homme blanc, Éric Zemmour, au regard buté et mauvais, et au verbe coupant comme un silex, m'interrompait sans cesse » ? Un torrent d'injures sur le racisme anti-blanc ? Comme quoi, au XXIe siècle, il est toujours indispensable de préciser la couleur de la peau de ses adversaires politiques. Le simple fait qu'il l'écrive lève toute ambiguïté. Il ne peut y avoir qu'une victime à ce jeu de dupes.

Surtout, lorsqu'il accuse Rokhaya Diallo d'user d'une verve tranchante, allant même jusqu'à lui reprocher son « regard buté et mauvais », il lui donne le rôle de la tortionnaire, afin de

293. Éric Zemmour, *La France n'a pas dit son dernier mot*, *op. cit.*, p. 189.
294. *Ibid.*, p. 126.
295. *Ibid.*, p. 119.

mieux endosser les habits du supplicié. Avec ce récit larmoyant, il se ferait presque passer pour le grand malmené des plateaux télé auprès de ceux qui ne l'ont jamais entendu débattre, éructer, couper la parole à ses adversaires, crier des « c'est faux ! c'est faux ! » lorsque ceux-ci tentent vainement de lui répondre, quand il ne les insulte tout simplement pas. Ou alors, quand il ne les rebaptise pas d'un prénom « français » du calendrier, jugeant que leurs parents ont fauté.

Ainsi, on est stupéfié de lire que celui qui défend les valeurs dites « masculines » de « guerre » et « d'autorité » puisse subir le joug d'une « simple femme », l'empêchant de s'exprimer. D'ailleurs, quand il débat, il n'a qu'un seul but en tête : mettre son adversaire à mort. Comme il le reconnaît lui-même : « J'avais mis au bout d'une pique télévisuelle les têtes des Cohn-Bendit, Attali, et consorts »[296]. Alors voir ce coupeur de tête endosser le rôle d'une victime qui ne pourrait pas en placer une fait doucement sourire. Ses grandes dents de loup se cachent difficilement sous son masque de l'agneau. La stratégie a fait son temps. Mais il fait fi de la réalité. Seule la fin justifie les moyens : Calimero est dans la place. À lui de se « victimiser » pour se faire passer pour le dindon de la farce médiatique. En tirant un trait sur la vérité, il est capable de livrer un récit où il endosse les habits de l'opprimé. Ce manège doit cesser.

L'acharnement dont il ferait l'objet ne se serait pas arrêté aux portes du plateau où il réussit, malgré la prétendue pugnacité de sa contradictrice, Rokhaya Diallo, à ouvrir la bouche. Il aurait pénétré les arènes de la justice. Parce que, figurez-vous que les seules paroles que ce malheureux parvint à prononcer tombèrent sous le coup de la loi. Aussi se retrouva-t-il en position d'accusé. Pauvre agneau. Lui, l'accusateur en chef. Un retournement de situation digne des meilleures pièces. Preuve qui ne saurait mentir que nous sommes bien dans la *Commedia dell'arte*.

Le revoilà, lui qu'on croyait disparu, ce maudit État de droit. Mais où va le monde, je vous le demande, si on ne peut plus clamer haut et fort sa haine sur les plateaux télé. Par pitié,

296. *Ibid.*, p. 7.

laissez-le insulter à son bon gré. On pourrait se croire dans du Zola. *J'accuse...* ! Mais version Éric Zemmour. Alors que l'auteur de *Germinal* dénonçait un verdict scandaleux, celui de l'acquittement du commandant Esterhazy, tout en risquant sa vie en intervenant pour la révision judiciaire de l'affaire Dreyfus, Éric Zemmour revendique un droit à insulter librement Arabes, Noirs, homosexuels, enfants d'immigrés, « bobos efféminés », habitants des métropoles, porteurs de prénoms non français, musulmans et bien d'autres encore. Le combat a changé de camp. Pour une fois, il n'a pas tort : c'était mieux avant. Au moins pour le combat que menaient les « intellectuels ».

Ironie du sort, l'auteur qui ne cesse d'étriller la « racaille » et ses larcins qui gangrènent la société se retrouve plus souvent qu'elle sur le banc des prévenus. Mais pour lui, ce n'est pas pareil, il est la victime d'un grand complot organisé. Dans l'enceinte judiciaire, magistrats et avocats n'eurent qu'un seul but : lui trancher la tête pour le faire taire. Là encore, selon son récit, il ne réussit point à faire entendre sa parole : « La justice ne me demandera pas mon avis »[297]. Naturellement, cette phrase est fausse. Comme tout le reste de l'histoire. En effet, le principe du contradictoire constitue sans doute l'un des principes les plus fondamentaux de toutes nos procédures juridictionnelles (civile, pénale et administrative). Ce principe garantit que les parties ne sont jamais jugées sans avoir été sinon entendues, du moins appelées. L'argument est d'autant plus grotesque venant de la plume de Zemmour que ce principe, qu'il connaît, est consacré par l'article 6 de la Convention européenne des droits de l'homme qu'il voue aux gémonies. De sorte qu'on voit bien qu'il tente de nous embrouiller avec cette esbroufe juridique. Il ment effrontément, pensant que personne n'ira faire l'effort de vérifier la loi. Manque de chance, il est tombé sur un juriste. Qui voit clair dans son jeu. Le mythomane est démasqué. La justice lui a nécessairement demandé son « avis ». Mais, lorsqu'on enfreint la loi, il faut en assumer les conséquences, même si l'on s'appelle Éric Zemmour. Certes, c'est tout bonnement impensable pour celui qui prône une justice de classe et qui se croit au-dessus des lois dévolues

297. *Ibid.*, p. 127.

au commun des mortels, cependant la justice fonctionne ainsi. Ça lui paraît injuste, mais c'est ainsi. Alors, on comprend mieux pourquoi il torpille régulièrement « l'égalité ». Monsieur voudrait être au-dessus.

Pour noyer le poisson et enfermer le lecteur dans son affabulation, il laisse penser que toute la justice se serait liguée contre lui. D'abord la présidente de la juridiction, dont « on devine, bien qu'elle s'en défende, qu'elle est outrée par mes dires. Comment ai-je pu prétendre que "la plupart des délinquants sont arabes et noirs" ? »[298] On se demande d'emblée quelle mouche a piqué cette juge à se formaliser pour si peu. Et de s'interroger sur les raisons pour lesquelles un magistrat, spécialisé dans les infractions de diffamation et autres délits de presse, ne rend pas tambour battant une décision reconnaissant le droit à insulter tout le monde. Cela aurait le mérite de la limpidité.

Plus surprenant encore, notre Calimero constate que tout ce que compte le milieu judiciaire se serait ligué contre lui : « le procureur et les avocates de la partie civile sont à tu et à toi »[299]. Pourquoi tant d'inquiétude ? Il se fait du mauvais sang pour rien si, comme il le dit souvent, le juge français n'est qu'un « pantin sous contrôle d'une cour européenne siégeant à Strasbourg ». Plus encore, il disait au sujet des femmes exerçant la profession d'avocat que l'« on voit au premier coup d'œil que ces métiers – effet ou cause de la féminisation – ont dégringolé les barreaux de l'échelle sociale »[300]. Pas de quoi s'inquiéter donc. Il n'a en face de lui que des « femmes » qui « n'incarnent pas » le pouvoir. Mais, même dénué de « phallus »[301], le fin fond de « l'échelle sociale » de la justice va le faire condamner. Énième preuve que les femmes incarnent le pouvoir. Et que ses analyses sont fausses. Dans tout cela, le plus révulsant est le constat qu'il livre sur sa condamnation : « Mes adversaires ne cesseront plus jamais d'exciper de ma condamnation pour tenter de délégiti-

298. *Ibid.*, p. 126.
299. *Ibid.*, p. 126.
300. *Ibid.*, p. 125.
301. Éric Zemmour, *Le premier sexe*, *op. cit.*, p. 120.

mer ma parole et pour exiger qu'on me fasse taire. »[302] Lorsqu'on répète à longueur de temps sa haine pour ceux qui ne respectent pas l'ordre, on ne peut décemment s'exonérer de sa responsabilité lorsque la justice nous a fait rendre gorge. L'affabulation continue. Et de plus belle. En effet, on aurait pu penser que comme chaque condamné, il allait faire profil bas, réfléchir à la sentence, et se mettre à filer doux. Au contraire, cette condamnation va lui donner du grain à moudre. Et lui servir pour se « victimiser » davantage.

De tout ce qui précède, on serait tenté de penser qu'il n'a plus le droit de s'exprimer. Qu'il ne peut plus ouvrir la bouche. Toujours prompt à en rajouter pour se morfondre dans ce rôle d'éternelle victime des forces « bien-pensantes », il ne pourrait presque plus faire un pas dans la rue sans risquer sa vie. Alors qu'il se fait copieusement insulter, il nous raconte son calvaire quotidien : « Ce n'est pas la première fois que je subis ce type d'invectives. J'ai appris au fil du temps à ne pas rétorquer, à ne pas me retourner, ne pas m'arrêter, à contenir une irrépressible envie de rendre insulte pour insulte, voire coup pour coup – car il y a aussi parfois des coups. À ne pas les regarder, ce serait donner le spectacle attendu à leur téléphone-caméra qui ne les quitte jamais. »[303] Parfois même, les menaces ne sont pas anonymes, comme cet appel qu'il aurait reçu d'Éric Ghebali, l'un des fondateurs de SOS Racisme : « Allo, c'est Ghebali. Tu sais, il faut vraiment que tu arrêtes de raconter toutes ces conneries à l'antenne. Sinon, on va te tuer. »[304] On sait qu'il a pour habitude de mentir. Alors, vrai ou faux ? Jusqu'à preuve du contraire, il est toujours en vie. Aussi inacceptables que soient ces menaces, si elles existent, il n'a pourtant jamais cessé de raconter toutes ces c...

Ce simulacre victimaire ne s'arrête pas au combat judiciaire et à ses insultes proférées à l'encontre « des Noirs et des Arabes ». En effet, il nous conte dans ses derniers ouvrages qu'il serait également réduit au silence dans les médias. En quelques mots : on veut le faire taire. Sur les plateaux télé, on vient de voir

302. Éric Zemmour, *La France n'a pas dit son dernier mot*, *op. cit.*, p. 319.
303. *Ibid.*, p. 319.
304. *Ibid.*, p. 193.

que ce pauvre ladre nous disait déjà, dans le mensonge le plus total, ne pas pouvoir s'exprimer. Il a trouvé récit encore plus larmoyant pour nous émouvoir, et faire perdurer la calomnie. La faute à un épisode fâcheux qui scella sa « descente aux enfers ». Là encore, la savante inversion des rôles et le détournement des faits méritent d'être dénoncés.

Tout serait parti d'un propos qui aurait été mal traduit par un journaliste italien du *Corriere Della Sera* qui a retranscrit « la déportation des immigrés ». Éric Zemmour nie avoir employé le mot « déportation ». Les propos suscitent des frictions avec Cécilia Ragueneau, la directrice de la réaction d'i-Télé. Celle-ci lui reproche d'avoir fait pleurer sa secrétaire qui est sénégalaise. En humaniste qui se respecte, Éric Zemmour lui rétorque, condescendant : « Tu sais, c'est toujours comme ça dans les guerres. Les femmes pleurent. »[305] On reconnaît à ce genre de propos les qualités dignes d'un homme qui prétend un jour diriger le pays. Il conclura l'échange par cette citation de Stendhal : « Ils prennent l'étiolement de leur âme pour de l'humanisme et de la générosité. »[306]. À ceux qui seraient admiratifs de son talent pour débusquer instantanément des citations, on rappellera que celle-ci était déjà prête à l'emploi. Pour cause, il l'avait déjà sorti dans *Un quinquennat pour rien* : « Ils prennent l'étiolement de leur âme pour de l'humanisme et de la générosité. » [307] Puisqu'on vous dit que le recyclage est tout un art. Hélas, ce grand humaniste apprendra de la bouche de son fils le lendemain soir « que la chaîne avait annoncé par un communiqué la fin de l'émission "Ça se dispute" ».[308]

Le coup de grâce viendra de « Corinne ». On connaît sa marotte pour la loi du 11 germinal de l'an XI, voulue par Bonaparte, qui oblige à choisir le nom des enfants parmi les prénoms « français » du calendrier des saints. Son combat est aussi ridicule qu'obsessionnel. Le 13 septembre 2018, c'est Hapsatou Sy, on l'a vu, qui en fait les frais. Selon lui, elle « représentait d'évi-

305. *Ibid.*, p. 197.

306. *Ibid.*

307. Éric Zemmour, *Un quinquennat pour rien*, *op. cit.*, p. 23.

308. Éric Zemmour, *La France n'a pas dit son dernier mot*, *op. cit.*, p. 197.

dence le quota diversité et féminin imposé désormais dans tous les talk-shows télévisés »[309], oubliant alors de préciser qu'il représentait à lui seul le quota de réactionnaires antisémites, racistes, misogynes, phallocratiques et bien d'autres. Thierry Ardisson évoque son altercation avec Rachida Dati à laquelle il avait reproché d'avoir prénommé sa fille Zohra, avant de rappeler qu'il en avait fait de même avec Nicolas Sarkozy pour le prénom de sa fille Julia. Comme quoi, chacun mène les batailles qu'il mérite.

Cédons-lui la place pour qu'il nous raconte ce qu'il se passa: « À ce moment, la jolie jeune femme aux cheveux longs frisottés, que je ne connais pas, lève la main et me lance, sur un ton provocateur, comme si elle me sommait de me dédire ou de l'affronter: "Moi, je m'appelle Hapsatou, moi, vous me le reprochez ?" Interloqué, je lui dis: "Je ne vous reproche rien, mais vos parents ont eu tort." Elle prend la mouche: "Comment voudriez-vous que je m'appelle ?" C'est pourtant surprenant de se sentir blessé face à tant d'élégance et de courtoisie. Soit. Laissons-le apporter le coup de grâce: « Je réponds du tac au tac: "Corinne." »[310] Et voilà, le sort de cette animatrice télé est réglé. Il n'y a plus que le reste de la population qui ne porte pas de prénoms « français » à rebaptiser. Votre serviteur, dont les parents ont allègrement fauté, attend impatiemment sa présidence pour connaître son nouveau prénom.

Revenons sur cet épisode fâcheux. Il est naturel pour Hapsatou Sy de se sentir attaquée et blessée lorsque sa personne même est la cible d'une attaque violente. Qui plus est, lorsque ses parents sont directement mis en cause, sans que l'on puisse rien faire à un état de fait: on se voit attribuer un prénom à la naissance, même s'il est toujours possible de le changer par la suite. Mais on a le droit de respecter le choix de ses parents et de ne pas se faire prendre en grippe pour un choix que d'autres ont fait pour nous. C'est non seulement une erreur pour Éric Zemmour de s'en prendre à une invitée pour un choix qu'elle n'a pas fait, mais c'est aussi une faute que de s'en prendre directement à la mère de cette invitée qui n'est pas là pour répondre.

---

309. *Ibid.*, p. 272.

310. *Ibid.*

Sa délicatesse qui consiste à renommer à tout bout de champ les personnes qui ne portent pas de prénoms français est des plus grotesques et, même si la loi fut édictée par Bonaparte, elle n'exonère en rien ce « rebaptiseur » cathodique.

Maintenant admirons l'art du chasseur de se faire gibier. Car comme à son habitude, de cette incartade blessante pour Hapsatou Sy, il va candidement inverser les rôles, se faisant passer pour la victime. Et arguer au grand complot : « J'ignore qu'Hapsatou Sy a demandé à sa maquilleuse de filmer avec son téléphone l'échange. Elle a donc préparé son altercation avec méthode. Le tout sera diffusé sur les réseaux sociaux par ses soins, bien que le contrat qu'elle a signé avec la production qui l'embauche l'interdise. Elle hurlera à l'insulte, à l'humiliation suprême, déversera des larmes de crocodile sur la "violence" qu'elle a subie. »[311] Brève incartade. Faute d'avoir pu le consulter, nous ne saurons pas si le contrat qu'avait signé Éric Zemmour avec la production l'empêchait d'insulter les convives. Cela aurait simplifié le débat. En tout état de cause, il y a de quoi rester interloqué. Hapsatou Sy, renommée en direct sur le plateau, malmenée pour le choix de ses parents, est dépeinte en vengeresse masquée. De qui se moque-t-il ? Il cherche à se faire passer pour le grand perdant de l'humiliation qu'il a infligée à la jeune femme : « Au *Figaro*, la Société des journalistes demande mon licenciement. À *RTL*, la rédaction exige mon renvoi. »[312] Voici le grand retour de Calimero. On connaissait l'arroseur arrosé, mais pas cette nouvelle figure. L'arroseur arrosé qui tente de faire croire qu'il n'a pas arrosé. On en sort confus. Ça tombe bien, c'est le but. Nous aveugler par le retournement de situation et faire passer ses agressions verbales pour un acharnement contre sa personne. Ne soyons pas dupes.

Désormais, c'est l'heure des comptes. Faisons le bilan. Voyons ce journaliste que tout le monde veut faire taire. Juges, avocats, associations, médias, adversaires politiques. Selon ses mots, c'était à peine s'il peut ouvrir la bouche sur un plateau, mais désormais c'est le pompon : plus personne ne veut l'inviter, il est licencié de ses propres émissions, viré comme un malotru

311. *Ibid.*, p. 273.

312. *Ibid.*

de sa rubrique radiophonique, il ne peut plus s'exprimer. Cet individu « mal-pensant » serait pourchassé comme une bête nuisible par des chasseurs : « La machine de propagande tournait à plein régime ; l'unanimité vindicative traquait les mal-pensants ou les rétifs »[313]. C'est sa vision des choses. Uniquement sa vision.

Rétablissons la vérité. Au détour de sa stratégie de « victimisation », la vérité lui échappera comme une fulgurance : « la télévision a été ma rampe de lancement vers la notoriété »[314]. À ce constat s'ajoutent les ventes records de ses livres. Effectivement, ses polémiques ont mis sur un piédestal ses ouvrages qui se vendront comme des petits pains. Il ne crache pas dans la soupe en se réjouissant des « recettes exceptionnelles tirées du succès »[315] du *Suicide français*. Malgré son état des lieux digne d'un souffre-douleur, il est invité puisqu'il fait régulièrement état des émissions télé auxquelles il a participé, des débats houleux où il a croisé le fer avec telle ou telle personnalité. Des futurs candidats à la présidentielle, il est celui qui règne sur les médias toutes catégories confondues. Depuis le début du mois de septembre 2021, les médias déroulent le tapis rouge à Z le Maudit. En grande pompe. Toute malédiction a du bon. On eût connu rebut médiatique plus silencieux. Chaque écrivain qui publie un bouquin rêve d'un tel ostracisme.

Dix heures et cinquante-cinq minutes de temps de parole décomptées par le CSA pour le seul mois de mai 2021. La place accordée à Éric Zemmour par les médias écrase les futurs et potentiels candidats à la présidentielle, Jean-Luc Mélenchon et Emmanuel Macron avoisinent les trois heures. Ces chiffres font rêver. Qui du politique, qui du journaliste, n'a pas rêvé un jour de pouvoir parler onze heures dans les médias sans se faire reprocher une quelconque suprématie médiatique. Cette hégémonie réduit à néant sa stratégie de « victimisation ». Il a beau crier à la curée, avec ses envolées racistes, ses diatribes négationnistes, ses réhabilitations du maréchal Pétain, il fait parler de lui. Surtout pour le pire.

313. Éric Zemmour, *Le suicide français*, *op. cit.*, p. 466.

314. Éric Zemmour, *La France n'a pas dit son dernier mot*, *op. cit.*, p. 126.

315. *Ibid.*, p. 194.

Partant, sa «victimisation» n'est que pur mensonge. Celui-ci n'a que trop duré. Il est vrai que plus c'est gros, plus ça passe. «*Too big to fail*» comme disaient les Américains au temps de la crise des *subprimes*. Il est grand temps d'y mettre fin. Cependant, la méthode est à glisser entre les mains des personnes accusées des pires félonies. Rien de tel que d'inverser les rôles. Et passer du statut de bourreau à celui de victime. Ça passe ou ça casse. Avec le cas Zemmour, c'est passé.

En définitive, il concédera être «devenu un connaisseur averti des chiffres d'audience»[316]. Puis il finira par livrer ce constat en forme de remontrance contre les journalistes indignés par ses propos, qui sonne comme un aveu: «j'ai tout prémédité pour faire le "buzz". Je suis un habitué.»[317] On est alors tenté de lui retourner le compliment qu'il adressa jadis à la «ligue» du «politiquement correct»: «*bien creusé, la taupe!*»[318]

Le LR et le FN: le beurre et l'argent du beurre

À ce stade, une question sera sans doute venue à l'esprit du lecteur: mais de quel bord politique est Éric Zemmour? S'il va de soi qu'il n'est pas de gauche, est-il de droite ou d'extrême-droite? Nous allons y répondre sans détour. Ou plutôt, nous allons laisser l'intéressé y répondre. Car, à cette énigme, il nous a fourni la réponse, sans que celle-ci ne suscite la moindre réaction. Encore fallait-il le lire avec attention. Mais avant de vous livrer ce Graal, intéressons-nous à son électorat composé de militants des Républicains emplis de mansuétude et de militants du Rassemblement National à «*civiliser*»[319].

Des militants amnésiques ou peu rancuniers

Alors que rien ne trouve grâce à ses yeux au sein du parti Les Républicains, jugeant son action trop molle ou brocardant son absence de ligne politique quand il ne raille tout simplement pas la médiocrité de ses dirigeants, il ne se prive pas de chasser sur

316. *Ibid.*, p. 20.
317. *Ibid.*, p. 273.
318. *Ibid.*, p. 13.
319. Éric Zemmour, *Le livre noir de la droite*, *op. cit.*, p. 26.

ses terres pour la présidentielle. Malgré tout le mal qu'il en dit, sa base électorale se compose en partie des militants LR et pour le reste des électeurs du RN. Si bien qu'on se dit que ces militants font preuve de rares qualités de pardon envers le polémiste qui les a sévèrement éreintés par le passé.

En dépit de leur adoration, les militants LR refusent de voir qu'Éric Zemmour ne propose véritablement rien de nouveau si ce n'est le démantèlement simpliste de quelques lois qui l'obsèdent. Par le passé, les dirigeants LR l'ont convié à prononcer un discours devant leurs militants. Ainsi, le 2 mars 2011, son intervention qui se conclut par les suppressions respectives de l'action pénale pour les associations antiracistes, des lois mémorielles et des lois sur les discriminations, suscite « l'enthousiasme des militants »[320]. La fanfaronnade populiste perdure. Toujours dans le rejet. Et non dans la construction. Aussi, on a du mal à saisir en quoi leur abrogation permettrait de restaurer une quelconque « grandeur de la France ». Cette abolition législative ferait surtout un heureux : Éric Zemmour, qui pourrait alors déverser sa bile en toute impunité, sans avoir à répondre de ses actes devant la justice. Et insulter, encore plus clairement, bon nombre de nos concitoyens, tout en empêchant « la dix-septième chambre du tribunal de Paris de mettre sa lourde patte sur »[321] lui. Qu'attendons-nous donc pour supprimer ces lois et instaurer un droit à la calomnie ?

Il y a plus surprenant encore que la cécité des militants LR sur l'absence de programme d'Éric Zemmour. On s'étonnera que ces derniers, qui n'avaient alors d'yeux que pour leur président tant adoré, Nicolas Sarkozy, n'aient pas tiqué face au torrent de boue que déversait le polémiste sur leur « chéri ». En effet, durant la présidence de Nicolas Sarkozy, Éric Zemmour lui a fortement reproché d'avoir promis le *Kärcher* lors de sa campagne, sans l'avoir passé une fois arrivé au pouvoir, reprenant ainsi cette formule : « «Les gens attendaient le *Kärcher*, ils ne l'ont pas eu », note justement un élu de la droite populaire réélu, Lion-

---

320. Éric Zemmour, *La France n'a pas dit son dernier mot*, *op. cit.*, p. 129.

321. *Ibid.*, p. 20.

nel Luca. »[322] En d'autres mots, une fermeté dans le verbe mais une mollesse dans l'action. Dès lors, c'est à se demander si ces fanatiques du polémiste font soit la sourde oreille, soit preuve d'amnésie, à l'encontre de l'écrivain qui ne mâchait pourtant pas ses mots à l'encontre du président qu'ils avaient élu.

Mais s'il n'y avait que cela. Sans que cela ne les offusquât, il a également proféré les pires attaques contre leur parti. Il a toujours été très virulent, étrillant soit leur ligne politique, soit leurs dirigeants. On rappellera le bilan qu'il livrait du parti, après l'élection de François Hollande, à l'entre-deux-tours des législatives de 2012 : « l'UMP défaite n'a plus de leader naturel ni de programme »[323]. Donc ni ligne politique ni incarnation. « Quand on a de tels amis, on n'a pas besoin d'ennemis ».

Sa rancœur envers le parti de droite est beaucoup plus profonde. Il fait le procès d'avoir, après le général de Gaulle trahi la « souveraineté » en livrant la France aux mains d'une Europe qui a vidé l'État français de ses pouvoirs, reléguant le politique à un rôle « d'expert-comptable public » et le législateur à celui de « traducteur » de directives européennes. Depuis, l'homme politique français ne sert plus qu' à « appliquer les normes édictées à Bruxelles, sous le vigilant contrôle de la Cour de justice de Luxembourg ? »[324]

D'une générosité sans bornes lorsqu'il s'agit de lancer des piques assassines, le journaliste a torpillé les uns après les autres les dirigeants du parti Les Républicains, qui en bons Césars avaient pourtant déroulé le tapis rouge à leur Brutus. Un constat s'impose : il était intime avec les dirigeants de l'UMP. En tout cas, c'est ce qui ressort clairement de ses gueuletons réguliers avec eux. De Claude Guéant qui l'invita à déjeuner au ministère de l'Intérieur sous la présidence de Sarkozy, « venez déjeuner au ministère »[325], à son déjeuner avec Xavier Bertrand

322. Éric Zemmour, *Le bûcher des vaniteux II*, *op. cit.*, p. 244.

323. *Ibid.*, p. 234.

324. Éric Zemmour, *in* Alain Griotteray (dir.), *Une idée certaine de la France*, *op. cit.*, p. 19.

325. Éric Zemmour, *La France n'a pas dit son dernier mot*, *op. cit.*, p. 137.

qui « ressemble très vite à un interrogatoire »[326] en passant par son « déjeuner au Sénat avec Pierre Charon »[327], ancien conseiller durant la campagne présidentielle de Nicolas Sarkozy, où encore de Laurent Wauquiez qui l'a « convié dans un restaurant de la rue du Cherche-Midi »[328], il s'est gavé et moqué des figures de droite.

Car les ripailles n'excluent par les représailles. Ils en prennent tous pour leur grade dans son dernier opus. Xavier Bertrand se serait lui-même tiré une balle dans le pied en lui confiant: « Je sais bien que je n'ai pas le niveau. Mais plus personne ne l'a aujourd'hui. La présidentielle, ce n'est pas un examen, c'est un concours. C'est le niveau des autres qui compte. »[329] Jean-François Copé déguste également : « Je songe que Copé n'a pas de chance ; il a quelque de chose en lui d'indéfinissable qui le rend antipathique même lorsqu'il se veut sympathique, et arrogant même lorsqu'il profère quelque chose d'intelligent. »[330] Laurent Wauquiez, héraut des militants LR, n'est pas épargné: « Wauquiez a le syndrome de l'élève trop brillant qui craint de ne pas avoir de copains dans la cour de récréation à cause de sa supériorité intellectuelle. Il ne se rend pas compte que c'est pire que de l'arrogance. »[331] Quant à Valérie Pécresse, il se contente de transcrire les paroles qu'aurait prononcées Édouard Balladur autour d'un thé: « Ah oui, Pécresse, c'est ça, c'est une imbécile quand même ! »[332] Nous ne savons pas qui a régalé à chaque fois, mais si c'est les LR, le moins que l'on puisse dire, c'est qu'il n'a pas la reconnaissance du ventre. La technique mise en œuvre ne laisse planer aucun doute: assassiner pour se rehausser.

Pourtant, Éric Zemmour pille sans vergogne sur les terres des LR, mais pas n'importe lesquelles. Les plus réactionnaires d'entre eux. En d'autres termes, un électorat conservateur

---

326. *Ibid.*, p. 161.
327. *Ibid.*, p. 262.
328. *Ibid.*, p. 278.
329. *Ibid.*, p. 21.
330. *Ibid.*, p. 160.
331. *Ibid.*, p. 278-279.
332. *Ibid.*, p. 221.

qui, se sentant lésé par l'instauration de la loi sur le mariage pour tous, aurait doucement fulminé sa revanche. Pourtant, tous ceux qui annonçaient l'effondrement de la société, voire de notre civilisation, avec l'instauration d'une loi permettant aux couples de même sexe de se marier, ont eu tort. La suite l'a montré. La société française vit encore. Mais peu importe, avec Zemmour, ces opposants tiendraient « leur candidat »[333]. Le fait qu'il n'ait pas sa carte du parti Les Républicains, ne semble guère les gêner. Ces militants sont accueillants avec ceux qui partagent leur position : abolir le mariage homosexuel. Encore une fois, le rejet pour seul programme. Prenons le risque de nous répéter. La déconstruction ne vaudra jamais la construction. Ce n'est pas de cette futile abrogation dont la France a besoin.

Finalement, à la lecture de ces quelques faits, on sentira l'embarras gagner des militants LR qui ont accueilli à bras ouverts un polémiste qui crachait allègrement sur leur parti et sur leurs dirigeants, tenant des propos encore plus cinglants, n'hésitant pas à taxer leur parti de « club de retraités » lors de ses émissions. Seulement, cela dépasse le cadre de notre analyse qui se cantonne à l'écrit. On s'interrogera alors sur le masochisme qui a poussé ces personnes à inviter un polémiste qui les a plus que malmenées.

Plus choquant encore, son absence de programme apparaît clairement. À chaque rencontre, à chaque discours, il prône l'abrogation, la suppression. Mais où sont ses propositions ? Un président est celui qui doit proposer sa vision de la France. Si celle-ci se limite à détricoter quelques lois mémorielles ou une loi sur le mariage homosexuel, cette absence de hauteur en dit long sur sa stature. Dans une République digne de ce nom, la loi ne doit pas être un chèque en blanc pour insulter à foison son prochain. Même si par le passé, il s'est permis ce genre de « joyeusetés ». Surtout, abolition ne vaut pas législation. Les militants LR, qui se sont fait copieusement éreinter par Éric Zemmour ces dernières années, devraient de toute urgence relire ses propos pour mieux cerner le personnage. Ils ont par le passé montré qu'ils étaient davantage séduits par ceux qui proposaient

333. *Ibid.*, p. 21.

de faire, or, celui-ci ne propose que de défaire. La France aura le président qu'elle mérite. Il est temps qu'elle ouvre les yeux.

Pas de « cordon sanitaire »

Éric Zemmour compte donc sur le soutien de ces militants LR soudés dans le rejet. On l'a vu, il fait un discours devant eux où il prêche ses ritournelles habituelles. Mais ce glouton mange à tous les râteliers. Jamais rassasié, cet appétit vorace remet le couvert devant les militants RN. Quand il ne fait pas des rencontres avec Robert Ménard dans le Sud devant des « Biterrois »[334], il fait des ménages avec Marion Maréchal Le Pen. À ce sujet, un éditorial du *Monde* en date du 2 octobre 2019 intitulé « Zemmour et la haine télévisée » l'a particulièrement agacé et pour cause : « Son discours, prononcé au cours d'un meeting d'extrême-droite organisé samedi 28 septembre par des proches de Marion Maréchal ex-Le Pen, est d'une violence insensée... »[335] On se met de son côté. On a du mal à croire ce journaliste du *Monde*. Comment un écrivain qui fait l'apologie de la guerre, du colonialisme, qui implore la suppression des lois sur les discriminations et revendique un droit à traiter les « Noirs » et les « Arabes » de tous les noms pourrait-il prononcer un discours d'une violence insensée ? Mystère...

Cet affamé mange dans la gamelle des autres pour leur piquer les « classes populaires ». Comme on s'en doute, non pas celles qui votent pour Mélenchon ou Poutou. Celles qui votent RN. Ce qui l'amène à ratisser large, dans l'indifférence la plus totale des électeurs LR qui ont toujours refusé d'être mis dans le même panier que l'électorat RN. Alors que Jacques Chirac n'a jamais voulu entendre parler d'alliance avec le FN, Jean-Marie Le Pen symbolisant « toujours le diable, "l'homme à la droite de Hitler", comme il [aimait] à le plaisanter »[336], Éric Zemmour a toujours rêvé d'une droite commune alliant la droite traditionnelle et l'extrême-droite pour mieux aspirer ses électeurs.

---

334. *Ibid.*, p. 192.

335. *Ibid.*, p. 296.

336. Éric Zemmour, *Le livre noir de la droite*, *op. cit.*, p. 195.

Alors, comment franchir la frontière d'un camp à l'autre sans susciter l'opprobre des militants, ni celle des dirigeants ? Tenir le crayon qui trace la ligne de partage. Ou plutôt la gomme. L'astuce consiste à avancer qu'il n'y a jamais eu de frontière entre la droite et l'extrême-droite, celle-ci n'étant qu'une pure invention de la gauche : « Cette extrême-droite, qui n'est que l'outil tactique utilisé par la gauche pour distinguer entre le bien et le mal, diviser ses adversaires et se maintenir au pouvoir alors qu'elle est minoritaire dans le pays. »[337] En conséquence, s'il n'y a pas de frontière, il n'y a pas plus de « cordon sanitaire ». Voilà qui tombe à merveille pour celui qui n'a pas d'états d'âme.

En l'occurrence, pactiser avec le diable ne lui pose aucun cas de conscience car, comme on l'a vu, il fait partie de ces rares personnes qui ont rapidement passé l'éponge sur les propos ahurissants de l'ancien dirigeant du FN sur « le point de détail » des chambres à gaz, mais également sur ses jeux de mots rances. En fait, cette bienveillance à l'égard de l'intolérable ne surprend guère de la part d'un essayiste qui pouffe de rire en voyant un comédien déguisé en déporté d'un camp de concentration remettre un hommage à un historien négationniste, en admiration devant le soi-disant humoriste qui eut cette brillante idée. Il était même surprenant qu'Éric Zemmour condamnât de tels actes, lui qui fut à l'origine de bien pires diatribes. Il ne cache pas son jeu : « Comme si les électeurs du FN avaient la peste »[338]. Nous ne pensons pas, comme il le suggère, qu'il faille ignorer les électeurs du FN, bien au contraire. Encore faudrait-il les faire sortir de leur xénophobie et pour cela, les éclairer en leur ouvrant les yeux sur la réalité du monde avec laquelle il faut composer, ce que son discours a peu de chances de faire. Peut-être même qu'à l'heure actuelle, c'est la droite radicale qui devrait tisser un cordon sanitaire avec Éric Zemmour ?

Par ailleurs, on est surpris de voir que celui qui ose écrire « la politique n'est pas mon métier »[339], enchaîne les discours devant les militants LR puis du RN. Qu'est-ce que ce serait

337. Éric Zemmour, *La France n'a pas dit son dernier mot*, *op. cit.*, p. 258.
338. Éric Zemmour, *Le bûcher des vaniteux II*, *op. cit.*, p. 164.
339. Éric Zemmour, *La France n'a pas dit son dernier mot*, *op. cit.*, p. 284.

si c'était le cas ? Ferait-il alors des discours devant des militants du NPA ? Que n'avons-nous pas dit là ? Sacrilège ! Il ne considère pas qu'il y ait de cordon sanitaire avec les électeurs du FN, mais il ne manque pas une occasion d'affubler des pires ignominies cette gauche, « qui fait la morale »[340] et qui « portait à la boutonnière la petite main de SOS Racisme et combattait le fascisme avec d'autant plus d'ardeur qu'il était introuvable »[341]. Doit-on vraiment croire de celui qui ose écrire « que si Hitler avait mené à bien son projet d'extermination des juifs, le monde n'aurait pas cessé de tourner et l'humanité de vivre »[342] que le fascisme est introuvable ?

L'imposture doit être dénoncée. Celle-ci consiste à prendre les devants et insulter la gauche de fasciste, avant de se faire éclabousser par l'horreur de ses propos, pour bénéficier d'une figure immaculée. On rappellera que dans son dernier ouvrage, il plaide avec ardeur la cause de Maurice Papon, pour « un procès qui n'aurait jamais dû avoir lieu »[343]. Ce même Maurice Papon, qui lors d'une interview télévisée félicita le journaliste Paul Amar d'être né après « l'époque »[344] des déportations car il aurait sans doute subi le même sort que ses autres victimes, fut, selon Éric Zemmour, « la victime de combats qui le dépassaient »[345]. Quelle est donc cette manie qui le prend à toujours s'apitoyer sur le sort des bourreaux ? Encore une fois, en réhabilitant l'infâme, son obsession pour l'iniquité de la justice rejaillit au grand jour. Alors que les « banlieusards à capuche qui pillent »[346] ne trouveront jamais clémence à ses yeux, il blâme la justice d'avoir condamné ce pauvre clampin qui n'avait fait « que » chapeauter

---

340. Éric Zemmour, *Le bûcher des vaniteux*, *op. cit.*, p. 14.

341. *Ibid.*, p. 57.

342. En se parant des oripeaux de Claude Lévi-Strauss, voir Éric Zemmour, *La France n'a pas dit son dernier mot*, *op. cit.*, p. 105.

343. Éric Zemmour, *La France n'a pas dit son dernier mot*, *op. cit.*, p. 54.

344. Émission Le monde de Léa, TF1, 28 janvier 1997, INA, Maurice Papon à Paul Amar : « Heureusement pour vous, vous n'étiez pas, à l'époque, vous n'étiez pas né, et je vous en félicite d'ailleurs [...] ».

345. Éric Zemmour, *La France n'a pas dit son dernier mot*, *op. cit.*, p. 54.

346. *Ibid.*, p. 281.

des rafles d'innocents vers le camp d'extermination d'Auschwitz. Prison pour le « *dealer* », pardon pour le « rafleur ». Pour toutes ces raisons, cet abolitionniste des crimes les plus graves n'est pas crédible lorsqu'il crie à l'accusation de fasciste qui lui collerait à la peau. Aussi, tente-il de manière cavalière de la refourguer à ses adversaires politiques pour s'en débarrasser, par exemple : « La transmutation de l'adversaire – quel qu'il soit – en horrible fasciste est un classique de la gauche depuis les années 30. »[347]

En dépit de ces évidences, certains affirment benoîtement qu'Éric Zemmour ne serait pas d'extrême-droite. En effet, on constate que certains n'osent pas mettre les mots sur la chose alors que l'essayiste passe son temps à courtiser ses électeurs. Pourtant, la bombe est bel et bien présente dans son dernier ouvrage. On s'étonne qu'elle n'ait pas explosé plus tôt. La voici. Il raconte un déjeuner avec Marine Le Pen, ce qui jusque-là n'est pas une faute, on a encore le droit de déjeuner avec qui bon nous semble. La révélation vient juste après : « Tu es quand même de ma famille politique »[348]. Le mot est lâché. À ceux qui douteraient encore qu'Éric Zemmour soit clairement d'extrême-droite, voilà qu'il écrit noir sur blanc qu'il est de la même famille politique que Marine Le Pen.

Accrochez-vous, il y a encore plus savoureux, mais cela reviendra un peu plus tard dans son dernier ouvrage. Encore une fois, il retrouve Marine Le Pen pour déjeuner. Elle l'attend au fond de la salle, en pianotant sur son téléphone. Là, la présidente du RN lui « offre d'être sur la liste du Rassemblement national, en troisième place »[349]. Que lui répond-il ? Que jamais il ne sera sur une liste RN ? Que jamais il ne sera de mèche avec celle qui lui a fait « honte » à l'entre-deux-tours de la présidentielle ? Qu'il ne sera jamais aux côtés de cette « inculte » ? Que nenni. « La troisième place ne [l]'intéresse pas »[350]. Éric Zemmour voulait la première. Pas un strapontin. C'est ce qui explique qu'il n'a jamais « découragé » deux des proches de Marine Le Pen, Sébastien Che-

347. Éric Zemmour, *Le bûcher des vaniteux*, *op. cit.*, p. 204.

348. Éric Zemmour, *La France n'a pas dit son dernier mot*, *op. cit.*, p. 22.

349. *Ibid.*, p. 283.

350. *Ibid.*, p. 284.

nu et Philippe Olivier, qui le sollicitaient « depuis des semaines pour prendre la tête de la liste »[351].

Mais alors, comment est-il possible, avec toutes ces pièces à conviction, que certains doutent encore qu'Éric Zemmour soit clairement d'extrême-droite ? Lui-même l'écrit. C'est sa « famille ». Il n'a pas découragé les caciques du RN qui lui offraient la tête de liste aux européennes. Il a refusé uniquement car il voulait la première place, sinon rien. Que faut-il de plus pour lever le doute ? Aux derniers aveugles qui ne voudraient pas voir l'évidence, nous livrons cet aveu, qui n'en est pas vraiment un, tant cela semble de notoriété publique : « Une extrême-droite imaginaire qui n'est en vérité qu'une droite patriotique en quête d'ordre et d'un légitime conservatisme, où je me sens bien. »[352] Il n'y a rien à ajouter. Le message est clair.

L'électeur qui a encore des doutes sur son vote doit se rendre à l'évidence. De la part d'un « intellectuel » qui fait régulièrement l'apologie de la guerre, qui loue les mérites du maréchal Pétain sous Vichy, qui réhabilite Maurice Papon condamné pour crime contre l'humanité, qui prend fait et cause pour Nixon qui avait truffé le parti adverse de micros pour ses intérêts personnels, qui se gausse du spectacle montrant un déporté remettre un prix à un négationniste, qui nous dit que le monde n'aurait pas cessé de tourner si Hitler avait mené à bien son projet d'extermination, il faut s'attendre au pire. On vous aura prévenu.

Sa contribution au « coup d'État des juges » : Zemmour le « droit-de-l'hommiste » ?

Désormais, son mantra n'a plus aucun secret pour vous. Il voue aux gémonies les droits de l'Homme et plus encore, les institutions qui lui sont consacrées. Une cible fait régulièrement l'objet de ses attaques : « la jurisprudence de la Cour européenne des droits de l'homme », accusée d'être le « maître », le « vrai souverain », en ce sens que des « juges étrangers dictent sa conduite au gouvernement démocratiquement élu par le peuple français »[353].

351. *Ibid.*, p. 283.

352. *Ibid.*, p. 259.

353. Éric Zemmour, *Le bûcher des vaniteux*, *op. cit.*, p. 121.

Pas plus que le Conseil constitutionnel, le Conseil d'État, la Cour de cassation, la Cour de justice européenne, cette Cour européenne des droits de l'homme n'a droit à ses faveurs, car avec ces autres institutions, elles « corsètent au nom des droits de l'homme la liberté d'action des gouvernements »[354]. Les mots sont forts. Et pesés, car ils reviennent immanquablement au fil de ses ouvrages. Aussi, il n'hésitait pas à en parler dès ses premiers essais, notamment dans *Le coup d'État des juges*, comme le dernier bastion des pires coupables, celle vers laquelle les perfides procéduriers se tournent quand il n'y a plus d'espoir : « Quand la procédure s'avère impeccable, les juges se réfèrent alors à la Convention européenne des droits de l'Homme »[355]. Il décrivait les bas stratagèmes utilisés par ces justiciers « droits-de-l'hommistes » : « Toutes les failles du droit, vétilles policières, lenteurs de la justice, sont habilement utilisées »[356].

Plus précisément, ce défenseur autoproclamé de la « grandeur française » blâme cette juridiction européenne car « chaque Français pourrait désormais attaquer son propre État devant une cour étrangère ! »[357] Pour une fois, sur ce point de droit, il n'a pas tort. On rappellera que, de manière générale, la procédure devant la Cour européenne des droits de l'Homme consiste pour le requérant qui estime que ses droits, garantis par la Convention européenne, ont été violés, à introduire sous certaines conditions une requête, celle-ci étant dirigée contre l'État, partie à la convention. Lorsqu'elle estime qu'une violation a été commise, la Cour condamne l'État et si elle constate que le requérant a subi un préjudice, elle lui accorde une satisfaction équitable, c'est-à-dire une somme d'argent destinée à compenser les dommages qu'il a subis. En raison de ses fureurs régulières, on pensait que tout avait été dit sur le sujet.

Mais alors qu'il ne tarit pas de reproches contre cette Cour, quelle n'est pas notre surprise de constater qu'Éric Zemmour n'hésite pas, on l'a vu plus haut dans cet ouvrage, à l'uti-

354. Éric Zemmour, *La France n'a pas dit son dernier mot*, *op. cit.*, p. 236.

355. Éric Zemmour, *Le coup d'État des juges*, *op. cit.*, p. 170.

356. *Ibid.*, p. 170.

357. Éric Zemmour, *Le suicide français*, *op. cit.*, p. 40.

liser pour sauver sa peau. Comptant sur l'impartialité des juges européens, sur lesquels il a déversé sa haine, il a introduit un recours devant cette Cour tant vilipendée, faisant royalement fi de sa détestation pour cette justice « droits-de-l'hommiste ». Définitivement condamné par la justice française pour ses propos contre les musulmans, il avait notamment vociféré que « les soldats du djihad sont considérés par tous les musulmans, qu'ils le disent ou qu'ils ne le disent pas, comme des bons musulmans, c'est des guerriers, c'est des soldats de l'islam », que « nous vivons depuis trente ans une invasion, une colonisation, qui entraîne une conflagration » ou encore « je pense qu'il faut leur donner le choix entre l'islam et la France »[358]. Rien de bien nouveau sur le fond, vous l'aurez compris. Seulement voilà, ces propos tombent sous le coup de la loi.

Désormais, voilà que le bourreau des droits de l'homme remet son salut entre les mains de cette Cour « hors sol ». Son destin judiciaire est entre les mains de cette justice « européiste » et « droit-de-l'hommiste ». Pourtant, il n'attaquait pas seulement les juges, mais le principe même de cette juridiction : « Les républicains de stricte obédience détestent l'idée même de jurisprudence qui permet aux juges d'interpréter la loi à leur guise »[359]. Restons fidèles à ses propos. En attaquant la France devant la Cour européenne, il laisse le champ libre aux juges européens pour interpréter la Convention européenne, ce qui finit par nous convaincre qu'il n'a rien de républicain. Voilà qui est acté : si l'on se fie à sa grille d'analyse, Éric Zemmour est antirépublicain. Puis, il racontait que « les juges ne statuaient plus au nom du peuple français, mais au nom d'une vérité supérieure, transcendante : les droits de l'homme », et que « la Cour européenne des

358. Cour de cassation, arrêt du 17 septembre 2019, n°18-85.299 pour ses propos tenus lors de l'émission télévisée « C à vous », France 5, le 16 septembre 2016, dans le cadre de la promotion de son livre *Un quinquennat pour rien*. Condamnation sur le fondement de l'article 24 de la loi du 29 juillet 1881 (provocation à la discrimination, à la haine ou à la violence à l'égard d'une personne ou d'un groupe de personnes à raison de leur origine ou de leur appartenance ou de leur non-appartenance à une ethnie, une nation, une race ou une religion déterminée).

359. Éric Zemmour, *La France n'a pas dit son dernier mot*, *op. cit.*, p. 235.

droits de l'Homme était devenue la nouvelle source d'infaillibilité papale »[360]. Avec son recours, espère-t-il en devenir le Messie ?

Aucun doute qu'on peut voir là un magnifique signe de fidélité à ses positions. Un homme de convictions, on vous le dit. Sortir de la Convention européenne des droits de l'homme ? Oui, assurément. Lorsque cela concerne les « innombrables conventions internationales » qui nous « contraignent d'accepter sans mot dire tous ces migrants »[361]. Mais lorsqu'il s'agit de sauver sa pomme, recours *presto* devant la « lie » de la justice. Matraqué de toute part, il apporte modestement sa pierre à cet édifice « droit-de-l'hommiste ». Les droits de l'Homme ? Jamais ! Enfin si, mais que pour lui. « Un pour tous et tous pour un », disaient les mousquetaires. « Un pour tous et tous pour moi », répondrait Zemmour.

Dès lors, sa véritable nature perce sous cette trahison à l'état pur de ses idéaux. On voit alors que l'homme ne s'embarrasse ni d'éthique ni de fidélité à ses engagements pour servir ses plus bas intérêts et se sortir de son pétrin judiciaire. Il est vrai que lorsqu'on brigue les plus hautes fonctions, ça fait tache sur le CV d'avoir été condamné pour « provocation à la discrimination, à la haine ou à la violence ». Mais alors, à ses plus fidèles supporters qui soutiennent que le polémiste serait un homme de convictions et de principes, on demandera : s'il est capable de renier ses convictions pour de si vils desseins, qu'est-ce qui nous garantit qu'il ne trahira pas ses autres principes pour satisfaire ses plus hautes ambitions ?

Ironie du sort, s'il venait à triompher sur les deux tableaux, c'est-à-dire être élu et à remporter son combat judiciaire, ce que nous n'osons espérer, voici le résultat : un président de la République serait alors à l'origine d'une condamnation de la France. Une première. Et du plus bel effet. Ainsi étrillée pour sa violation des droits de l'homme, la France rayonnerait de mille feux. Nul doute qu'avec cela, la « grandeur » française serait res-

360. Éric Zemmour, *Le coup d'État des juges*, *op. cit.*, p. 176.

361. Éric Zemmour, *Le bûcher des vaniteux*, *op. cit.*, p. 292.

taurée. Pour reprendre ses mots, avec lui, la « décadence française » a définitivement trouvé son héraut.

La mue d'un polémiste en candidat à la présidentielle

Une détestation de la population entrée dans les mœurs

Nous faisons donc le constat suivant, pour le moins atterrant : un homme ouvertement raciste, misogyne, islamophobe, antisémite, qui méprise les « classes populaires », prône une justice de classe, déteste les habitants des grandes villes, et autres civilités de ce genre, voudrait devenir le prochain président de la République. Imagine-t-on les railleries venant de l'étranger qui accueilleraient la candidature de cet orfèvre de l'injure raciale qui prétend qu'il y a un « laxisme » judiciaire ? Quelle vertu accorder à celui qui s'érige contre la « transparence » et prône les vertus des fonds occultes pour financer la vie politique ? Est-ce que l'on se rend bien compte de l'embarras dans lequel il nous place, à systématiquement prendre la défense du violeur ou du harceleur de ces dames en justifiant leurs abus cavaliers par la nature virile du « mâle » ? Est-il seulement crédible à vouloir supprimer la Cour européenne des droits de l'homme pour les autres alors que son propre recours y est toujours à l'examen ? Veut-il vraiment restaurer la « grandeur » de la France ou simplement la faire condamner en justice ? Nous sommes confus. Nous Français, nous n'avons peur de rien. Pas même du ridicule. Comment un tel sacrilège a-t-il été rendu possible ?

C'est que la rupture entre les Français et leur président est consacrée depuis les dernières élections présidentielles, où désormais, il est entré dans les mœurs qu'un président puisse librement mépriser une partie de « l'abjecte populace ». De Nicolas Sarkozy qui, au pied d'un bâtiment à Argenteuil, demandait à l'une de ses habitantes : « Vous en avez assez de cette bande de racailles ? Eh bien on va vous en débarrasser »[362], jusqu'aux « gens

362. Déplacement du 25 octobre 2005, Nicolas Sarkozy étant alors ministre de l'Intérieur.

qui ne sont rien »[363] aux yeux d'Emmanuel Macron, en passant par les « sans-dents »[364] de François Hollande, pourtant socialiste, ce mépris semble devenu monnaie courante. Certes, les « petites phrases » ne font pas la grande histoire, mais malheureusement, c'est tout ce que l'on en retient. Non seulement, elles illuminent ce changement d'époque. Pire, les politiques sont réduits à quelques mots, qui sont assassins tant pour leurs cibles que pour leur auteur.

Pourtant, il faut rappeler à Éric Zemmour que le président est le président de tous les Français, et non pas uniquement de ceux qu'il a soigneusement triés sur le volet, parmi lesquels corrompus en col blanc, fervents opposants au mariage homosexuel et antisémites patentés. Qui, on le sait, font l'objet de toutes ses mansuétudes. D'ailleurs, l'article premier de notre Constitution prévoit expressément que la France « assure l'égalité devant la loi de tous les citoyens sans distinction d'origine, de race ou de religion ». C'est dire à quel point celui qui prône le droit à l'insulte, après avoir été définitivement condamné pour incitation à la discrimination et à la haine par la justice française, est trop petit pour le costume tissé par le Général. Épargnons-nous de payer la facture du tailleur, la note serait salée. Et c'est nous qui en ferions les frais.

Un combattant pour redorer le blason de la Nation

« Je défendais la patrie, l'ordre, le mérite, la hiérarchie, l'excellence, l'assimilation. »[365] De quoi parle-t-il au juste ? D'un combat contre des forces ennemies, d'un champ de bataille contre un pays voulant réduire la France à néant ? Non. De ses interventions dans l'émission « On n'est pas couché » sur France 2. Le vocable ne le laissait pas présager, on vous l'accorde. On imaginait déjà la figure du fidèle mousquetaire au service du Roi, nous n'aurons que le provocateur médiatique. Il n'y a rien de tel pour l'hagiographie que l'autoportrait.

363. Discours d'inauguration de la Station F à la Halle Freyssinet, jeudi 29 juin 2017, Paris.

364. Valérie Trierweiler, *Merci pour ce moment*, Paris, Les Arènes, 2014, p. 229.

365. Éric Zemmour, *La France n'a pas dit son dernier mot*, *op. cit.*, p. 41.

La France est morte. Vive la France ! Il voudrait nous faire croire qu'un mouvement de détestation a envahi le pays. Si bien qu'il serait haï par tous ceux que lui déteste : bourgeoisie de gauche, militants « antiracistes » et « droits-de-l'hommistes », financiers « hors-sol », bobos « féminisés », fils d'immigrés, musulmans, etc. La liste est longue. Cela ressort de sa vindicte anti-Mai 68, précédemment citée : « *mépris du peuple, de la France, et de son histoire* »[366]. Dans son rôle d'oracle de malheur, il nous rabâche que la mère patrie est détestée. Plaît-il ? Vous ne la haïssez pas ? Nous non plus. Raison pour laquelle, plus que jamais, il ne faut pas sombrer dans sa propagande réductrice.

Il ne se gêne pas pourtant pour la marteler dans *La France n'a pas dit son dernier mot.* Il nous livre un dialogue avec le président Emmanuel Macron tout droit sorti de son esprit. On connaissait Argan, le personnage hypocondriaque de la pièce de Molière. On vous présente son alter ego contemporain, *L'essayiste imaginaire,* Éric Zemmour. Remarquez, il est toujours plus aisé de converser avec des contradicteurs qui ne sont pas là. Cela offre le loisir de leur faire dire ce qu'on veut, ce qui facilite considérablement la donne. Dans ce mirage de conversation, on peut lire : « Et dans un souffle, il répète comme pour s'en convaincre lui-même : "Si je reprends votre discours, je brise le pays". Je dis : "Il est déjà brisé et pour le reconstruire, il faut tenir un discours de vérité". Il fait mine de ne pas avoir entendu »[367]. Échec et mat. Macron succombe au K.-O. que lui inflige Éric Zemmour. Et voilà une leçon à tirer pour moucher tout adversaire : inventer ses répliques. On perd rarement quand on fait soi-même les questions et les réponses. Sans grande surprise, Éric Zemmour remporte donc haut la main ce débat tiré de son imagination. Que de courage ! Mais laissons de côté la forme, le fond importe plus. Et, avec son idée-fixe sur un pays qui serait « brisé », il propage une fois de plus le parfum de cette « détestation », comme une rengaine lancinante, dont la France serait victime.

Mais pourquoi s'acharner à vouloir insuffler la thèse que la patrie serait haïe ? Chacun devrait s'interroger sur ce point.

---

366. Éric Zemmour, *Le livre noir de la droite, op. cit.*, p. 46.
367. Éric Zemmour, *La France n'a pas dit son dernier mot, op. cit.*, p. 322.

Les Américains, tous unis derrière leur drapeau et la main sur le cœur lorsqu'on chante l'hymne national, doivent bien s'amuser de voir que certains intellectuels français déblatèrent sur l'amour en berne de la nation. Nous les Français, nous ne serions que d'infâmes ingrats, des « antipatriotes » incapables d'apprécier la beauté de la France, que seuls quelques « résistants » auraient le courage de clamer haut et fort.

On voit clair dans le jeu d'Éric Zemmour. Son seul but est de s'imposer comme la seule personne capable de restaurer le blason d'une nation en décrépitude. Si tout cela n'était qu'un jeu... Car oui, cela ne s'arrête pas là. Il pousse le bouchon plus loin : « Mais dans les années 1970, la détestation de la France se double d'une détestation des Français, surtout les plus humbles d'entre eux ; à la haine de la France s'ajoute la haine du peuple français. »[368] Il n'y va pas de main morte, toujours en subtilité et en finesse. Après tout, pourquoi faire dans la dentelle ?

Détruisons cette légende qu'il a lui même construite. La pratique détruit sa théorie. Pour cela, un examen individuel suffit. Si chacun qui lit ces lignes se pose cette question : Est-ce que je déteste la France ? Bien évidemment, la réponse est non. Si vous ne la haïssez pas, il n'y pas beaucoup de chances que votre voisin la haïsse non plus. Cet examen rapide suffit à démonter sa thèse, qui ne tient pas.

Voyons à présent comment celui qui prétend aimer la France, ne fait en réalité que la vouer à sa perte. N'étant pas à une autocongratulation près, celui qui se flatte d'être le justicier des « petites gens », qui les aurait « vengés d'une offense profonde, d'un mépris de caste [que ses interlocuteurs] avaient enduré sans mot dire, à l'instar de cette plèbe d'Ancien régime qui subissait la "cascade de mépris" des aristocrates »[369], est également celui qui méprise ardemment ce « peuple ». En grand nostalgique de cet Ancien régime où l'on était faible avec les forts et fort avec les faibles, on rappellera simplement qu'il est le fervent partisan d'une justice de classe, et, en conséquence toujours prompt à

368. Éric Zemmour, *Le suicide français, op. cit.*, p. 150.

369. Éric Zemmour, *La France n'a pas dit son dernier mot, op. cit.*, p. 192.

pardonner à « l'aristocrate » et à sanctionner le « plébéien ». Mais aussi qu'il toise de haut les bobos, habitants des grandes métropoles, financiers, personnes travaillant dans les services, musulmans, porteurs de prénoms « étrangers », et d'autres encore. À tous ceux qu'il exclut de la « populace », n'allez pas trop vite en besogne avant de lui donner votre « reconnaissance éternelle » dont il se réclame[370]. Mais qu'en réalité, il implore.

À celui qui croit encore que la politique n'est pas son métier, et qui ose écrire : « je défends des idées et des convictions, pas des places » ou qui se targe de grandeur, daignant ajouter qu'il « préfère la grandiloquence à la médiocrité des luttes partisanes »[371], on rappellera que la seule raison pour laquelle il a refusé de figurer sur une liste RN aux dernières législatives européennes était qu'on ne lui en offrait pas la tête, mais une triviale troisième place. De plus, il fait mousser ses discours, tantôt devant les militants LR, tantôt devant les militants RN, qui prouvent, mieux que toute autre chose, que cela fait bien longtemps qu'il est un pro de la politique caché dans les habits d'un polémiste.

En fin de compte, si certains fidèles persistaient à le voir malgré tout comme un héraut de la nation, prompt à restaurer une « grandeur française » perdue, on objectera ceci : « Je me suis vu en Rastignac : "À nous deux Paris". » [372] Alors attention car on le sait depuis Balzac, un Rastignac en veut toujours plus et pour cela, il est prêt à tout.

Donner une existence aux orphelins idéologiques

La nature a horreur du vide. En raison du néant idéologique de la droite conservatrice, incapable de proposer une ligne politique à ses ouailles, les idées d'Éric Zemmour ont donné à toute une partie de la population une existence. Et tant pis si ces idées consistent à livrer en pâture un bouc-émissaire, responsable de tous nos maux. Ce « sang impur », jadis celui des républicains dans la *Marseillaise*, aujourd'hui celui de l'immigré qui souille

370. *Ibid.*

371. *Ibid.*, p. 184.

372. *Ibid.*, p. 7.

notre pays, doit être «purgé». Comment une telle idéologie a-t-elle pu prospérer dans notre République ?

Lorsque Jacky Cordonnier, spécialiste du satanisme, expliquait dans un tout autre registre le mécanisme à l'œuvre chez les esprits fragiles cédant à la tentation démoniaque, il remarquait : « le satanisme peut séduire [les jeunes] parce qu'en réalité, il va leur donner une existence »[373]. Son analyse se transpose à la pensée xénophobe d'Éric Zemmour. En effet, avec sa grille d'analyse reposant sur quelques thématiques, qu'il recycle en toutes occasions, il donne aux personnes qui ne savent plus à quel saint se vouer une lecture de la société prête à l'emploi. Peu importe l'actualité. Tout doit nécessairement entrer dans ce moule. Ces analyses se doublent d'une solution à tous les maux de l'histoire : haro sur l'immigré ! Si ses analyses permettaient de tout expliquer, on se demande bien quel est le rapport entre l'immigration et le mouvement des «gilets jaunes» ? Mais sur ce point, c'est silence radio.

Pire. On a vu qu'il n'hésitait pas à profaner l'histoire pour faire parler les morts afin de proférer les pires outrages, salissant sans vergogne la mémoire du général de Gaulle. Avec ses citations apocryphes bancales qu'il prend rarement la peine de sourcer ou de contextualiser, il va donner à certaines personnes un sentiment de supériorité, l'illusion d'appartenir à une excellence, puisqu'elles auront accès à une culture, à des connaissances que seuls les « meilleurs » possèdent. On fait peu de cas de la réalité, par exemple que de Gaulle n'a jamais dit qu'il ne voulait pas que son village devînt «Colombey-les-Deux-Mosquées». La répétition d'un mensonge à outrance finit par devenir vérité. De cette façon, le partage d'idées à contre-courant par les membres d'une communauté, même si elles sont erronées, leur confère une impression de supériorité sur les autres.

Le ressort est identique à celui décortiqué par Pierre Rosanvallon dans *Le Siècle du populisme*. De manière binaire pour le populiste, la société serait coupée en deux, les bons d'un côté, les mauvais de l'autre. Avec une courte majorité (par exemple

373. Émission « Zone interdite - Au secours ! Mon fils est gothique sataniste », M6, réalisée par Cédric le Gallo et Raoul Seigneur.

51 % des voix à un suffrage), le populiste feint de croire que le reste de la population (dans notre exemple, les 49 % restants) est « l'ennemi du peuple ». Voilà comment avec une courte majorité, on feint d'avoir une unanimité. L'opposant au populiste est non seulement vu comme un « ennemi à abattre ». Mais plus encore, lorsqu'il s'agit d'un « populiste lettré » comme Éric Zemmour, l'adversaire est vu comme un adversaire à « l'inculture crasse » luttant à rebours de l'histoire et de la littérature. Nous pensons qu'il faut défendre avec vigueur une méthodologie implacable pour lutter contre ce fléau. Aussi, il est indispensable de se livrer à un travail minutieux qui consiste à exhumer ses citations, à les vérifier et à les corroborer avec l'histoire de France. À ses fidèles qui ne partageraient pas ce sens du détail, et qui y verraient un subterfuge, on répondra que c'est un comble, puisqu'un travail consciencieux et méthodique est dénigré alors que l'affabulateur sévit en toute impunité. En refusant la contradiction, ils se confortent dans leur position. Nous leur demandons, en toute courtoisie républicaine, de nous laisser vérifier. Nous en reparlerons.

Pour les partisans d'Éric Zemmour, l'illusion est à son comble puisqu'ils ont le sentiment d'être à la fois dans le camp des bons, du « peuple », tout en étant nantis de cette grille d'analyse recyclée et de citations qui leur donnent l'illusion d'une culture, pour s'opposer de toutes leurs forces à leurs ennemis. Qui sont légion.

Le retour des cyniques ou le désenchantement du règne des vertueux

L'attente était grande. Incommensurable : « Il devait tout arranger. Tout pacifier. Tout comprendre. »[374] Autant dire que la vague d'espoir suscitée par la présidence de Barack Obama, qui a soulevé un pays, a traversé l'Atlantique pour gagner nos rivages. « Les Français ont un nouveau président »[375] écrivait Éric Zemmour à ce sujet, pour décrire, avec peut-être un brin de jalousie, l'admiration que lui vouait une majorité de politiques. Une es-

374. Éric Zemmour, *Z comme Zemmour*, *op. cit.*, p. 217.

375. Éric Zemmour, *La France n'a pas dit son dernier mot*, *op. cit.*, p. 91.

pérance qu'il a aussitôt narguée avec sa morgue habituelle, sous son prisme racial sempiternellement ressassé: «[Barack Obama] est intelligent, beau, de gauche, mais sa plus grande qualité s'avère sans conteste d'être noir»[376]. Son emportement habituel n'était pourtant aucunement justifié. Multi-diplômé, université Columbia de New York, faculté de droit de Harvard, enseignant de droit constitutionnel et sénateur, le curriculum vitae doré de ce «noir» n'avait besoin d'aucune caution raciale pour briller. Il se suffisait à lui-même. On ne peut qu'être choqué de voir qu'Éric Zemmour cherche à rabaisser un si brillant parcours par un dénigrement physique, tacle de bas-étage dont il est coutumier. La méthode est toujours la même: rabaisser pour se rehausser.

Toujours est-il que l'espérance était grande. Aussi, quel ne fut pas le désenchantement de certains électeurs de voir que ce président n'avait pas pu résoudre tous les malheurs de sa baguette magique avec ses deux mandats. Quel choc d'apprendre qu'il avait osé donner la mort par drones. Quel désarroi de voir qu'il n'était pas parfait. Pas forcément moins que les autres. Mais pareil. Ce qui dans son cas était pire. Une déception qu'Éric Zemmour ne s'était pas privé de rudoyer: «À son arrivée à la Maison-Blanche, Obama avait juré de mettre une camisole à Wall Street; c'est lui qui s'est couché»[377] ou encore «Depuis la crise de 2008, tous les chefs d'État ont promis de tordre le cou à la finance. Pour se faire élire. Obama d'abord, et puis Hollande. Obama, on a vu. Il ne s'est rien passé.»[378]

C'est oublier de dire que Barack Obama a redressé un pays sinistré. Mais peu importe si les attentes étaient déplacées, trop grandes, que la barre était trop haute. Une part de cette espérance déchue est morte. Alors, la vague qui supplanta l'espoir était à la hauteur de la désillusion. Et au désenchantement des prétendus vertueux, le règne des véritables cyniques prit place. Puisque le premier a échoué à restaurer tous les maux de la société, et tant pis si sa mission était irréaliste, l'électeur désabusé pense n'avoir plus rien à perdre en votant pour un vaniteux, qui

376. *Ibid.*

377. Éric Zemmour, *Le bûcher des vaniteux II, op. cit.*, p. 28.

378. *Ibid.*, p. 221.

ne pourrait sans doute pas faire pire. Celui-ci se trompe. Le pire est toujours possible.

« Il faut raser Marseille ». Quel est donc l'infâme qui osa prononcer ces paroles ? Si vous avez songé un instant à un ancien Premier ministre français, exilé un temps en conseiller municipal à Barcelone et revenu assurer le spectacle à la télévision française, vous avez perdu. « Cet homme atroce »[379] qui proclame ces belles paroles et « qui ne respire que le sang de ses collègues, le carnage et la dévastation »[380], c'est le conventionnel Fréron. Nous sommes en 1793. Comme quoi, en deux cents ans de politique, le vocable n'a guère changé. Que l'on soit à la Convention nationale ou sur BFMTV, les mots sont les mêmes. Et, les solutions dystopiques de nos politiques et leurs phases choc, s'inspirent davantage du cinéma, comme le film *Banlieue 13* où une bombe s'apprête à désintégrer Marseille, à défaut d'avoir mené à bien leurs ambitions lorsqu'ils le pouvaient.

Aujourd'hui encore, à coup de déclarations tonitruantes, on sent le regret d'Éric Zemmour qu'« à défaut de Kärcher, il y avait eu Kouchner »[381]. Le seul sentiment capable d'accueillir ces déclarations, avec fidélité, est la consternation. Il est pourtant évident que ces solutions radicales, directement inspirées de la fiction, n'auront aucune incarnation réelle pour la bonne et simple raison qu'on ne peut pas gentiment « raser » une ville, pas plus qu'on ne peut passer un bon coup de « *Kärcher* » sur une « cité ». En effet, quelle est la traduction politique de ces métaphores ? À ceux qui parlent de « raser » des villes, on conseillera de regarder des photos d'endroits calcinés en Syrie pour qu'ils prennent conscience que leur métaphore suscite le malaise. C'est une faute pour les politiques que d'user d'images si grossières, du *Kärcher* au charter, pour laisser penser à l'électeur candide qu'il va bâtir du neuf sur ces ruines. Dès lors, l'escroquerie étant révélée, ces remèdes miracles doivent retourner

379. Bertrand Barère, *Défense de B. Barère – Appel à la Convention Nationale et aux Républicains François*, Paris, Imprimerie de Charpentier, an III, p. 38.

380. *Ibid.*, p. 37-38.

381. Éric Zemmour, *La France n'a pas dit son dernier mot*, *op. cit.*, p. 279-280.

de là où ils viennent : dans les salles obscures du septième art ou dans l'imaginaire des scénaristes de films catastrophes.

La création d'un personnage transgressif à la Donald Trump pouvant tout dire

Si l'on veut faire trépasser l'animal à coup sûr, il faut toujours immerger la grenouille dans l'eau froide avant de mettre l'eau à bouillir et non pas la plonger directement dans un bain bouillant. De cette façon, celle-ci ne sentira rien, cette méthode présentant l'avantage d'être indolore, tout en étant ravageuse. C'est précisément celle qu'a déployée Éric Zemmour, en s'appuyant à la fois sur une logique interne, qui concerne sa propre personne, et une logique externe, qui concerne ses opposants politiques.

Cette logique interne consista à construire un personnage de plus en plus provocant, transgressif, frôlant le surréalisme verbal, si bien que ses frasques outrancières finirent par ne plus choquer. Et tant pis s'il écope d'une nouvelle condamnation judiciaire pour avoir insulté « Noirs », « Arabes » ou « musulmans », c'est la faute aux juges « droits-de-l'hommistes » qui sont de mèche avec les « antiracistes ». Pour parer aux critiques dont il allait nécessairement subir les foudres, il a pris le temps de décrédibiliser ses futurs opposants dès ses premiers essais, magistrats et opposants au racisme, pensant les rendre inoffensifs. Le pouvoir judiciaire français n'a pas été dupe de ce manège et a condamné ses sorties de route.

La contamination a véritablement débuté par le tambourinage de ses idées, plus que contestables, sur une chaîne du service public, à l'émission « On n'est pas couché » sur France 2. Une émission populaire à une heure de grande écoute, un samedi soir. Un vrai jackpot ! Quand il écrit, sans fausse pudeur, que la télévision est « le cœur du réacteur de la machine de propagande au service du politiquement correct »[382], on comprend qu'il n'a infiltré ce média qu'avec une finalité en tête : propager son idéologie « mal-pensante », par antagonisme à ses contradicteurs. De leurs scalps, il eût volontiers orné son mur. Avec ses ondes politi-

382. *Ibid.*, p. 42.

quement incorrectes, qui ont saturé en plein cœur le « réacteur », la réaction ne pouvait qu'être nucléaire. Et la fission inévitable.

Mais alors, on sera outré de voir que celui qui estime que la télévision « abaisse tout vers la banalité démocratique » parce qu'il s'agit du « média de masse désacralisateur par essence » qui « fait spectacle de tout » et où chacun « est l'acteur de son propre rôle »[383], n'a pas rechigné à l'utiliser à haute dose pour servir ses intérêts. Là encore, tout système qu'il honnit un jour, a du bon le jour d'après dès lors qu'il s'agit de servir sa cause. Notre homme n'a pas l'habitude de faire dans la vertu ni dans les états d'âme pour conquérir le pouvoir, ce qu'il fit, selon lui de manière « gramscienne », en surjouant son « rôle » de polémiste « politiquement incorrect » afin d'endoctriner les esprits : « Ce choix culturel, "gramscien" – Gramsci, ce révolutionnaire du XIXe siècle, fondateur du parti communiste italien, qui affirma que la victoire politique passait d'abord par la conquête culturelle des esprits –, détermina notre pays à jamais. »[384] C'est ce qu'il retire de ses lectures de Philippe Muray, auteur iconoclaste mais certainement pas raciste ni islamophobe : « Muray s'en prend de même à une nouvelle Église, celle des bien-pensants de l'antiracisme, de la défense énamourée des minorités, de la fête permanente pour dissimuler le vide de la pensée et la terreur d'une pensée identitaire. L'Église avait ses curés, grands et petits, qui ressassaient la bonne parole et surveillaient les déviants. Nous avons aussi tous les curés du politiquement correct, du bas clergé journalistique jusqu'aux cardinaux poudrés par les maquilleuses de télévision. Tous, ils traquent le « dérapage » comme jadis les servants de l'Église catholique dénonçant l'immoralité ou le sacrilège. »[385] Si le « dérapage » n'existe pas, on peut tout dire.

En pratique, cela consista, pour lui, à appliquer la théorie qu'il avait prodiguée dès le *Livre noir de la droite*, preuve supplémentaire que sa stratégie machiavélique était calculée depuis longtemps. À savoir qu'il n'y avait ni « cordon sanitaire » entre la

---

383. Éric Zemmour, *Le suicide français*, *op. cit.*, p. 131.

384. Éric Zemmour, *Mélancolie française*, *op. cit.*, p.20.

385. Éric Zemmour, « Muray », *in* Jacques de Guillebon et Maxence Caron (dir.), *Philippe Muray*, *op. cit.*, p. 121-122.

droite traditionnelle et l'extrême-droite ni « ligne rouge » entre le « politiquement correct » et « le politiquement incorrect ». Ainsi écrivait-il, « La question posée par le Front National avait deux réponses politiques : la première était l'alliance, ou en tout cas le désistement réciproque au second tour. [...] C'est l'addition des contraires, chacun apporte son programme et ses électeurs, avec toutefois un risque important de déperdition des voix. Il favorise le fort (RPR et UDF) qui rassemble son camp, et console le faible (FN) qui n'est pas rejeté dans les limbes de la République. [...] La deuxième solution politique est programmatique. On s'oppose puis on gouverne en fonction des requêtes et exigences de l'électorat que l'on veut séduire. »[386] L'auteur, qui n'a aucune compassion pour les migrants, « ces faux "réfugiés" [qui] sont des vrais clandestins »[387], était pris d'une soudaine compassion pour le « faible » FN, qu'il ne fallait pas rejeter dans les « limbes de la République ». On n'est pas sûr que son ami Jean-Marie Le Pen goûterait le qualificatif. On en serait presque ému si ce n'était pas aussi navrant.

Dès lors, s'il n'y a ni « ligne rouge » ni « dérapage », il est libre d'aller où bon lui semble. Et de prononcer les paroles qu'il veut. Ce faisant, il oublie un détail. La loi de la République est la même pour tous. Peu importe que l'on soit « blanc » ou « noir », « puissant » ou « misérable », comme le disait La Fontaine[388]. Condamné en justice, Éric Zemmour a franchi la frontière de trop : celle de la légalité. Pour se défaire de cette tache indélébile qui se voit même sur une chemise brune, il n'y a qu'une solution : attaquer sans relâche les juges et la loi. Mais voilà : quand on étrille du matin au soir le « mépris affiché de la loi » par les « voyous »[389], la moindre des politesses consiste à la respecter soi-même.

En propageant ses idées xénophobes, racistes, islamophobes et sa théorie du « grand remplacement » dans ses écrits, tout en s'appuyant sur la télévision pour les promouvoir, il a lais-

---

386. Éric Zemmour, *Le livre noir de la droite, op. cit.*, p. 197.

387. Éric Zemmour, *La France n'a pas dit son dernier mot, op. cit.*, p. 212-213.

388. Jean de la Fontaine, « Les animaux malades de la peste » *in Fables* – Second recueil dédié à Madame de Montespan, Livre VII, *op. cit.*

389. Éric Zemmour, *Le suicide français, op. cit.*, p. 344.

sé penser qu'on pouvait les proférer dans le débat public, sans en subir les quolibets. Pis, que ces idées étaient partagées par tout un pan de la population en usant de cette rhétorique fallacieuse qui consiste à tout bout de champ à se revendiquer du « peuple », alors qu'il le méprise au plus haut point.

Sans que le public ne s'en aperçoive, la température de l'eau a progressivement augmenté. Et d'avouer, pas encore vaincu, qu'il est parvenu à « envahir jusqu'à la dominer la sphère culturelle, pour capter, endoctriner l'esprit public »[390]. Et ces grenouilles de lecteurs, que nous sommes, s'y sont accoutumées. De quelques piques incisives contre « la victoire de Condorcet sur Jules Ferry ; celle d'une idéologie droit-de-l'hommiste sur l'exigence républicaine, qui au nom de théories différentialistes fort en vogue parmi l'intelligentsia de gauche des années 80, prône le multiculturalisme et le droit à la différence des populations immigrées »[391], dissimulée sous la thèse populiste du *Coup d'État des juges,* qui laissait déjà poindre un sentiment colonialiste et une haine de l'immigré, on est passé en quelques années à un ton clairement plus assumé sur la théorie du « grand remplacement », qu'il fait sienne[392]. Que cela puisse nous faire prendre conscience qu'il est temps de sortir fissa du bain.

Nous entendons d'ici les critiques. Certains pourraient nous dire qu'Éric Zemmour n'a rien en commun avec Trump, qu'il décrit comme « le héraut – vulgaire et braillard, sans doute, inculte, peut-être » d'une Amérique blanche protestante et populaire »[393]. Pourtant, lorsqu'il écrit que l'ex-président américain était « l'élu » de cette « Amérique blanche » qui « ne veut pas mourir, ni renoncer à une certaine idée qu'elle se fait du pays que lui ont transmis ses ancêtres »[394], qu'est-ce qui différencie les deux hommes ? N'est-ce pas Éric Zemmour qui a contribué à un ouvrage intitulé *Une idée certaine de la France*? N'est pas Éric Zemmour qui répand insidieusement la théorie du « grand remplacement » en terro-

390. *Ibid.*, p. 188.

391. Éric Zemmour, *Le coup d'État des juges, op. cit.*, p. 80.

392. Éric Zemmour, *La France n'a pas dit son dernier mot, op. cit.*, p. 144.

393. *Ibid.*, p. 229.

394. *Ibid.*

risant le lecteur avec cette « armée des croyants qui islamisera l'Europe »[395] ? Plus simplement, le citoyen français doit se rendre compte de toute urgence que si l'ancien président montrait peu d'égards pour les institutions, incitant ses foules à prendre d'assaut le Capitole lors de cet épisode tragique, Éric Zemmour ne les respecte pas plus en écrivant : « Les "petits" juges sont intrépides et cabochards. »[396] Ce qui n'est rien d'autre qu'une attaque en règle contre le pouvoir judiciaire.

À ceux qui persisteraient à penser que tout distingue les deux hommes, « l'inculte » américain d'un côté, le prétendu « érudit » français de l'autre, on excipera les paroles sibyllines de la responsable des sections féminines pour l'élection de Donald Trump en 2016 qui lui étaient destinées : « Cela fait des mois qu'on a étudié la situation en France. On a bien vu les différences avec l'Amérique. On a tout compris. Le Trump français, c'est vous. »[397] Faut-il vraiment en ajouter ?

Les citoyens français, en se voilant la face avec cet usage de la culture comme imposture, feraient bien de voir qu'Éric Zemmour n'est que le Trump français. Et pour cause, les frasques du président américain finirent par ne plus choquer personne, les révélations d'une star du porno (Stormy Daniel) sur l'achat de son silence au sujet d'une relation sexuelle étant devenues la « norme » alors qu'elles auraient à coup sûr entraîné une procédure de destitution, dite *impeachment*, pour n'importe quel autre président « normal ». De même, nous nous sommes docilement accoutumés aux diatribes d'Éric Zemmour, le laissant tranquillement écrire qu'il a compris « que l'installation d'une civilisation étrangères sur le sol de France nous conduirait à la guerre civile »[398]. Il n'est jamais trop tard pour faire baisser la température de l'eau, et éviter de finir bouilli. On a les dirigeants qu'on mérite.

S'agissant de la logique externe, elle consiste, pour Éric Zemmour, à accuser ses opposants politiques d'avoir fait « sauter les digues », bien avant lui. De sorte que si même les « donneurs de

395. *Ibid.*, p. 213.

396. Éric Zemmour, *Un quinquennat pour rien*, *op. cit.*, p. 263.

397. Éric Zemmour, *La France n'a pas dit son dernier mot*, *op. cit.*, p. 232

398. *Ibid.*, p. 139

leçon» ont fauté, rien ne l'empêcha de faire pareil. En pire. Il tente insidieusement de faire passer sa «réhabilitation» du maréchal Pétain pour accessoire, en braquant le projecteur sur Mitterrand qui «s'était longuement et passionnément justifié devant Jean-Pierre Elkabbach après les révélations faites par Pierre Péan sur son amitié persistante avec René Bousquet, l'organisateur de la rafle du Vél' d'Hiv', et la parution de la fameuse photographie – que le général de Gaulle avait refusé de rendre publique pendant la campagne présidentielle de 1965 – où l'on découvre le jeune Mitterrand recevoir la francisque des mains du vieux Maréchal.»[399] Puis de rappeler que Lionel Jospin jeta sa petite pierre sur ce passé peu reluisant: «Ce que je ne peux comprendre, c'est le maintien, jusque dans les années 1980, des liens avec des personnages comme René Bousquet, l'organisateur des grandes rafles des Juifs.»[400] Le message, qu'il veut faire rentrer dans nos caboches, est de plus limpides: de quoi pourrait-on m'accuser puisque la gauche a déjà commis le pire par le passé en fricotant avec l'un des artisans de la rafle du Vél' d'Hiv'? Ce stratagème qui vise à étouffer ses faits d'armes, en exhumant certains épisodes peu reluisants du passé, ne doit pas nous abuser. Certes, il serait impensable de justifier des liens avec des personnages sulfureux, mais cela n'excuse en rien qu'il puisse écrire des thèses non fondées sur le maréchal Pétain.

Contre l'antisémitisme et l'islamophobie, nous devons être tous unis. Et il ne suffit pas de ressortir des «faux pas» commis par la gauche dans le passé, pour la résumer à cela, et l'enfermer dans une catégorie de «pactisant avec le diable», dont elle ne pourrait plus jamais sortir. De surcroît, le principal intéressé n'est plus là pour s'en défendre. Éric Zemmour reprochait justement à Harlem Désir d'ostraciser ses opposants: «L'interdiction d'un adversaire politique est un réflexe démocratique bien connu depuis Saint-Just et son célèbre cri, déjà cité, qui inspira la Terreur en 1793: "Pas de liberté pour les ennemis de la liberté"»[401] Il serait donc mal venu de sa part qu'il en fasse de même.

---

399. Éric Zemmour, *Le suicide français*, *op. cit.*, p. 381

400. *Ibid.*

401. Éric Zemmour, *Le bûcher des vaniteux II*, *op. cit.*, p. 203.

Chapitre 5
Une vision du monde déconnectée du réel : le rejet pour programme

On vous a gardé le meilleur pour la fin. Il s'est déclaré candidat le 30 novembre 2021. Mais cela ne change rien. Peu importerait même qu'il renonçât à se présenter car le soufflet se dégonfle, qu'il n'ait pas les cinq cents signatures requises, qu'il joue une fois de plus les victimes en disant qu'on a voulu le faire taire alors qu'il s'est effondré de lui-même. Ce que nous écrivons vaudra pour l'avenir. S'il décide de remettre le couvert dans cinq ans. S'il décide de bâtir une force d'opposition durant les cinq prochaines années. On l'entend déjà renier son passé de polémiste. Mais ses écrits lui colleront à la peau comme une tache indélébile. Car un auteur ne peut renier son œuvre.

Depuis le mois de septembre 2021, il se sent pousser du col par les sondages. En amnésique sélectif, il oublie les cris d'orfraie qu'il leur adressait, maintenant qu'ils servent sa cause. Pourtant, il nous avait mis en garde : « Les sondages sont des armes de guerre politique. Ils sont utilisés pour torpiller ou promouvoir une candidature. Ils sont devenus des sortes de juges suprêmes. »[1] Ces invectives laissaient penser que jamais il ne s'abaisserait à user de cette infâme « machinerie sondagière » pour s'adouber. D'autant plus qu'on sait à quel point les juges le répugnent. C'est dire l'offense qu'il fait aux sondages en les qualifiant de « juges suprêmes ». Quels naïfs faisions-nous. Dans sa vision du monde égocentrique, ce moraliste fait facilement des entorses aux outils qu'il dégomme. On finirait par se convaincre qu'il s'agit même de sa spécialité. Le reniement est un art que l'on a ou que l'on n'a pas.

1. Éric Zemmour, *Le bûcher des vaniteux*, *op. cit.*, p. 23.

Son entrée en politique serait attendue comme celle d'un messie. Du moins, c'est la vision qu'il veut nous en donner. Que ce soit avec les militants de Sens commun, les opposants au mariage pour tous, qui attendent désespérément qu'il se présente : « La question qui les taraudait depuis des mois et qui avait justifié leur invitation. Et si j'étais leur candidat ? »[2] Ou encore que ce soit des scènes de liesse avec les Biterrois qui lui baisent la main : « [Les Biterrois] veulent me parler, me toucher, me dire leur reconnaissance. Une femme m'embrasse la main. Je la retire prestement. Pour cacher ma gêne sous une plaisanterie, je lance à Robert, en riant : "Le roi te touche, Dieu te guérit" »[3] La modestie est définitivement enterrée. Doit-on penser qu'il ne se verrait plus en « Rastignac », ni en « César » [4] mais en roi ou en Dieu ? Cela ne saurait faire mentir le proverbe : « On n'est jamais si bien servi que par soi-même »[5]. D'après son récit, le Pape ne serait pas mieux reçu. On se demande pourquoi Éric Zemmour ne se déplace pas en papamobile ? À ceci près que le Pape François accueille « des familles musulmanes sur le sol européen »[6] alors que Zemmour les renverrait fissa en charters. L'auréole attendra.

Alors, sous ces lauriers d'or qu'il se tresse, quel est son programme ? D'emblée, on préviendra le lecteur que cette partie est délibérément moins volumineuse que les autres. Ce n'est là qu'hommage à sa pensée. En effet, il semble ne pas avoir le moindre égard pour les programmes longs comme le bras. Comme il le glissait dans la bouche de « l'Autre », « j'ai suivi les campagnes de Blair, de Clinton ou de Berlusconi. Ça c'est des gars modernes. Leur programme, il tient sur un ticket de métro. »[7] Aussi, on serait surpris qu'il s'échine à élaborer un programme plus grand qu'un passe Navigo. À ceux qui seraient tentés de le croire, on rappellera encore qu'il n'envisage les programmes que comme un outil purement démagogique pour conquérir le pou-

2. Éric Zemmour, *La France n'a pas dit son dernier mot*, *op. cit.*, p. 222.
3. *Ibid.*, p. 191.
4. *Ibid.*, p. 7.
5. Charles-Guillaume Étienne, *Bruis et Palaprat*, 1807.
6. Éric Zemmour, *Destin français*, *op. cit.*, p. 64.
7. Éric Zemmour, *L'Autre*, *op. cit.*, p. 313.

voir. D'ailleurs, il n'y a pas si longtemps, il écrivait à leurs sujets qu'« aujourd'hui, c'est dépassé, les gens s'en foutent, ils savent bien [que les programmes] ne sont pas faits pour être appliqués mais qu'ils sont écrits pour gagner les élections »[8]. Avis à ses futurs électeurs. Il est un chantre de la formule de l'ancien président du Conseil de la Quatrième République Henri Queuille : « Les promesses n'engagent que ceux qui les écoutent. » C'est l'avantage avec l'écrit, ça reste avec le temps. Mais c'est aussi le défaut. Espérons donc que cette mauvaise farce s'arrête à de vaines promesses, lui qui narrait la vie d'un président qui avait « tiré la politique à [son] niveau, vers le bas »[9]. Et si c'était là le seul programme d'Éric Zemmour ? Ne soyons pas trop médisants et donnons-lui quelque crédit, même si la chose est difficile après tous ses reniements.

Le personnage pourrait se résumer aux lignes qui suivent, car comme à son habitude, ce roi de la contradiction n'hésite pas à vilipender une institution à laquelle il recourt[10]. Il se pare de grands idéaux en disant « je défends des idées et des convictions, pas des places. »[11] On ne le croira pas sur parole. C'est que tout de suite, quelques mots nous frappent. Au cours de nos travaux, on tombe sur ce qu'il écrivait, il y a encore peu de temps : « L'élection présidentielle française est la reine des échéances, mais on ne sait plus sur quoi elle règne ; le président de la République est la clef de voûte des institutions, mais on ne sait plus ce qu'elle soutient. Le septennat était une majestueuse fabrique de monarques ; le quinquennat est une boîte à gifles. »[12] Ces lignes refroidiraient les plus grandes ambitions politiques en réduisant le quinquennat à un exercice du pouvoir fugace, ne laissant guère le temps au président de s'inscrire dans la durée, si ce n'est le risque de tomber en disgrâce. Ce qui n'était pas le cas lorsque le septennat offrait le luxe aux souverains républi-

8. *Ibid.*

9. *Ibid.*

10. Voir Chapitre 4 - Sa contribution au « coup d'État des juges » : Zemmour le « droit-de-l'hommiste » ?, p. 223.

11. Éric Zemmour, *La France n'a pas dit son dernier mot*, *op. cit.*, p. 284.

12. Éric Zemmour, *Le bûcher des vaniteux II*, *op. cit.*, p. 9.

cains de s'installer confortablement dans la fonction. De sorte qu'on ne peut qu'être surpris que celui qui déprécie à ce point le rôle du président soit tenté d'en exercer les fonctions. Un reniement de plus ? En tout cas, l'étonnement est de mise. On se demande quelle perversion l'amène à se lancer dans cette « boîte à gifles » que serait le mandat présidentiel de cinq ans. Serait-il masochiste ? S'il se présente, on sera tenté de le croire. Pourtant, il nous aura prévenu : ce sera le monarque (de sept ans) ou la tête à claques (de cinq ans). En se présentant à une élection présidentielle qu'il décrit comme « bancale », presque sur le point de « s'écrouler », doit-on comprendre qu'il veut uniquement le royaume sans en être le roi ? Cela ne ferait pas mentir celui qui a « pêché (*sic*) d'orgueil, pêché (*sic*) de vanité, pêché (*sic*) d'arrogance » et qui s'est « vu César : "Je suis venu, j'ai vu, j'ai vaincu." »[13] Rompez. Une chose est sûre, c'est que s'il est élu, nous serons vaincus.

Peu importe qu'au cours de la campagne présidentielle qui s'annonce son programme soit dévoilé ou non, retardé jusqu'au dernier moment ou non, pour faire durer le suspense et aiguiser les attentes. Ses propositions ressortent clairement de son œuvre. Là encore, dépeçons minutieusement chaque ligne qu'il a écrite, pour voir ce qu'il propose, en avant première.

Une précision s'impose avant d'aller plus loin. Voici la clé pour comprendre son programme, ou plutôt son absence de programme. En mal d'inspiration, on ne sera pas surpris qu'Éric Zemmour propose avant tout le rejet, sous toutes ses déclinaisons : abrogation de lois, suppression de mesures sociales, dénonciations de conventions, sortie d'accords, déchéance de nationalité, fin de droits divers et variés. Cela n'a rien d'étonnant si l'on se fie à ce qu'explique Pierre Rosanvallon, au sujet des programmes des populistes. « Mais l'élément clef de leur proposition politique réside *in fine* dans l'invitation à chasser les gouvernements en place. Leur principal ressort est celui de la défiance. On peut parler dans ce cas d'une politique négative. Elle emprunte certains de ses éléments à l'idéal contre-démocratique de vigilance et de surveillance des pouvoirs, mais elle le radicalise et l'absolutise

13. Éric Zemmour, *La France n'a pas dit son dernier mot*, *op. cit.*, p. 7.

sous les espèces d'un rejet indistinct et non négociable. Si la politique consiste à donner un langage à ce que vivent les gens, force est de constater que le populisme ne parle alors fortement que la langue du refus. »[1] Comme eux, Éric Zemmour écrit contre avant d'écrire pour. Alors qu'Éric Zemmour est hostile à toute pratique des langues étrangères, signe décadent du « multiculturalisme », il parle couramment cette « langue du refus ». En populiste modèle, même s'il est un populiste lettré, le polémiste n'y échappe pas et n'a que le rejet pour programme. On vous le prouve avec ses thèmes de prédilection.

Le « Frexit » ou les normes « imposées » par Bruxelles ?

Éric Zemmour ne serait pas un président comme les autres. Il a d'ores et déjà acté qu'il ne pourrait rien faire s'il était élu. Si l'on en croit ses analyses bien entendu, comme on l'a vu plus haut.

Dès lors, selon ce réquisitoire, la seule mesure qui s'impose serait le « Frexit », soit une sortie nette et définitive de la France de cet « étau ». D'autant plus qu'il n'excluait ni la sortie d'un pays de l'UE lorsqu'il allait mal, notamment lors de la grise grecque, « la question n'est pas de savoir si la Grèce quittera l'euro, mais quand »[2], ni ne regrettait le Brexit. Il s'est toujours érigé contre le fédéralisme européen, car selon lui, « l'Europe n'est pas une nation. Il n'y a pas de solidarité entre Allemands et Grecs, entre Français et Espagnols, entre Hollandais et Polonais. »[3] Par excès de naïveté sans doute, on s'attendait donc légitimement à ce qu'il proposât de redonner un peu de souffle au politique gaulois, et qu'il le libère de ses « chaînes européennes ». D'autant plus qu'il brigue les plus hautes fonctions. C'est dire, s'il accède à la fonction suprême, à quel point ses pouvoirs seront inexistants du fait de cet « européisme » dévergondé dont il nous a rebattu les oreilles. Il serait le premier « bagnard » de France, prisonnier de ce « carcan » européen. Ce qui selon nous, ne serait pas plus

1. Pierre Rosanvallon, *Le siècle du populisme*, *op. cit.*, p.72.

2. Éric Zemmour, *Le bûcher des vaniteux*, *op. cit.*, p. 146.

3. *Ibid.*, p. 250.

mal, remarquez. Mais entre promettre la lune et la donner, il y a un monde. C'est qu'en effet, il n'en est rien. Le polémiste semble avoir fait fi de ses idées grandiloquentes. De sa rengaine anti-européenne, il ne tire aucune conséquence politique. De sorte qu'il ne reste que quelques idées éparses qui ne concernent que l'immigration, mais rien sur le fond du sujet qui l'obnubilait et constituait le cœur de ses analyses jusqu'ici. En jetant aux orties ses idées iconoclastes contre l'Europe qui entraverait le politique, il se pose comme un modèle de reniement.

Retraçons son parcours pour y voir plus clair. Pas un essai ne sort de sa plume sans qu'il ne fasse écho à sa haine farouche contre les « européistes ». Désormais, ce polémiste veut devenir président. Et voici qu'il sort un ouvrage, où il distille ses idées et l'ébauche d'un programme politique. On peut ainsi y lire : « Le “grand remplacement” n'est ni un mythe ni un complot, mais un processus implacable. Cette question identitaire vitale rend subalternes toutes les autres, même les plus essentielles comme l'école, l'industrie, la protection sociale, la place de la France dans le monde. »[4] Alors qu'il nous répète que le président français n'a pas plus de pouvoirs qu'un « président de conseil général »[5] à cause de l'UE, voilà qu'il nous dit que sa grande priorité est l'immigration. C'est pourquoi s'il était élu, il n'aurait pas plus de pouvoir que ses prédécesseurs. Aussi, il semble se complaire dans son constat navrant, de l'inutilité du politique. Venant d'un candidat à la présidentielle, on attendait mieux. Même si le polémiste nous a habitué au pire.

Ce n'est pas une faute que de proposer une vision iconoclaste, en fustigeant l'Europe, chacun étant libre dans le débat d'idées d'avancer des opinions tant que celles-ci respectent les lois de la République. Mais c'est lèse-majesté que de ne pas avoir le courage de proposer un programme à la hauteur de ses audaces intellectuelles, puisque cela amène à douter de ses convictions réelles. Et partant, de la sincérité de leur auteur. Peut-on sérieusement étriller l'Union européenne à longueur de temps,

4. Éric Zemmour, *La France n'a pas dit son dernier mot*, *op. cit.*, p. 24.

5. Éric Zemmour, *Le premier sexe*, *op. cit.*, p. 115.

et, le moment venu, remettre au placard ses idéaux en disant clairement que seule l'immigration sera sa priorité ?

Alors à ceux qui pensent encore qu'il pourrait faire table rase du passé, en mettant un coup de pied dans la « fourmilière européenne », voilà à quoi Éric Zemmour se condamne, selon le bûcher qu'il a lui même édifié, à « appliquer les normes édictées à Bruxelles » et laisser l'Europe négocier pour notre État français, « dépecé ». Tout ce ramdam pour ça ? L'objectif paraît disproportionné. On serait ainsi tenté de lui conseiller d'arrêter ses efforts là. D'autres pourront très bien s'en charger.

Par conséquent, on ne pourra que se dresser contre cette mascarade, qui consiste à étriller l'Union européenne à tout bout de champ, à dézinguer le traité de Maastricht, tout en faisant fi de ses grands idéaux une fois qu'il s'agit de conquérir le pouvoir, par crainte de faire peur aux électeurs et de ne pas être élu : « Nos "champions nationaux", grandis sous le colbertisme gaullo-pompidolien dans la France du Marché commun des années 1960-1970, s'effondrent les uns après les autres, avalés par des rivaux étrangers ou bridés par une Commission européenne au nom du principe sacré de la "concurrence libre" et "non faussée", qui interdit désormais toute politique industrielle nationale. »[6] En refusant de tirer les conséquences de ses analyses, et de proposer un « Frexit », on ne voit pas ce qui permettrait à Éric Zemmour de mener une politique industrielle différente de celle des autres présidents. En restant « bridé », il se cantonnera alors à être un « président de conseil général ».

La politique du charter

Roulement de tambour. Mesdames et Messieurs, sous vos yeux ébahis, vous l'attendiez ? Le voici, le voilà : le charter. Il n'a jamais caché que cette « solution » avait ses faveurs. C'est au moins l'un des rares mérites qu'on peut lui reconnaître. Une constante. Et pas que pour les migrants. Alors que les ministres du gouvernement Ayrault suivaient un séminaire de « sensibilisation au

6. Éric Zemmour, *Destin français*, *op. cit.*, p. 441.

sexisme »[7], il proposait déjà cet élixir miracle : « Un charter Paris-Stockholm pour tout le gouvernement. Qu'ils y restent. »[8] Rires ou consternation ? Et si tout cela devenait un jour une triste réalité...

L'immigration sera sa préoccupation majeure puisqu'après avoir fait sienne la théorie du « grand remplacement », il révèle, on l'a vu, que « cette question identitaire vitale rend subalternes toutes les autres, même les plus essentielles comme l'école, l'industrie, la protection sociale, la place de la France dans le monde. »[9] Le « vital » supplante « l'essentiel ». Ceux qui attendent des mesures fortes en matière d'éduction, d'industrie et de social repasseront. Autant dire que seule l'immigration fera l'objet des mesures-phares de son programme. En la matière, il « débite en vrac »[10] ses propositions à Xavier Bertrand lors d'un déjeuner : « D'abord, il faut arrêter les flux, et pour cela, supprimer tous les droits qui font que ce n'est plus l'État, mais les immigrés eux-mêmes qui décident de notre politique d'immigration : droit du regroupement familial, droit d'asile, droit à la naturalisation des épouses étrangères, droit des étudiants. »[11]

Excepté qu'il n'y a rien de plus aberrant que de « débiter » tout cela. Pourquoi ? Tout simplement parce qu'il ne propose rien pour stopper l'origine de ces « flux ». En effet, on ne peut pas prétendre décemment que « les flux » de migrants vont se tarir du simple fait d'un changement de la loi française. La solution est des plus simplistes. Il se contente de rustines illusoires, là où il faudrait une réelle ambition sur le long terme. De sorte qu'on regrette qu'il ne s'intéresse qu'à la partie immergée de ce sujet migratoire, sans vouloir voir sa face enfouie, dont il loue pourtant les vertus. Expliquons-nous. Il est certain que les migrations s'expliquent en partie par les disparités des modes de vie qui existent entre les pays, et plus encore par les crises qui sévissent dans certaines régions dévastées du globe. Lorsque

---

7. Éric Zemmour, *Le bûcher des vaniteux II*, *op. cit.*, p. 307.

8. *Ibid.*, p. 308.

9. Éric Zemmour, *La France n'a pas dit son dernier mot*, *op. cit.*, p. 24.

10. *Ibid.*, p. 161-162.

11. *Ibid.*

l'on est réveillé par le fracas des bombes, et que l'on n'est jamais sûr d'être encore en vie le soir, on ne rechigne pas à monter sur le radeau des rescapés. Fût-il pneumatique et prompt à couler aux premiers remous. Dès lors, comment reprocher à certains habitants de pays en guerre de fuir la famine ou la détresse, pour gagner la France ?

Pis, on ne pourra qu'être outré de voir qu'il accuse ces personnes de partir « en éclaireurs ; ils restent en contact par leur téléphone portable ; dès qu'ils arriveront à bon port, grâce aux passeurs et aux ONG, ils enverront une partie des subsides que la générosité de nos États providence leur donne pour les remercier de nous avoir envahis »[12]. C'est d'autant plus odieux que l'arrivée à « bon port » n'est jamais acquise. Comme l'illustre le drame qui se déroule sous nos yeux avec ces morts en mer, aucune « mesurette » ne pourra empêcher que des familles ne risquent leur vie pour fuir l'horreur et la guerre qui sévissent dans leurs pays. En tout état de cause, ce n'est pas une faute que de discuter de les accueillir ou non, puisque cela relève de la décision politique, mais c'est un leurre de penser qu'une législation française implacable serait le remède miracle. Et l'État se rend coupable en les empêchant de faire valoir leurs droits. Personne ne risquerait impunément sa vie en prenant la mer dans une embarcation de misère dont nul ne sait si elle sombrera dans l'océan avant d'avoir rejoint l'eldorado. Le risque pris par ces personnes n'est rien à côté de leur désarroi. Le danger est à la hauteur de leur espérance. On devine à l'avance ce qu'il répondrait à de tels propos, qu'il moquait dans *Petit Frère*: « Tu sais très bien qu'ils seraient venus quand même. C'est toi qui le disais l'autre jour à la télé. Quand son enfant a faim, on est prêts à traverser la planète pour le nourrir. Ces millions de miséreux ne mangent pas à leur faim chez eux, on est l'Eldorado pour eux. »[13] Il n'a jamais autant raison que lorsqu'il est cynique.

Ainsi, si l'on voulait véritablement faire cesser drastiquement ces « flux », la seule solution serait d'œuvrer, par tous les moyens possibles, à solder ces crises qui condamnent ces

12. Éric Zemmour, *La France n'a pas dit son dernier mot*, *op. cit.*, p. 212-213.

13. Éric Zemmour, *Petit frère*, *op. cit.*, p. 212.

personnes à fuir leur pays. Et de prendre ces risques démesurés. Or, on rappellera à ce sujet qu'il est contre toute intervention diplomatique ou militaire pour assurer la paix à l'étranger, lui préférant la guerre et le massacre de civils innocents, qualifiant ces missions « d'opérations de maintien de la paix »[14]. Nous avons là l'assurance qu'il ne bougera pas le petit doigt si un peuple étranger se faisait massacrer sous la férule d'un dictateur. Il est atteint du même syndrome que celui qu'il diagnostiquait chez Georges Frêche, l'ancien maire de Montpellier : « Il vit dans sa bulle, indifférent aux conséquences humaines et sociales de ses interventions. »[15] C'est dramatique mais cette contradiction innerve sa pensée. En effet, on ne peut pas laisser se développer indéfiniment des conflits inhumains à l'étranger en restant les bras croisés, sous prétexte d'une « souveraineté » qui donnerait un chèque en blanc pour massacrer, et s'étonner par la suite que les gens fuient le pays pour sauver leur peau. Plus ignoble encore, on prétend les en empêcher par une sévérité législative, qui n'y changera rien. Dès lors, ses autres mesures qui en découlent ne sont que pures illusions. Il n'y aura aucun changement tant que la source de ces « flux » restera la même si les raisons intrinsèques ne sont pas mises à mal.

La fin des étudiants étrangers et du rayonnement de la France

De même, il veut abroger « le droit des étudiants » étrangers. Ainsi écrivait-il avec mesure , calme et posé : « Pareil pour le régime des étudiants étrangers, qui ne concerne plus de brillants intellectuels à la Senghor ou les fils de dictateurs en goguette, mais est devenu une filière à part entière d'immigration clandestine. »[16] On comprend sans qu'il ait besoin de le dire que les étudiants étrangers ne sont pas tous les étudiants étrangers. L'étudiant américain de peau blanche et à la chevelure dorée, qui n'est pourtant nullement le fils d'un « dictateur en goguette » n'a sans doute pas à s'inquiéter. Ce qui n'est pas le cas de l'étudiant, certes

14. Éric Zemmour, *Z comme Zemmour*, *op. cit.*, p. 135.

15. *Ibid.*, p. 121.

16. Éric Zemmour, *Le bûcher des vaniteux*, *op. cit.*, p. 291.

brillant, mais qui aura eu le malheur de naître sur le continent africain. Encore eût-il fallu, pour venir étudier en France, qu'il se prénommât Léopold. Ce qui n'est pas évident quand on n'a pas pu accéder à une formation d'excellence. Oui, mais pour venir étudier en France il fallait être un « brillant intellectuel ». Le serpent se mord la queue...

Soyons conscients de ce que cela signifie. Cela mettrait un terme à la formation académique d'étudiants étrangers et donc au rayonnement universitaire français dans le monde. Pis, cela empêcherait une excellence académique d'exister, de se former et d'améliorer leur pays. Il n'y aura pas de progrès dans les pays en développement sans éducation. C'est pourquoi, si on leur ferme la porte de nos universités, ils sont condamnés à sombrer. Dès lors, il ne faudra pas s'étonner plus tard que l'envie leur prenne de fuir un pays qui se délite, faute d'avoir eu des personnes formées, capables d'améliorer le niveau de vie.

Quand on creuse un peu plus, on voit qu'il n'est pas seulement question de régime des étudiants étrangers, en général. En effet, il écrit : « La gauche [...] ouvre grandes les portes aux étudiants africains qui ont trouvé là depuis longtemps un moyen détourné pour s'installer dans notre pays. La gauche se moque apparemment comme d'une guigne de dépouiller ainsi les pays africains de leurs rares élites. »[17] On remarquera alors que ce n'est pas l'étudiant américain ni l'étudiant suédois qui l'inquiètent, mais l'étudiant africain. Preuve, s'il en fallait, que même en matière d'éducation, il est toujours question de la « race blanche ». Et c'est avant tout ce critère qui détermine selon lui, qui a le droit d'étudier en France ou non. Avoir le droit d'étudier ou non selon sa couleur de peau n'est ni regrettable, ni injuste. C'est ignoble. Cela ne devrait pas – ou plus – exister. Et encore moins se penser.

La fin du regroupement familial : séparer les parents de leurs enfants

Ces simulacres de solutions germaient depuis plusieurs années. La lecture du second *Bûcher des vaniteux* suffit pour le constater : « Des solutions radicales lui avaient pourtant été proposées par

17. Éric Zemmour, *Un quinquennat pour rien, op. cit.*, p. 89-90.

une partie de son entourage quelques jours encore avant sa prestation télévisée: sortie des accords de Schengen pour reprendre le contrôle réel de nos frontières, comme l'ont déjà fait les Danois; dénonciation des conventions européennes qui nous interdisent de supprimer le regroupement familial et de recevoir les conjoints de Français, d'où qu'ils viennent. Enfin, modification de la charte sociale européenne qui prévoit que les allocations sociales sont distribuées à tous les résidents sur notre territoire, et non pas en fonction de la nationalité, comme c'était encore le cas pour nombre de prestations sociales dans les années 70.»[18]

Remontons le cours de ce torrent d'inepties. On sait qu'il voue aux gémonies le droit au regroupement familial, par lequel les «immigrés» seraient «arrivés en masse»[19]. Ce droit était liquidé dans *Le Premier sexe*: «Les grandes lois sur le divorce et l'avortement sont exactement contemporaines d'une autre législation, celle sur le regroupement familial. Ce sont d'ailleurs des chiffres du même ordre de grandeur, entre le nombre annuel d'avortements et le nombre d'entrants sur le territoire français via la procédure du regroupement familial.»[20] Une telle outrance ne nous semble pas justifiée. Le regroupement familial est une procédure, qui sous des conditions restrictives, permet à un Français ou à un étranger qui a un titre de séjour en France, d'être rejoint par son époux et ses enfants. À ce sujet, on n'insistera jamais assez sur la rigueur des conditions à laquelle est subordonné le regroupement. Outre une durée de résidence en France de 18 mois au moins, le logement du demandeur doit satisfaire à des exigences de surface et de salubrité. Plus exigeant encore, le demandeur doit justifier de ressources suffisantes et stables. Les «assistés sociaux» qu'il méprise n'y ont donc pas droit. Ces dernières années, la réalité nous montre que les pratiques préfectorales sont de plus en plus restrictives. Si bien qu'il est faux de soutenir que le regroupement familial serait la porte grande ouverte qui permettrait à n'importe qui de faire venir toute sa smala restée au «bled», pour crécher dans un vulgaire «taudis».

---

18. Éric Zemmour, *Le bûcher des vaniteux II, op. cit.*, p. 97.
19. Éric Zemmour, *Le livre noir de la droite, op. cit.*, p. 140-141.
20. Éric Zemmour, *Le premier sexe, op. cit.*, p. 98.

Surtout, on sera écœuré de voir que, selon lui, les familles de personnes qui travaillent en France sont condamnées à rester éloignées, alors que leur épouse ou mari, père ou mère, œuvrent dans notre pays. On souhaiterait tellement qu'il aille voir de ses propres yeux la vie de ces travailleurs, abattus d'être séparés de ceux qu'ils aiment, en espérant qu'il change d'avis. Encore faudrait-il qu'il ait un cœur.

Réserver le droit d'asile à Victor Hugo

Il étrille depuis longtemps le « droit d'asile », en détournant de grandes figures de la littérature à son service : « Ainsi, le droit d'asile, né au XIXe siècle pour quelques rares glorieux combattants de la liberté à la Victor Hugo, n'a plus la même signification quand des centaines de milliers de personnes viennent de partout avec un discours victimaire stéréotypé. »[21] Nous n'aurons pas la même prétention de faire parler le grand Hugo. Mais, on doute que l'auteur du *Dernier jour d'un condamné à mort*, génie au cœur d'or et communard indéfectible, eût adoubé cette idéologie insensée.

Le bourreau institutionnel

Une première : un « garant de l'indépendance de l'autorité judiciaire » méprisant ses représentants

Celui qui ridiculise le juge et rêve de le soumettre au législateur voudrait devenir le garant de nos institutions. Mais de qui se moque-t-on ? Il est nostalgique de l'époque où les décisions de justice étaient « surveillées, encadrées dans les limites étroites » et où les juges étaient « strictement contrôlés par le législateur »[22]. Ceci revient à mettre le pouvoir judiciaire sous contrôle du pouvoir législatif : placer le juge sous la poigne du législateur. Institutionnellement, ça n'a pas de sens. Il y a une séparation entre les différents pouvoirs, exécutif, législatif et judiciaire. L'un ne peux empiéter sur l'autre. Sinon c'est la Bérézina.

21. Éric Zemmour, *Le bûcher des vaniteux*, *op. cit.*, p. 291.
22. Éric Zemmour, *Destin français*, *op. cit.*, p. 261.

L'article 64 de notre Constitution prévoit clairement que « Le Président de la République est garant de l'indépendance de l'autorité judiciaire. »[23] Aucun de ses écrits ne prouve qu'il pourrait remplir avec brio cette mission. Cela commence avec un rappel bon enfant d'une série télévisée diffusée sur TF1, « Les Cordier, juge et flic ». Du nom d'une petite famille dont le père est policier, son fils juge et sa fille journaliste. Sans crier gare, son analyse part rapidement dans les orties : « le fils donne le droit de perquisitionner au père ; qui envoie la fille faire une vraie-fausse interview, afin de piéger le meurtrier ; en échange, celle-ci filmera l'arrestation en direct. »[24] Pour conclure par une harangue : « Ils enquêtent ensemble, ils arrêtent ensemble, ils condamnent ensemble. C'est la justice moderne. »[25] Peut-être n'a-t-il pas compris qu'il ne s'agissait là que d'une fiction ? On voit qu'il confond allègrement le réel et la télé. Aussi, il faudrait de toute urgence lui préciser la distinction entre les deux avant qu'il ne concocte tout son programme judiciaire à partir de Capitaine Marleau. Ah non aucun risque. On oubliait un détail. Capitaine Marleau est une femme.

Il n'empêche que l'idée a germé dans sa tête, pour dépasser le cadre de « TF1, le jeudi soir, à 20h30 » [26] puisqu'il écrit un jour « C'est l'idéologie qui justifie, légitime un nouveau pouvoir : celui des juges et des médias »[27]. Un autre jour il insinue qu'il y aurait une « alliance des journalistes et des juges »[28]. Ou encore que « les médias sont les complices actifs de cette double offensive[29], canonisant les cours en "sages" et héroïsant les "petits

23. Alinéa 1 de l'article 64 de la Constitution du 4 octobre 1958.

24. Éric Zemmour, *Le coup d'État des juges, op. cit.*, p. 100.

25. *Ibid.*

26. *Ibid.*

27. Patrick Poivre d'Arvor et Éric Zemmour, *Les rats de garde, op. cit.*, p. 55.

28. Éric Zemmour, *Le suicide français, op. cit.*, p. 63.

29. Voir Éric Zemmour, *La France n'a pas dit son dernier mot, op. cit.*, p. 236 : « D'abord, il y a au sommet de la hiérarchie les cinq cours : Conseil constitutionnel, Conseil d'État, Cour de cassation, Cour de justice européenne et Cour européenne des droits de l'homme – qui se considèrent autant de cours suprêmes à l'américaine, et corsètent au nom des droits de l'homme la liberté d'action des gouvernements. À la base, il y a les petits juges, [...]. »

juges" en "justiciers". »[30] Ainsi, quand il répète dans ses ouvrages qu'il y aurait une connivence entre les juges et les médias, on voit clairement qu'il remet en cause leur indépendance. En effet, il laisse penser que les juges seraient attirés par la lumière et le flash des journalistes : « Nos juges modernes ont la même soif de notoriété que leurs ancêtres : ils veulent plaire aux journalistes comme d'Eprémesnil voulait plaire aux philosophes. »[31]

Pis encore, il ne cache pas son mépris de la magistrature. Les magistrats sont souvent taxés de « petits juges »[32] « intrépides et cabochards »[33], uniquement animés par un esprit revanchard contre le politique, qu'ils feraient tout pour mener à sa perte. Comme il l'écrit au sujet des magistrats instructeurs : « On devine les motivations impures des juges d'instruction : la revanche des petits juges contre les grands de ce monde. »[34] Dans ces conditions, comment pourrait-il être le garant de l'indépendance du pouvoir judiciaire, sans avoir le moindre respect pour ceux qui l'exercent ?

Sans compter qu'il a mieux dans son sac pour dynamiter l'indépendance de la justice. Un de ses autres axes de critique à l'encontre du juge est « son absence de légitimité populaire et démocratique »[35]. Il brocarde ainsi le fait que le juge français soit « non élu lui-même »[36], ce qui l'aurait amené à développer « un esprit de soumission »[37]. Parce que le juge français ne s'est pas confronté aux arcanes du suffrage universel, il est convaincu de nous avoir prouvé que celui-ci n'est pas légitime pour rendre la justice « au nom du peuple français ». Ce n'est là qu'un jeu de dupes.

30. Éric Zemmour, *La France n'a pas dit son dernier mot*, *op. cit.*, p. 236.
31. Éric Zemmour, *Destin français*, *op. cit.*, p. 263.
32. Éric Zemmour, *La France n'a pas dit son dernier mot*, *op. cit.*, p. 236.
33. Éric Zemmour, *Destin français*, *op. cit.*, p. 263.
34. Éric Zemmour, *Un quinquennat pour rien*, *op. cit.*, p. 347.
35. Éric Zemmour, *Le coup d'État des juges*, *op. cit.*, p. 77.
36. *Ibid.*, p. 66.
37. *Ibid.*

D'abord, parce qu'elle occulte la sélection républicaine des juges français, majoritairement passés par l'École Nationale de la Magistrature, dont la difficulté du concours d'entrée est l'une des garanties de notre méritocratie républicaine. Alors, est-ce qu'il vaut mieux un juge qui a durement travaillé ou se contenter d'un scrutin dont le résultat pourrait reposer sur les « mallettes de billets » promptes à corrompre quiconque, qu'Éric Zemmour vante régulièrement ?

Ensuite, parce que l'élection du juge est un mantra qui vient directement des États-Unis. Là-bas, on élit les juges selon des types d'élections fort variés, ce qui peut avoir la fâcheuse tendance d'agacer l'électeur qui finit par ne plus savoir pour qui voter, entre le député, le sénateur, le shérif, les juges et mille autres mesures qui lui sont soumises. Surtout, l'idée de faire élire le juge pour lui conférer une légitimité démocratique est surprenante venant de la part d'Éric Zemmour. Non seulement il ne cesse de regretter la domination de « l'esprit anglo-saxon »[38] dans nos réformes judiciaires et surtout le fait que « le régime judiciaire américain s'impose comme l'horizon indépassable de la plupart des réformes imaginées de notre système judiciaire »[39]. Et maintenant, il s'y mettrait à son tour ? On frise le ridicule. Parce que voilà, en critiquant l'absence d'élection du juge, il milite pour leur élection directement inspirée des États-Unis. En conséquence, il plaide contre ses thèses. Une fois encore.

Surtout, il oublie un fait majeur. Le Président a le pouvoir de nommer les conseillers d'État[40] et les magistrats judiciaires, après avis conforme du Conseil supérieur de la magistrature ou sur sa proposition, notamment les magistrats du siège à la Cour de cassation et les premiers présidents de cour d'appel. Est-ce dire qu'il méprisera des juges qu'il aura lui-même nommés ? À tout le moins, cela en fait des personnes à l'« esprit de soumission ». Comme quoi, on peut toujours se surpasser. Il nous prouve avec brio qu'il serait encore pire bourreau qu'on n'aurait pu le penser.

---

38. *Ibid.*, p. 199.

39. *Ibid.*, p. 219.

40. Article 13 de la Constitution de la République française du 4 octobre 1958.

Sans pitié pour la « racaille »

Pas de pitié pour la « racaille » ! En capuche, cela va sans dire. On sait déjà que celle en col blanc ne subira jamais sa fureur. Que lui réserve-t-il ? Un funeste sort si l'on se fie à ce qu'il préconisait aux anciens ministres de la Justice. Voulez-vous un avant-goût ? Le voici : « Lorsque la peine de mort a été abrogée, on nous a promis qu'il y aurait des peines de sûreté de trente ans qui mettraient hors d'état de nuire les criminels les plus dangereux. Il n'en a rien été. »[41] Il a crucifié l'ancienne garde des Sceaux, Christiane Taubira : « Elle annonce aussi son intention d'abolir les peines planchers pour ces mêmes multirécidivistes, qui contraignaient, au nom d'une lourde réalité pénale, certains de ces juges à sortir de leur culture de l'excuse. »[42] Cette politique serait criminelle puisqu'elle ferait peu de cas de « ceux qui voient revenir les monstres paradant dans leur quartier »[43]. Car, c'est bien connu, coupable un jour, coupable toujours. Mais enfermé dans cette case du « monstre », qui lui collera à jamais à la peau, le repris de justice, même s'il a purgé sa peine, a toutes les chances de le rester.

Aussi, on le sait nostalgique de ces fameuses « peines planchers ». À force de marteler que l'abrogation des peines planchers concernerait uniquement de « pauvres enfants » qui seraient « victimes d'une société qui les rejette par xénophobie et racisme »[44], il laisse planer l'idée d'une « culture de l'excuse », qui par pitié, remettrait en liberté de dangereux multirécidivistes. Ce raccourci juridique sur les « peines planchers » est faux. À ceux qui seraient tentés de penser qu'elles permettraient de mettre aux fers les récidivistes, livrons-nous à quelques explications juridiques qui montrent que celles-ci n'ont jamais été obligatoires, à défaut d'avoir été réellement appliquées.

Le législateur, sans se rendre compte que sa loi ne serait pas dissuasive pour un sou, a donné aux magistrats tout un

41. Éric Zemmour, *Z comme Zemmour*, *op. cit.*, p. 211.
42. Éric Zemmour, *Le bûcher des vaniteux II*, *op. cit.*, p. 203.
43. Éric Zemmour, *Le bûcher des vaniteux*, *op. cit.*, p. 185.
44. Éric Zemmour, *Le bûcher des vaniteux II*, *op. cit.*, p. 203.

arsenal pour lui permettre de condamner à une peine minimale, d'au moins un tiers de la peine maximale prévue, pour les crimes et délits passibles d'au moins trois ans d'emprisonnement. Seulement, contrairement à ce que laisse penser Éric Zemmour, la peine plancher n'était pas automatique. Le juge devait seulement motiver sa décision de ne pas appliquer la peine plancher, soit en fonction de la personnalité du suspect, soit des circonstances du délit ou du crime. La marge d'appréciation du juge se réduisait encore plus après la deuxième récidive. Mais là encore, il n'y a jamais eu d'automaticité. C'est en pratique que son mythe s'effondre, puisque les juges ont largement dérogé aux peines planchers. Comme le remarquait *Libération*, « en 2010, trois ans après la loi, les peines minimales n'étaient retenues que dans 38% des cas où elles étaient applicables. »[45] C'est dire si les peines planchers ne sont pas une solution.

Ceci se conçoit aisément pour peu que l'on sache que la peine pénale doit être individualisée. Ce principe d'individualisation des peines a été reconnu par le Conseil constitutionnel comme découlant de l'article 8 de la déclaration des droits de l'Homme et du citoyen de 1789 et a, à ce titre, valeur constitutionnelle[46]. Celui-ci a trouvé sa traduction législative dans l'actuel article 132-19 du Code pénal : « Toute peine d'emprisonnement sans sursis ne peut être prononcée qu'en dernier recours si la gravité de l'infraction et la personnalité de son auteur rendent cette peine indispensable et si toute autre sanction est manifestement inadéquate ». En tout état de cause, il était impossible au législateur d'y déroger. Il en sera de même pour Éric Zemmour. Ne le laissez pas vous fourvoyer.

Il a beau s'égosiller, ses requêtes tombent dans le vide. « Notre première réaction est toujours la même : pourquoi est-il sorti ? Pourquoi n'a-t-il fait que cinq ans au lieu de dix ans ? Pour-

---

45. *Libération*, « Qu'est-ce que c'est les peines planchers ? », Checknews, 9 janv. 2018, URL : https://www.liberation.fr/checknews/2018/01/09/qu-est-ce-que-c-est-les-peines-planchers_1653000/.

46. Conseil Constitutionnel, Décision DC n°2005-520 DC du 22 juillet 2005, Loi précisant le déroulement de l'audience d'homologation de la comparution sur reconnaissance préalable de culpabilité.

quoi n'a-t-il pris que dix ans ? »[47] On voit là toute l'absurdité de ses questions puisque la seule possibilité pour en finir avec l'individualisation de la peine serait d'obliger le juge à condamner tous les coupables à de la prison ferme sans aucune dérogation possible. En vertu de ce principe, renvoyé et condamné de multiples fois devant le tribunal correctionnel pour des délits passibles de peine d'emprisonnement, Éric Zemmour serait obligatoirement passé par la case prison.

Récemment, il a frappé encore plus fort en conseillant à Xavier Bertrand : « Et puis, tu rétablis la double peine pour les délinquants étrangers que Sarkozy a stupidement supprimée. »[48] Là encore, l'argument était faux. Sans entrer dans un débat juridique, on se contentera de rappeler que la « double peine » permet depuis 1945 d'expulser un étranger, c'est-à-dire une personne qui n'a pas la nationalité française, reconnu coupable d'une infraction commises sur le territoire français si « sa présence menace l'ordre public ». Malgré une surenchère politique, celle-ci n'a jamais été supprimée. Des exceptions ont vu le jour. En proposant de la rétablir, Éric Zemmour ne fait que s'inscrire contre l'état du droit actuel, ce qu'on appelle académiquement le droit positif, puisque pour supprimer les exceptions existantes, il faudrait enfreindre la Convention européenne des droits de l'homme, ce qui susciterait une condamnation de la France par la Cour du même nom.

À moins que l'on ait l'idée lumineuse de proposer un référendum pour solder ce débat et court-circuiter ce juge européen qui nous fait des misères ? Problème : la Constitution ne permet pas de proposer un référendum sur des réformes relatives à la politique pénale. C'est raté. Alors ceux qui seraient tentés par cette escalade répressive ne doivent pas se leurrer. Éric Zemmour n'y fera rien et celle-ci restera à l'état de mots. « Paroles et paroles et paroles » comme dit le refrain la chanson…

47. Éric Zemmour, *Z comme Zemmour*, *op. cit.*, p. 211.

48. Éric Zemmour, *La France n'a pas dit son dernier mot*, *op. cit.*, p. 162.

Liberticide et guerre contre les « phobes »

Le 2 mars 2011, Éric Zemmour conclut son discours devant les militants LR, « pas très long »[49] mais cela vaut mieux, en se retournant vers l'estrade pour s'adresser aux parlementaires du parti : « Il vous faut désormais débrancher un à un, à la manière de la mise à mort de l'ordinateur HAL, dans le vieux film de Kubrick *2001, l'Odyssée de l'espace,* tous les fils qui donnent vie au monstre. Supprimer l'action pénale pour les associations antiracistes – pendant que vous y êtes, si vous pouviez supprimer leurs subventions, cela ferait du bien au budget de l'État et à la liberté –, supprimer l'incitation à la haine raciale et à la discrimination, concept flou qui n'a pas la rigueur juridique de la vieille diffamation. Supprimer les lois mémorielles, ce qui vous a déjà été réclamé par les grands historiens de ce pays. Supprimer toutes les lois sur les discriminations qui prennent les problèmes de l'intégration à l'envers, et donnent à la société française "la fièvre cafteuse", selon une autre expression du prolixe Murray (*sic*). »[50]

La fin des associations « antiracistes » : supprimer ses accusateurs ?

Cela fait longtemps qu'il accuse les associations « droits-de-l'hommistes » des pires vilenies, tour à tour « pousse-au-crime judiciaire »[51], qui exploiteraient les mécanismes juridiques « pour imposer leur loi à une majorité rendue impuissante »[52]. En vingt-quatre ans, du *Coup d'État des juges* publié en 1997 à *La France n'a pas dit son dernier mot* en 2021, l'analyse n'a pas bougé d'un iota. On saluera le travail. Plus radoteur tu meurs ! De quoi donner de l'espoir aux jeunes générations adeptes du copier-coller.

Que penser de tout cela ? D'abord, la méthode est écœurante car il laisse penser que ces associations « s'engraisseraient » sur le dos des migrants et du contribuable alors qu'elles

49. *Ibid.*, p. 128.

50. *Ibid.*, p. 129.

51. Éric Zemmour, *Le coup d'État des juges, op. cit.*, p. 171.

52. Éric Zemmour, *La France n'a pas dit son dernier mot, op. cit.*, p. 13.

ne vivent que grâce à la passion des personnes engagées, qui souvent, peinent à joindre les deux bouts. Les subventions publiques n'abondent pas comme il le prétend. Ensuite, il a beau s'insurger contre les droits de l'Homme, il ne pourra pas abroger la Déclaration universelle des droits de l'homme de 1789. Celle-ci fait partie tant de notre histoire que de notre présent. Un jour, il faudra bien qu'il finisse par admettre que « les hommes naissent et demeurent libres et égaux en droit »[53]. Que ça lui plaise ou non.

La fable du condamné prônant l'abrogation des lois sur lesquelles il a été condamné

Au sujet de la loi du 1er juillet 1972 qui réprime « l'incitation à la haine en raison de l'origine ou de l'appartenance ou de la non-appartenance à une ethnie, une nation, une race ou une religion déterminée en droit français », il estime qu'elle introduit de « la subjectivité où régnait l'objectivité »[54]. S'agissant de l'abrogation de l'incitation à la haine raciale et à la discrimination, il prêche pour sa paroisse.

Sur le sujet, on se contentera de poser une question. Faut-il se fier à un individu qui a été condamné définitivement par la justice « pour provocation à la discrimination, à la haine ou à la violence » de vouloir abroger les lois sur le fondement desquelles il a été condamné ? Pour résoudre ce dilemme, on posera une autre question. Faudrait-il se fier à un violeur qui proposerait d'abroger la législation sur les violences sexuelles ?

La suppression des lois mémorielles : imposer « sa » vision de l'histoire

Il regrette que Jacques Chirac, avec son célèbre discours au sujet du Vél d'Hiv, ait « reconnu la culpabilité de la France dans le génocide juif – ce qu'avaient toujours refusé et de Gaulle et Mitterrand »[55]. Effectivement, selon lui, il s'agirait d'un mythe bâti de toutes pièces par le général de Gaulle, celui du « Paris libéré

53. Article 1 de la Déclaration des Droits de l'Homme et du Citoyen.

54. Éric Zemmour, *Le suicide français, op. cit.*, p. 66.

55. Éric Zemmour, *Un quinquennat pour rien, op. cit.*, p. 368.

par lui-même », « qui permet de repousser les prétentions américaines »[56]. Cependant, c'est là uniquement son interprétation.

En réalité, avec la suppression des lois mémorielles, ce qu'il propose n'est rien moins que de nous imposer non pas « une vision » de l'histoire, mais « sa vision » de l'histoire, celle qui ne prend en compte ni les hommes ni leurs souffrances. Il n'apprécie pas non plus les faits scientifiques, ni citer des sources précises. Bref, tout ce qui ressort de la rigueur doctrinale. Il est de ceux qui ne s'embarrassent pas des découvertes « scientifiques ». Ainsi, il regrette les controverses doctrinales au sujet de Clovis : « Nos historiens contestent tout, sauf son existence : la date de son baptême ; la scène du vase de Soissons ; l'importance politique de son épouse Clotilde ; son poids dans l'Empire romain déliquescent ; son rôle fondateur dans l'édification de la France. Ivres de leur découverte « scientifique » toute neuve, ils ne laissent rien debout »[57].

En effet, sa méthode consiste à exhumer un auteur anonyme et iconoclaste, pour contrecarrer la thèse en vigueur, dans le but de faire parler de lui à peu de frais. Là encore, une suppression des lois en vigueur arrangerait bien celui qui rit aux éclats d'une remise de prix à un auteur négationniste. Quand il écrit que le prétendu « lobby homosexuel » « ira jusqu'à réécrire l'histoire de la Seconde Guerre mondiale, s'inventant des persécutions de la part de Vichy, qui aurait envoyé des homosexuels dans les camps de concentration »[58], il n'est pas loin d'enfreindre la loi du 13 juillet 1990 dite « loi Gayssot » qui réprime tout acte raciste, antisémite ou xénophobe. Mais alors, on ne peut pas le laisser agir à sa guise et le laisser abroger des lois sur mesure qui le laisseraient libre de proférer ses sorties outrancières alors qu'elles nient une réalité historique, dans le but de raviver la douleur de personnes meurtries.

Nous sommes convaincu que l'abrogation de ces lois mémorielles, dont on peut discuter dans le débat, n'est pas du

56. Éric Zemmour, *Destin français, op. cit.*, p. 513.

57. *Ibid.*, p. 47.

58. Éric Zemmour, *Le suicide français, op. cit.*, p. 74.

tout la priorité du « peuple » pour reprendre son vocable. Éric Zemmour toise une nouvelle fois de son mépris tous ceux qui ont faim, qui n'arrivent pas à boucler leurs fins de mois, en affichant ouvertement que sa priorité n'est pas leur triste sort, mais qu'il cherche avant tout à asseoir sa propagande idéologique.

Combler le vide législatif par une abrogation massive ?

Récapitulons, même s'il faut avoir le cœur bien accroché. C'est parti. Abolition des lois mémorielles ; suppression des lois sur l'incitation à la haine ; suppression de l'action pénale pour les associations antiracistes ; abrogation de toutes les lois sur les discriminations. On respire. L'accumulation donne le vertige. Rien que sur les libertés publiques, la liste est longue. On entend parfois parler d'« inflation législative » pour qualifier la croissance exponentielle et la longueur des lois. Éric Zemmour a inventé son opposé : « l'inflation législative négative ». Une politique de la terre brûlée.

Restons lucides. De cette abrogation massive, nous ne pouvons constater qu'une chose : Éric Zemmour ne propose pas de nouvelles lois, mais uniquement de défaire ce qui a été fait. Il s'affirme donc en populiste exemplaire puisqu'il propose avant tout une politique de rejet plus qu'une véritable politique. La mascarade étant découverte, ne nous laissons pas berner par cette « politique négative », élaborée dans le pur antagonisme, qui ne propose pas de solution viable, si ce n'est un délitement législatif massif. Nos futurs députés seront bien plus utiles pour notre pays à faire plutôt qu'à défaire.

Le gardien de la « monoculture »

Nous sommes en 2022 après Jésus-Christ ; toute la Gaule est occupé par des étrangers… Toute ? Non ! Car un peuple d'irréductibles Gaulois résiste encore et toujours à l'envahisseur. Il ne manque plus que la potion magique à Éric Zemmour. À moins que l'« opium du peuple »[59] ne la remplace ? Si seulement les

59. Patrick Poivre d'Arvor et Éric Zemmour, *Les rats de garde*, *op. cit.*, p. 97.

farces restaient circonscrites aux planches des bandes dessinées...

L'un de ses sujets de prédilection, et de préoccupation, est le « multiculturalisme » qu'il résume de la sorte : « Tout cela est porté à incandescence dans les ZEP où se côtoient des élèves venus de tous les pays du monde. La fameuse diversité se transforme en conflits de langues, de cultures, de civilisations. »[60] Ce véritable « choc des civilisations », pour reprendre la formule de Samuel Huntington que l'on détaillera, se greffe volontiers à la théorie du « grand remplacement » et réciproquement : « On a renoncé depuis longtemps à enseigner à ce petit [jeune homme de nationalité française dont les parents sont venus du Maroc] venu d'ailleurs nos ancêtres les Gaulois. Mais on n'a pas osé non plus empêcher les siens de venir en France. » Cocorico !

D'ailleurs, par moments, on se demande ce qui fait pencher son cœur pour la plume ou pour la fiction puisque la propagande idéologique y est la même. Dans l'une de ses fictions, *Petit frère*, il en parle de la façon suivante : « Vous avez été laxiste au nom d'un humanisme dévoyé ; vous avez fait l'éloge du multiculturalisme, du métissage, du dialogue, des civilisations, vous avez paradé sur les plateaux de télévision, puis vous êtes retournés dans vos ghettos dorés et protégés, tandis que ceux qui étaient condamnés à vivre ensemble, ou plutôt côte à côte, enfermés dans leurs identités séculaires, s'étripaient, s'entre-égorgeaient. »[61] À peu de choses près, le discours est le même dans *Le suicide français* : « Le bobo a en effet une différence décisive avec l'ancien ouvrier français qui accueillit les précédentes vagues de migrants. Ce dernier était assimilationniste, imposait le mode de vie et la culture française aux nouveaux arrivants, non sans rudesse parfois, et un zeste de xénophobie mâtinée d'un complexe de supériorité. Le bobo est multiculturaliste ; il est un adepte de la vulgate différentialiste – [...] –, il déteste la franchouillardise à l'égal du péché ; il voit l'assimilation comme un concept néocolonial ; il ne jure que par l'échange des cultures d'égale dignité. »[62]

---

60. Éric Zemmour, *Le bûcher des vaniteux II*, *op. cit.*, p. 288.
61. Éric Zemmour, *Petit frère*, *op. cit.*, p. 334-335.
62. Éric Zemmour, *Le suicide français*, *op. cit.*, p. 454.

On espère que si un « bobo » nous lit, il est solidement accroché. Car il trinque pour les autres.

L'idée de la guerre civile n'est jamais loin, avec pour support une guerre culturelle. La thèse de Samuel Huntngton, selon laquelle l'existence même de civilisations différentes supposerait une conflictualité inéluctable sur la scène internationale, est l'objet de nombreuses critiques, avec des contre-exemples. Manon-Nour Tannous remarque d'abord que « la définition du terme "civilisation" reste peu convaincante » car elle « correspond parfois à un État (Japon), parfois à un groupe d'États, et s'éloigne de l'acception universelle de la civilisation ». Puis, la chercheuse remarque qu'il existe de multiples illustrations de conflits entre « États appartenant à la même aire civilisationnelle »[63] notamment la guerre du Golfe, riposte militaire qui faisait suite à l'invasion du Koweït par l'Irak, prétendument de la même « civilisation » au sens où l'entend Samuel Huntington. Voilà que le « choc de civilisations » se mue en « choc inter civilisations ». La théorie n'est pas des plus solides si elle peut être ébranlée si facilement... Alors, à partir d'une théorie aux fondations plus que fragiles et douteuses, que nous propose-t-il pour en finir avec ce « multiculturalisme » ?

La fin de la binationalité : plutôt papa ou maman ?

Angoisse parmi ses angoisses, on ne peut échapper aux citoyens binationaux en ouvrant l'un de ses ouvrages. Bref rappel. En France, la binationalité résulte d'une longue tradition dont on trouve les traces après la Première Guerre mondiale. Elle s'applique aussi bien à la situation d'un étranger qui a acquis la nationalité française, par naturalisation ou mariage, sans renoncer à sa nationalité d'origine, que, réciproquement, à des Français qui ont obtenu la nationalité d'un autre pays, en décidant de rester des citoyens français. Cette précision étant faite, place à la pièce de théâtre, en trois actes.

63. Manon-Nour Tannous, « Le "choc des civilisations" de Samuel Huntington, une notion débattue », 26 août 2019, URL : https://www.vie-publique.fr/parole-dexpert/270680-le-choc-des-civilisations-clash-civilizations-de-samuel-huntington.

Acte I. Voici sa fable. Belote ! Celle-ci prend place dans *Le bûcher des vaniteux*: « Ils sont des millions, mais on ne sait pas vraiment combien. La France a toujours toléré la double nationalité comme l'Angleterre, l'autre grand pays colonial. L'Allemagne, elle, refuse. On peut être allemand ou turc mais pas les deux. »[64] « On a déchanté. La fameuse double culture, promesse de tant de richesses, s'est souvent transformée en *no man's land* identitaire et culturel. »[65]

Rebelote ! Celle-ci se joue à nouveau dans *Le bûcher des vaniteux II*: « On touche là toutes les ambiguïtés de la double nationalité. Dans les années 80, on rétorquait aux mauvais coucheurs qui, tel Raymond Aron, affirmaient qu'on ne devait avoir qu'une seule nation, qu'une seule allégeance, qu'on pouvait bien aimer son père et sa mère. »[66] « Un cinglant démenti à tous les défenseurs du droit du sol, qui nous expliquent doctement qu'on est du pays où on est né. Qu'on est français à partir du moment où on a une carte d'identité française. »[67]

Acte II. Voici l'histoire. Comme le rappelait fort bien le politologue Patrick Weil, les polémiques autour de la binationalité sont anciennes et font l'objet d'une récupération politique : « Bien avant que le Front national ne s'y oppose, la binationalité a été contestée par l'extrême-droite, dès le début du siècle dernier, et a notamment mobilisé l'Action française pendant la IIIe République. Leur argument était que ces binationaux étaient supposément des traîtres au service d'un autre pays. Pour l'Action française, les "métèques" étaient, avec les juifs, les protestants et les francs-maçons, une des quatre puissances confédérées, soupçonnées de vouloir détruire le pays »[68]. Une analyse que le sociologue Vincent Geisser complète pertinemment en énonçant

64. Éric Zemmour, *Le bûcher des vaniteux*, *op. cit.*, p. 169.

65. *Ibid.*

66. Éric Zemmour, *Le bûcher des vaniteux II*, *op. cit.*, p. 126.

67. Éric Zemmour, *Le bûcher des vaniteux II*, *ibid.*, p. 127 : « Mohamed Merah sera enterré en Algérie ».

68. Patrick Weil, « La binationalité a été contestée par l'extrême-droite dès le début du siècle dernier », entretien dans *LeMonde.fr*, 3 juin 2011, URL : http://www.lemonde.fr/politique/article/2011/06/03/la-binationalite-a-ete-

qu'« à travers les débats récurrents sur la binationalité, c'est bien la suspicion de "double allégeance" qui transparaît, comme si ces "mauvais Français" [...] étaient susceptibles de trahir les valeurs fondamentales de la nation. »[69] On remarquera que c'est précisément cette défiance qui sous-tend la critique d'Éric Zemmour contre les binationaux: « Conflit de loyauté. D'allégeance. »[70] La paranoïa va jusqu'à les soupçonner de prendre les armes contre le pays: « La plupart des tueurs de flics sont nés en France. »[71] Est-ce que cette phrase vous glace le sang ? Oui. Ça tombe bien. C'est ce qu'il veut.

Acte III. Voici la vérité. La double nationalité n'est pas enregistrée dans le recensement et la loi française n'oblige pas ses citoyens à faire part de sa ou de ses autres nationalités à l'état civil. Il est donc difficile d'obtenir des chiffres précis sur le sujet. Sauf qu'une enquête dénommée « Trajectoires et origines » a été réalisée par l'Institut national d'études démographiques (Ined) en 2008 et 2009 (la prochaine enquête réalisée entre 2019 et 2020 paraîtra en 2022). Nous la manierons donc avec toutes les précautions nécessaires compte tenu des dates. Celle-ci nous enseigne qu'à cette période, les binationaux représentaient 5 % de la population de France métropolitaine âgée de 18 à 50 ans, dont 90 % étaient fils d'immigrés ou descendants d'immigrés. Ce qui représentait un total d'environ trois millions de personnes en France. Ce n'est pas tout, l'enquête est allée plus loin en se posant une question simple en apparence mais essentielle: « les doubles-nationaux sont-ils tiraillés entre deux allégeances ? » Quoique polémique, le sujet imprègne les critiques d'Éric Zemmour. C'est alors que les enquêteurs lui apportent un solide démenti puisqu'ils observent « peu d'impact de la double nationalité sur le sentiment d'être Français ». Ils notent que « les immigrés

---

contestee-par-l-extreme-droite-des-le-debut-du-siecle_1531406_823448.html

69. Vincent Geisser, « La binationalité en procès: non-dits et hypocrisies d'un débat récurrent », Centre d'Information et d'Études sur les migrations Internationales, « Migrations Société », 2011/4, n°136, p. 3-12.

70. Éric Zemmour, *Le bûcher des vaniteux II*, *op. cit.*, p. 288.

71. Éric Zemmour, *Le suicide français*, *op. cit.*, 207

doubles-nationaux se sentent autant Français que ceux qui ont abandonné leur ancienne nationalité »[72]. De quoi faire taire cette paranoïa de mauvais augure qui voudrait que les binationaux aient tous en secret l'envie de prendre les armes contre la France.

Épilogue. Il y a 5 % de binationaux, seulement 5 %... On sait que selon la vulgate populiste, 5 % aspirent à devenir 100 %, par les voies de la « colonisation » et de « la reproduction ». Mais nous ne sommes pas populistes. Et 5 % c'est 5 %. Les chiffres apportent un éclairage radicalement différent, même si l'on sait qu'il faut parfois s'en méfier, car on ne peut les manier qu'avec des doigts de fée. Nous attendons avec impatience la prochaine enquête. En attendant, le chiffre plafonne à 5 %...

La morale de l'histoire : « Longtemps, on nous a expliqué qu'on pouvait aimer son père et sa mère. Son père autant que sa mère. Source de richesses, une double culture, deux façons de voir le monde, deux manières de comprendre l'humain. »[73] Alors à ceux qui seraient enclins à voter Zemmour, on demandera de se mettre un instant à la place des binationaux qui seraient forcés à choisir : plutôt papa ou maman ?

Imposer un prénom français

Le message est limpide quoique violent : ne pas donner de prénoms français à ses enfants, « c'est refuser consciemment ou inconsciemment de faire partie du peuple français. »[74] En VRP de luxe du Consulat napoléonien, il fait la publicité de sa législation à tous ses interlocuteurs. Même Xavier Bertrand trouve qu'il s'agit là de sa « marotte »[75] quand Éric Zemmour le harcelait avec la loi sur les prénoms français : « Tu rétablis la loi de Bonaparte sur l'obligation de donner un prénom français à ses enfants. »[76].

72. Patrick Simon, « Nationalité et sentiment national » in Cris Beauchemin, Christelle Hamel et Patrick Simon (Coord.), *Enquête sur la diversité des populations en France. Premiers résultats (TeO)*, Documents de travail, Ined, n°168, 2010.

73. Éric Zemmour, *Le bûcher des vaniteux*, *op. cit.*, p. 169.

74. Éric Zemmour, *Un quinquennat pour rien*, *op. cit.*, p. 510.

75. Éric Zemmour, *La France n'a pas dit son dernier mot*, *op. cit.*, p. 162.

76. *Ibid.*

Et, au cas où le lectorat du polémiste ne serait pas capable de piger du premier coup, il le répète dans ses fictions, se sentant obligé d'en faire une profession de foi : « Oui, mais on est en France, maintenant, il faut donner les prénoms des Français. »[77] Merci, on a compris.

Cette loi du 11 germinal an IX prévoyait que seuls pouvaient être reçus comme prénoms, dans les registres de l'état-civil des naissances, les noms en usage dans les différents calendriers et ceux des personnages connus dans l'histoire ancienne. Contrairement aux idées reçues, il n'y a donc pas que les prénoms du calendrier qui étaient autorisés, mais également ceux des personnages historiques. Réinstaurer la loi, chiche ? Que les petits Clovis, Clotaire et Pépin se tiennent à carreau sur les bancs de l'école, le maître Éric Zemmour va bientôt faire l'appel. On imagine le calvaire qu'il vit au quotidien. Cela doit être un drame que de vivre bloqué dans le passé, hanté sans relâche par les mêmes obsessions. Dans cette lignée, on attend avec impatience qu'il rétablisse la saignée et autres traitements médicaux de choc encore en vigueur lors de cette glorieuse époque, qui illustreraient magnifiquement sa vulgate du « C'était mieux avant ». Que ceux qui préfèrent le rebouteux au radiologue lèvent la main.

Bien sûr, il s'agit d'une ineptie que de vouloir rétablir cette loi, pour plusieurs raisons. D'abord, car avant cette loi en date du 1er avril 1803, il n'existait aucune loi qui régissait les prénoms en France. Alors comment explique-t-il qu'un prétendu « déclin français » ne soit pas apparu plus tôt ? En effet, les Français étaient libres de donner le prénom de leur choix à leurs enfants, ce qui n'a entraîné aucune espèce de « décadence française », puisqu'il fallut attendre le XXIe siècle et les livres d'Éric Zemmour pour que cette thèse fleurisse. Surtout, avec cette rengaine, il aimerait nous convaincre qu'il suffirait d'avoir un prénom français pour aimer la France, « sa langue, ses mots et sa musique, qu'il faut gueuler, chanter, adorer » et « ne toucher qu'avec des doigts tremblants »[78]. Tout cela est d'une telle bas-

77. Éric Zemmour, *Petit frère*, *op. cit.*, p. 104.

78. Éric Zemmour, *in* Alain Griotteray (dir.), *Une idée certaine de la France*, *op. cit.*, p. 17-18.

sesse qu'on ne peut que s'attrister de voir qu'il lie l'amour de la patrie au choix d'un prénom. En stigmatisant ainsi le Français qui porte un prénom étranger, Éric Zemmour s'épargne le constat gênant qu'il puisse exister des « Français de souche » illettrés. Seulement, lors de cette journée rituelle de défilé du 1er mai 2013, la militante du Front national, croquée par la caméra du *Petit Journal* à répéter « Moi pas répondre ! Moi être française »[79] qui tentait ridiculement de se protéger de la journaliste Salhia Brakhlia à l'aide de saucissons suspendus à un drapeau, s'imposa mal comme la digne héritière de Chateaubriand. Signe que le prénom ne fait pas tout.

En réalité, la véritable origine de cette loi était que bon nombre de citoyens français donnaient des prénoms de grands révolutionnaires après 1789. Cela ne plut guère à Napoléon, qui rédigea prestement cette loi du 11 Germinal an XI. Il était ainsi débarrassé des Marat, et autres gêneurs. Et voilà le travail. Signe que sous la belle Politique avec un grand « P » se cache toujours de bas instincts politiques avec un petit « p »... Napoléon Bonaparte, né Napoleone Buonaparte en Corse, devait se gausser devant l'ironie du sort : en refusant de prendre un prénom français, il montrait peu de considération pour une loi qu'il venait d'édicter ! Quand on vous dit que les donneurs de leçons sont souvent les derniers à les appliquer...

Pour Éric Zemmour, il ne s'agit là que d'une autre facette de sa névrose pour la théorie du « grand remplacement » dont « la Seine-Saint-Denis est l'emblème »[80]. Il ajoute qu'au sein de ce département, « dans la liste des dix prénoms les plus donnés aux enfants, tous sont musulmans (Mohamed) ou affiliés (Ryan, Inès) »[81], en se gardant bien de citer ses sources, ce qui atteste du sérieux de sa démarche. D'une mesquinerie absolue, ce procédé permet d'accabler celui qui a le malheur de porter un prénom étranger, que ses parents ont choisi pour lui, et qui par la force des choses n'y est pour rien. Pis, il les condamne à un sinistre destin. Car c'est là toute l'ignominie de son raisonnement : non

79. Éric Zemmour, *Le premier sexe*, *op. cit.*, p. 99.

80. Éric Zemmour, *La France n'a pas dit son dernier mot*, *op. cit.*, p. 73.

81. *Ibid.*

seulement reprocher à une descendance le goût de ses aïeux, mais surtout, lui dénier toute fibre patriotique. Les petits Mohamed, Ryan et Inès n'auraient-ils donc pas le droit d'aimer la France ? Ce qui est sûr c'est qu'ils trinquent pour leurs parents. La petite politique politicienne a touché le fond.

Fiers de son coup d'avoir exhumé cette loi poussiéreuse, il se substitue, on l'a vu précédemment avec l'exemple de Hapsatou Sy, à l'officier d'état civil lors de joutes verbales endiablées à la télé, en rebaptisant une interlocutrice dont le prénom ne lui sied guère.

Au choix pour les femmes : maison, maternité ou bordel ?

En finir avec le « mariage d'amour » : retour aux mariages forcés et suppression du divorce ?

On l'a abondamment détaillé, aussi serons-nous bref. On vous rafraîchit rapidement la mémoire. On a constaté effaré qu'Éric Zemmour glorifie l'infidélité de l'époux tout en fustigeant le « divorce de masse », ce qui nous paraît pour le moins contradictoire. Cette thèse a surgi très tôt dans ses essais : « Les couples s'initient à l'échange des partenaires et de leurs impressions. Les plus forts résistent et se renforcent de ces expériences ; les plus faibles, les plus fragiles souffrent dans leur chair, leur sensibilité et leur amour-propre, se séparent. Les divorces se multiplient. On les facilite ». [82] Doté d'un cœur de pierre, il déplore que le sentiment amoureux se soit introduit dans le mariage : « Il y avait belle lurette que le mariage d'amour avait détruit l'institution du mariage, et que le divorce de masse l'avait désacralisé. »[83] Ô horreur ! Ô damnation ! Des sentiments... Mais on se demande où va le monde ?

On en vient légitimement à penser qu'il veut en revenir aux mariages forcés pour en finir avec ces mariages d'amour où l'on se permet tant de romantisme. Et de regretter nostal-

82. Patrick Poivre d'Arvor et Éric Zemmour, *Les rats de garde*, *op. cit.*, p. 103.
83. Éric Zemmour, *Le bûcher des vaniteux II*, *op. cit.*, p. 313.

gique: «Le mariage n'était plus une institution mais une histoire d'amour.»[84] Car après tout, les «bons sentiments» c'est une affaire de «bonnes femmes». «Le XIXe siècle romantique, conjuguant la doctrine chrétienne et le sentimentalisme de *La Nouvelle Héloïse*, imposera le mariage d'amour comme modèle. Et son pendant, le divorce, quand l'amour disparaît.»[85] Remarquez, cela résoudrait bien des problèmes. Sans amour à l'origine, il n'y a aucune chance pour qu'il disparaisse au cours du mariage puisqu'il n'aura jamais existé. Il est donc impossible qu'il soit la cause du divorce: «L'équation implacablement féminine se met ainsi en place: si on "trompe", c'est que l'on n'aime plus, donc on se sépare.»[86] En supprimant l'amour, on supprime brillamment «l'équation féminine». Cet orfèvre de la provocation se doublerait-il d'un mathématicien de génie?

D'où son apologie du «non-divorce». Notamment dans le *Livre noir de la droite*, en 1998: «À la mort de Georges Pompidou, en 1974, ses deux héritiers, Valéry Giscard d'Estaing et François Mitterrand, n'imaginaient pas entamer de procédure de divorce. Mais dix ans plus tard, Michel Rocard franchit le Rubicon.»[87] Ou encore dans *Petit Frère*, en 2008: «Regarde Chirac, Giscard, Mitterrand, ils avaient tous une double, une triple vie, mais ils n'ont jamais divorcé. Cette époque est révolue.»[88] Preuve au passage que le recyclage est un art qu'il a toujours maîtrisé.

Pourtant, malgré le radotage, on n'est pas sûr d'y adhérer. Car, ainsi posée, cette «équation implacablement féminine» qui veut que l'on divorce lorsque «l'on n'aime plus» ne nous paraît pas aberrante. Plus surprenant encore, c'est Napoléon Bonaparte, grand divorcé, qui a promulgué le Code civil prévoyant le divorce pour faute[89]. Alors celui qui se réclame de son héritage

84. Éric Zemmour, *Le suicide français*, *op. cit.*, p. 266.

85. *Ibid.*, p. 100-101.

86. Éric Zemmour, *Le premier sexe*, *op. cit.*, p. 56.

87. Éric Zemmour, *Le livre noir de la droite*, *op. cit.*, p. 87.

88. Éric Zemmour, *Petit frère*, *op. cit.*, p. 294-295.

89. Voir partie 2 sur Le «mariage forcé».

sera-t-il capable d'abroger le divorce ? Pire qu'une offense. Un sacrilège…

Même s'il fait tout pour faire jaser, il faut savoir cohérence garder. Après tout le mal qu'il en a dit, Éric Zemmour ne peut pas ne pas proposer de supprimer le divorce. On se demandera donc s'il assumera ses fulgurances concernant la séparation des époux. S'il se refuse d'aller au bout de ses idéaux, il ne fera que nous donner raison sur notre constat : tout se permettre dans les mots, rien dans les actes. Un petit joueur en somme… Il s'est déjà abondamment renié. Peut-il faire pire ? À y réfléchir, entre reniement et mariage forcé, on préfère le premier…

Supprimer l'IVG pour restaurer la domination masculine

« Biologie n'est pas destin et la loi de papa ne vaut plus rien. Mon corps est à moi et c'est moi qui sais si je veux ou pas mettre bas. » Inutile de préciser que les poils d'Éric Zemmour ont dû se hérisser en écoutant les paroles de *L'une chante, l'autre pas*, de la regrettée Agnès Varda, chantées par la pétillante Pomme (interprétée par Valérie Mairesse) dans ce manifeste féministe porté par le grand écran. En effet, il ne manque pas une occasion de critiquer l'avortement, qui permet pourtant aux femmes de ne pas devenir mère de la graine semée par leurs violeurs ou de ne pas mettre au monde dans des situations de dénuement total. De surcroît, il serait grand temps de lui rappeler qu'il n'y a pas que les violeurs qui infligent des mauvais coups. Parfois, le destin s'en charge. Mais de cette souffrance, il n'en a cure. On ne peut pas lui interdire de soulever ce sujet, lorsqu'il mentionne que les mouvements anti-avortement ont « essayé de faire dire à la jurisprudence ce que le législateur s'obstinait à ne pas reconnaître : le droit à la vie du fœtus. »[90] Toutefois, la réalité s'impose : « Ils ont échoué. »[91]

Faisant fi des réalités du quotidien, qui concernent aussi bien des grossesses non désirées que des aléas de la vie, il nous crache à la figure le nombre d'IVG qui devrait nous convaincre qu'il s'agit là d'autant de « crimes » commis par ces « meur-

90. Éric Zemmour, *Le coup d'État des juges*, *op. cit.*, p. 167.
91. *Ibid.*

trières » : « Deux cent mille avortements chaque année depuis la loi Veil de 1975, c'est-à-dire trente-cinq ans, cela fait potentiellement sept millions de personnes. »[92] Mais il a un autre calcul en tête. Il ajoute le poids des mots au poids des chiffres pour faire suinter l'odeur fétide qu'un génocide aurait été commis. Un chiffre qu'il répète comme un disque rayé : « Quarante ans après la loi, il y a toujours en moyenne 200 000 avortements par an, malgré la généralisation de la pilule (spécificité française), ce qui démontre, au grand dam des féministes et des progressistes, la complexité des rapports qu'entretiennent les femmes avec la procréation, qu'il n'y a pas de grossesse non désirée même s'il y a des grossesses non voulues. »[93] Revenons sur cette dernière phrase : « Il n'y a pas de grossesse non désirée même s'il y a des grossesses non voulues ». C'est à n'y rien comprendre. En jouant sur les mots sur un ton moralisateur, il nous laisse confus. Remarquez, il n'a jamais été très clair sur le sujet : « Ces femmes veulent un enfant sans le vouloir tout en le voulant. »[94] Sa boutade, cynique sur pareil sujet, ne doit pas occulter l'essentiel.

Déjà, on est surpris. Voilà que celui qui passe son temps à glorifier « la mort », à éradiquer les crimes contre l'humanité, à torpiller les « droits-de-l'hommistes », à préférer la guerre, à critiquer les « opérations de police » de l'armée qui ont pour but de sauver les civils étrangers, se fait subitement le chantre du droit à la vie. On croit rêver. Serait-il humain ? La réalité n'est pas si reluisante. Ses réelles ambitions se cachent derrière cette façade du droit à la vie. Ce qu'il fustige à travers le droit à l'avortement, c'est surtout que « les femmes ont la haute main sur leur désir et la reproduction »[95]. Dès lors, ce sont elles qui tiennent les rênes et qui décident, et non plus le « mâle ». Il se souvient amer des slogans scandés lors des manifestations : « Notre corps nous appartient »[96]. Ce qu'il ne supporte pas, voulant que le corps des femmes continue à appartenir au « mâle ». Quand il ose écrire

92. Éric Zemmour, *Z comme Zemmour*, *op. cit.*, p. 48.

93. Éric Zemmour, *Le suicide français*, *op. cit.*, p. 138-139.

94. Éric Zemmour, *Z comme Zemmour*, *op. cit.*, p. 48-49.

95. Éric Zemmour, *Le premier sexe*, *op. cit.*, p. 95.

96. *Ibid.*

que l'homme et la femme ne seraient pas sur un pied d'égalité en raison du « besoin des hommes de dominer – au moins formellement – pour se rassurer sexuellement »[97], il reconnaît que son dessein est de graver dans le marbre de la loi une supériorité du « Premier sexe » sur le « Deuxième sexe », qui sera alors de nouveau le « sexe faible ».

Sa position sur la contraception est d'autant plus grave qu'il accuse les femmes de la pire « fourberie » et de faire aux hommes « des enfants dans le dos »[98]. Mieux, il ose écrire qu' « elles "oublient" de prendre la pilule. » Le simple fait qu'il puisse déclamer que « les psys savent pourtant bien que l'accident n'existe pas, que l'inconscient a avoué un "désir d'enfant" »[99] montre bien qu'il n'a jamais mis les pieds dans un planning familial. Il y aurait vu des femmes au regard éploré, souvent seules, pour lesquelles ce « désir d'enfant » n'a jamais été un sujet. Sa force est de ne pas connaître cette triste réalité. Ou de l'ignorer. Ce qui serait pire. On ne peut que lui conseiller de réécouter le premier couplet de la chanson d'Agnès Varda : « Ce n'est pas plus papa que le Pape ou le roi, le juge ou le docteur, ou le législateur qui me feront la loi. »

Face à tant d'inhumanité, on n'hésitera pas à pousser son raisonnement à la limite pour le faire tomber de plus haut. Alors on s'insurgera qu'en prônant la prostitution tout en menant une croisade contre l'avortement, cette formule redoutable condamne fatalement ces « catins » à mettre au monde les multiples « polichinelles » que leurs clients de passage leur auraient laissés dans le placard. Pour le dire vulgairement, la putain peut vendre son « con » à des cons, dans des passes sordides, mais pas faire tout ce qu'elle veut de son « con », tenue de conserver la semence de son « consommateur ». Faut pas nous prendre pour des cons ! Selon lui, les « putes engrossées » n'avaient qu'à « faire attention ». Vraiment ? Mais comment ? *Quid* du client brutal qui n'aurait pas montré autant de soin et de délicatesse que la putain ? Et l'édifice s'écroule.

97. Éric Zemmour, *Le suicide français*, *op. cit.*, p.33.

98. Éric Zemmour, *Premier sexe*, *op. cit.*, p.96

99. *Ibid.*

Faisons-nous l'avocat du diable. Celui-ci serait tenté de dire qu'Éric Zemmour sert là une noble cause en luttant contre l'IVG en se faisant le chantre du droit à la vie. Oui, mais alors uniquement lorsqu'il s'agit d'enfants. Des Français qui plus est. L'accusation rappellera qu'il est un partisan forcené de la mort pour tous les autres, et encore plus des étrangers. La réalité finit toujours par nous rattraper. Malgré tout, Éric Zemmour semble tenté de proposer l'abrogation de l'IVG pour rétablir une dissymétrie que l'on pensait disparue. En interdisant aux femmes d'avorter, il voudrait remettre au goût du jour l'emprise des hommes sur les femmes.

Si le droit à l'avortement était aboli et la prostitution rétablie, les femmes de joie seraient tôt ou tard condamnées à devenir mères, malgré elles. Elles pourront toutefois se consoler. Elles auront le droit, au moins un, de choisir le prénom de leur marmaille parmi ceux du calendrier et des grandes figures de l'histoire. Quelle chance ! Il faut savoir faire contre mauvaise fortune bon cœur...

Les putains de retour au bordel

Il faut reconnaître à cet infatigable fossoyeur de l'amour une qualité : la constance. À ce titre, il a toujours prêché en faveur de la prostitution, qui réduit le corps des femmes à celui de marchandise et qui rabaisse les hommes en « clients » d'une passe. Ou plus s'il en a dans le portefeuille à défaut d'en avoir dans le pantalon. Encore une fois, dans sa conception purement phallocratique de la société, c'est le désir masculin qui prime car Éric Zemmour n'envisage nullement une prostitution masculine où l'homme monnaierait ses coups de rein à vil prix. Cela ressort de manière limpide du *Premier sexe*, qui mériterait mieux, à l'occasion, le titre de « Sexe Primaire » : « Il faut que le client – et tous les hommes sont des clients potentiels – renonce de lui-même à une sorte de relation sexuelle qui ne soit pas sanctifiée par l'amour. Au-delà de la prostitution, c'est la conception d'un désir masculin distinct de l'amour qui est visée. »[100] On peut donc en tirer la conclusion ubuesque que, selon Éric Zemmour, il ne sau-

100. Éric Zemmour, *Le premier sexe*, *op. cit.*, p. 52-53.

rait exister de désir féminin. Une telle science mériterait d'être mieux connue. Surtout, l'asymétrie de cette petite « entreprise commerciale » est clairement assumée. En effet, à ce jeu du « je suis une catin », les hommes sont les chasseurs et les femmes le gibier. Car oui, comme il l'admet, cette sexualité qui « utilise l'argent pour mettre le sentiment à distance » est « une sexualité fonctionnelle, essentiellement virile »[101]. D'où notre question, façon inspecteur Columbo : si le métier est si noble, le destinerait-il à sa progéniture ?

Alors que la prostitution révèle le pire tant chez l'homme que la femme, entre reproduction machinale et avilissement du corps humain, elle provoque des élans de bonté inattendus chez Éric Zemmour. Après tout le mal qu'il a dit de l'immigration, commencerait-il à voir dans ces étrangers « une richesse pour le pays » ? Lui qu'on croyait si inhumain et toujours prompt à bouter l'immigré hors de nos terres, voilà qu'il leur assigne une profession de rêve, mais réservée aux dames : putain. La priorité aux femmes pour une fois. Dans *L'Autre*, il nous dévoile ainsi les rêves du président semi-imaginaire François Marsac dont on peut se demander si ce ne sont pas les siens : « Il comprenait mieux pourquoi les Occidentaux blancs s'étaient entichés depuis quelques années des jeunes Asiatiques ou des sculpturales négresses. Lui-même... Elles étaient tout ce que les Blanches n'étaient plus, la soumission enfantine pour celles-là, la sensualité animale pour celles-ci. Des femmes, tout simplement, telles que les rêvaient les hommes depuis des milliers d'années. Telles qu'ils avaient besoin qu'elles fussent pour bander. Lui-même... Il saisissait mieux le sens caché des grandes migrations contemporaines, des charters vers la Thaïlande »[102]. Et voici que protégé par le genre de la fiction, il suggère discrètement d'importer des femmes comme on le ferait avec de la vulgaire bidoche. Son credo : diversifier le cheptel du bordel. Un vrai gentleman.

Il faut pourtant se rendre à l'évidence. La prostitution va imposer aux femmes[103] des cadences infernales, sans comp-

101. Éric Zemmour, *Le bûcher des vaniteux*, *op. cit.*, p. 100.

102. Éric Zemmour, *L'Autre*, *op. cit.*, p. 126.

103. Dans sa conception phallocratique qui exclut la prostitution masculine.

ter qu'elle condamnerait à un funeste destin des malheureuses tentées par l'appât du gain, qui ne pourraient plus, une fois encerclées par les vicelards, sortir de ce cercle vicieux. Celles-ci seraient éternellement prises au piège car, même si l'on peut comprendre le désarroi qui les pousse à franchir le pas, l'encre qui colle à la peau du plus vieux métier du monde est indélébile. Il affirme gaillardement que « la prostitution fut un rite d'initiation virile ; le père y conduisait son fils, ou l'armée le faisait pour lui »[104]. Mais s'il était né femme, aurait-il souhaité que toute la garnison lui passât dessus ?

En l'état actuel, la loi prend en compte l'état de faiblesse des personnes réduites à la prostitution en incriminant seulement le fait d'obtenir des relations sexuelles contre rémunération. Et non l'inverse, c'est-à-dire de les vendre. « La personne qui se livre à la prostitution »[105] est donc épargnée. En légalisant de nouveau la prostitution, Éric Zemmour veut rétablir légalement la domination du « mâle » et surtout inscrire son idée que le désir est masculin. Ou qu'il n'est pas. Cela ne tient pas la route. Pour toutes les raisons précédemment énoncées et pour une autre que voici. Si l'on fait preuve d'un tant soit peu de rigueur, on ne peut pas regretter que le mariage soit devenu un « mariage d'amour », en critiquant que les sentiments et les désirs féminins s'y soient invités, tout en voulant faire du « désir masculin » la clé de voûte de la prostitution. Il faut trancher. Les désirs et les sentiments doivent restés à la porte de la loi, ou non. Mais ce n'est pas à la carte.

104. Éric Zemmour, *Le bûcher des vaniteux, op. cit.*, p. 100.

105. C. Pén., art. 611-1, al.1 : « Le fait de solliciter, d'accepter ou d'obtenir des relations de nature sexuelle d'une personne qui se livre à la prostitution, y compris de façon occasionnelle, en échange d'une rémunération, d'une promesse de rémunération, de la fourniture d'un avantage en nature ou de la promesse d'un tel avantage est puni de l'amende prévue pour les contraventions de la 5e classe. »

Économie : un programme qu'aurait sévèrement critiqué Éric Zemmour l'essayiste

Protectionnisme : peut-on mettre aux fers le roi de l'acier ?

Sur un plan économique, il se dit régulièrement colbertiste[106]. On rappellera que le colbertisme se résume à ce principe essentiel : la richesse de l'État dépend de son accumulation de métaux précieux. Partant, toutes ses ambitions doivent être tournées vers cette quête. Pour aboutir à cette balance favorable, il lui faut établir une politique de contrôles rigoureux tant à l'intérieur, par la réglementation du commerce et de l'industrie, qu'aux frontières, par des contrôles douaniers, qu'à l'extérieur, en cherchant des débouchés. Aussi, la clé du colbertisme réside dans le développement de l'industrie et du commerce extérieur. Seulement, dans notre environnement mondialisé où la France dépend fortement des autres pays en matières premières, un protectionnisme de façade serait un pur suicide.

Dans *Mélancolie française*, il dénonce le libre-échange : « Le libre-échange, c'est la guerre. Un combat. Une mission sacrée. Un sacerdoce. Une croisade. Une religion. »[107] Sur le modèle de la doctrine *America first*, Zemmour pourrait dire : « La France d'abord ». Aussi dénonçait-il le comportement du titan de l'acier, ArcelorMittal, qui a donné soixante jours au gouvernement pour trouver un repreneur pour les hauts-fourneaux de Florange. Cela se passait le 1er octobre 2012. Le jour suivant, il assassinait Arnaud Montebourg : « Aujourd'hui, c'est Mittal qui prend le ministre du Redressement productif pour un domestique. Mon ami, trouvez-moi un repreneur. Vous avez soixante jours ! »[108]

En matière économique, il propose surtout un protectionnisme de bas-étage. Méthode des plus populistes, qui, à part lui apporter quelques voix, ne résoudra rien. Le protectionnisme, qui consiste pour l'État à protéger les productions nationales de la concurrence étrangère par des droits de douane,

106. Éric Zemmour, *La France n'a pas dit son dernier mot*, *op. cit.*, p. 128.

107. Éric Zemmour, *Mélancolie française*, *op. cit.*, p. 76.

108. Éric Zemmour, *Le bûcher des vaniteux II*, *op. cit.*, p. 293.

quotas d'importation, normes et autorisations administratives, n'est qu'un leurre. Il n'y a qu'à prendre l'exemple de l'agriculture pour se convaincre qu'il s'agit d'une aberration. Comme il le rappelle, « nous importons 40 % de nos besoins alimentaires »[109]. Heureusement, nous exportons aussi. Alors imaginez vous un instant un État étranger qui décide subitement de vous bloquer l'accès à son marché car il préfère favoriser sa propre production. Soit ! L'idée est louable. Cependant, il n'est pas indépendant et a besoin de vous pour le reste. Mais voilà, vous vous retrouvez avec un excédent de produits, que vous pensiez lui exporter, sur les bras. Que faites-vous ? Vous le sanctionnez. Et pas qu'un peu. Comment ? En vous vengeant sur le prix des denrées qu'il aura inéluctablement besoin d'importer, puisqu'il ne peut pas les produire. Mieux, si vous vous coalisez avec vos alliés qui se voient tous opposer un accès par ce pays, vous serez d'autant plus fort. Vous avez un atout dans la poche : le dirigeant de cet État a une peur bleue. Il craint la grogne de ses habitants si tous ces produits manquent dans les rayons. L'union fait la force et avec vos alliés, vous finirez par faire payer le bougre qui aura voulu se la jouer solo.

La passe d'armes qui s'est déroulée entre les États-Unis et le reste du monde l'illustre parfaitement. En 2018, l'ex-président Donald Trump impose des droits de douane sur les importations américaines d'acier et d'aluminium. En moins de trois semaines, l'Union européenne met en œuvre des représailles en taxant des produits typiquement américains comme les jeans, le whiskey ou les motos Harley Davidson. Pas touche aux Jack Daniels de l'Oncle Sam. Rien que chez Harley, les taxes douanières européennes étaient passées de 6 % à 31 %, ce qui fit augmenter le prix de la bécane d'environ deux mille euros. Voilà simplement la réalité du protectionnisme : aucune entreprise frappée par des représailles ne peut y survivre.

Alors que se passera-t-il si Éric Zemmour instaure un protectionnisme sur certains produits alors que nous continuons à importer iPhones et autres gadgets ? Est-ce que les autres pays vont se laisser faire ? À votre avis ? Non, bien évidemment. La

109. Éric Zemmour, *Le suicide français*, *op. cit.*, p. 118.

France s'exposera donc à de sérieuses mesures de représailles. L'image de la France à l'étranger sera la première à en pâtir. Lui qui disait que sans « ce retour à un certain protectionnisme, le sabre de Sarkozy est un sabre de bois. »[110] On ajoutera alors que si le protectionnisme est un sabre, c'est surtout, quand on dépend des autres, le meilleur moyen de se faire hara-kiri.

En soi le protectionnisme est une utopie puisqu'il suppose une autarcie intégrale. Le pays qui prétend pouvoir imposer des mesures de restriction sur les produits qu'il importe alors qu'il en exporte d'autres se verra automatiquement imposer une hausse des prix. Si bien que l'escalade est inévitable. Nous sommes d'accord sur le fait qu'il faille des mesures qui permettraient de favoriser les circuits courts, les producteurs locaux, et autres, qui s'inscrivent dans une démarche écologique. Mais à l'heure où tous nos gadgets électroniques sont inventés par des Américains et fabriqués en Chine, il n'est pas possible d'en faire de même dans tous les domaines. Nous ne pourrions que le regretter amèrement.

La seule solution pour éviter cela serait de tout miser sur l'éducation et la recherche, seule façon de créer des Steve Jobs français, afin de s'imposer un jour comme le pays meneur en termes d'innovation sur la scène internationale. Hélas, de tout cela, il n'est nullement question dans ses ouvrages... « L'État ne peut pas tout, avait dit Jospin sous les quolibets. L'État ne peut rien, est en train de démontrer Hollande »[111] disait-il. L'État promettra tout mais ne fera rien avec Zemmour.

Le Président des « super riches » ?

Dans ce prolongement, Éric Zemmour fait le constat que pour relancer la machine économique, il faudrait exporter davantage ainsi qu'investir et embaucher en France. Seulement, comme on l'a vu, le protectionnisme qu'il veut déployer mettrait à mal nos exportations. En effet, en restreignant l'accès au marché français, on priverait automatiquement de débouchés les produits français. Car aucun pays n'accueillera à bras ouverts les produits d'un

110. Éric Zemmour, *Z comme Zemmour, op. cit.*, p. 182.

111. Éric Zemmour, *Le bûcher des vaniteux II, op. cit.*, p. 294.

État qui lui a claqué la porte au nez en taxant sévèrement ses denrées. Et, si les exportations de nos fleurons chutent, il y aura automatiquement moins d'argent pour investir et embaucher en France. Aussi, il ne suffit pas d'affirmer naïvement que « pour produire français, il faut se protéger »[112]. On pourrait l'envisager si la France était autonome et n'avait nul besoin d'importer. Compte tenu de sa dépendance en matières premières et en technologie, le protectionnisme nous rapprocherait plus du suicide économique qu'il ne nous sauverait.

De la même manière qu'il se refuse à envisager un Frexit, par crainte de faire fuir les électeurs, alors que ce ne serait là que pure cohérence avec ce qu'il clame depuis des années, il ne semble pas avoir le courage d'en finir avec la monnaie commune européenne qui subissait également ses foudres : « Une monnaie aussi mal fichue est condamnée. Son seul atout aujourd'hui est justement la défiance qu'elle suscite, car jusqu'à présent l'euro cher était un boulet au pied de nos entreprises et provoquait d'innombrables délocalisations. »[113] De l'audace, toujours de l'audace. Mais uniquement dans le verbe, moins dans l'action. Il nous livre son constat sans fard : « Alors, pas de solution ? Non, la solution est le problème. C'est l'euro. Sa création fut une erreur tragique ; sa fin sera une catastrophe. »[114] Comme à l'accoutumée, il nous balance à la figure un constat grandiloquent sur un air tragique en nous laissant orphelins de la moindre solution. Il sera de ces dirigeants qui rejettent leur inaction sur leurs prédécesseurs.

En matière de fiscalité, l'ISF n'a jamais eu ses faveurs. Aussi, il fustigeait cet impôt qui n'existait plus dans la plupart des pays européens[115]. Il estime sans doute que cette contribution des mieux lotis est confiscatoire. Ambitieux, il lance que « c'est toute notre fiscalité qu'il faut rebâtir. »[116] On attend de voir... Pour l'instant, c'est le néant. Il admirait pourtant Victor Orbán,

112. Éric Zemmour, *Le bûcher des vaniteux*, *op. cit.*, p. 303.

113. Éric Zemmour, *Z comme Zemmour*, *op. cit.*, p. 131.

114. Éric Zemmour, *Le bûcher des vaniteux II*, *op. cit.*, p. 207.

115. Éric Zemmour, *Le bûcher des vaniteux*, *op. cit.*, p. 120.

116. *Ibid.*, p. 172.

premier ministre hongrois qui avait établi « un taux unique d'impôt sur le revenu à 16% »[117]. Pourtant, Gabriel Zucman et Emmanuel Saez montrent, dans *Le triomphe de l'injustice*[118], que la théorie du ruissellement a fonctionné aux États-Unis. À la fin des années 40, Roosevelt propose aux parlementaires américains de taxer à 100 % les revenus au-delà d'un montant de 32 000 dollars (environ un million de dollars aujourd'hui). Les sénateurs opteront pour une taxation à 93 %, qui sera pratiquée jusque dans les années 80. Des années 50 aux années 80, les classes pauvres et moyennes ont vu leur niveau de vie progresser grâce à cette fiscalité. Cela changea dans les années 80, quand Reagan a abrogé cette taxation des plus aisés. Par conséquent, une taxation des « super riches », que l'on peut définir, en seuil de population, par exemple par les 1 % qui gagnent le mieux leur vie, est la seule solution pour éviter que « 80 % de la croissance de la richesse économique ne profite qu'à 1 % de la population. »[119] Sans surprise, il fustige régulièrement « l'assistanat », pointant du doigt ces infâmes chômeurs qui « bénéficient de prestations sociales innombrables. »[120] À l'écouter, on serait tenté de penser que les allocataires des minima sociaux vivent comme des nababs. Comme si, de nos jours, on pouvait vivre avec quelques centaines d'euros par mois quand on se retrouve sans emploi ou dans une mauvaise passe. Comme si en ne travaillant pas, on gagnait mieux sa vie. Comme si le chômage était un choix. Ce n'est là qu'un subterfuge de plus : monter les travailleurs contre les chômeurs. Encore et toujours, diviser pour régner. À ceux qui le penseraient protecteur, proche du « peuple », du « travailleur », souverainiste, il se révèle être un ultralibéral, pro-riche, pro-finance, pro-Wall-Street. Ces quelques mesures protectionnistes feront pschitt s'il n'a pas le courage de s'attaquer à la fiscalité des « super riches », seule à même de renflouer les caisses et de financer les dépenses de l'État. Il a beau étriller Barack Obama et François Hollande

117. Éric Zemmour, *Le bûcher des vaniteux II*, *op. cit.*, p. 18.

118. Emmanuel Saez et Gabriel Zucman, *Le triomphe de l'injustice – Richesse, évasion fiscale et démocratie*, Paris, Seuil, 2020.

119. Éric Zemmour, *Le bûcher des vaniteux II*, *op. cit.*, p. 28.

120. Éric Zemmour, *Le bûcher des vaniteux*, *op. cit.*, p. 141.

qui n'ont pas réussi à mettre la finance à genoux, il n'en sera pas autrement avec lui. Faute de réformes et de politique ambitieuse, il ne fera rien.

Social : l'esclavagisme à la française

Épuiser les fonctionnaires à la tâche

Ce fidèle de Napoléon nous donne les astuces que son modèle utilisait pour gérer les fonctionnaires. Et de rappeler admiratif « que Bonaparte, autre saint patron laïc de l'État, épuisait littéralement les fonctionnaires à la tâche. »[121] Chers fonctionnaires, voilà le sort qui vous attend. Un épuisement à la tâche. Cela donne envie. Lorsqu'on sait que l'Empereur est son maître à penser, tant pour certaines lois du Consulat qu'il s'est promis de réinstaurer, que pour son exercice du pouvoir et de la guerre, cela peut faire frémir. C'est dire à quel point il compte pressuriser les fonctionnaires qui seront à sa botte.

De maigres salaires pour les ouvriers

Ce constat édifiant vaut pour le service public. Mais quel sort réserve-t-il aux salariés du privé, et plus particulièrement aux ouvriers ? Cela ne fait aucun mystère. Il va les réduire en esclavage, ou presque. Il nous l'a cruellement révélé quand il vantait les louanges des réformes de Gérard Schröder au début des années 2000, qui « ont rétabli la compétitivité de l'industrie allemande en obligeant les chômeurs à se remettre au travail même pour de maigres salaires à 400 euros. »[122] Prends garde à toi Smic, tu as du mouron à te faire. Tes heures sont comptées.

La contradiction est sidérante. On se souvient pourtant de ce qu'il disait au sujet de sa cible : « Jacques Delors, en symbiose avec les Allemands d'Helmut Kohl, établit alors l'Acte unique européen. L'ambition était immense : achever le Marché commun. Le principe était simple autant qu'obsessionnel : la concurrence, partout et toujours, même dans les services publics, la liberté

121. *Ibid.*, p. 75.

122. Éric Zemmour, *Le bûcher des vaniteux II*, *op. cit.*, p. 175.

des marchandises, mais aussi des capitaux et des hommes. [...] Les Chinois s'en délectent encore. C'est donc – entre autres – à Jacques Delors que nous devons la mise en concurrence des travailleurs européens avec les travailleurs chinois. »[123] On ne peut qu'être abasourdi de voir que celui qui accuse la mondialisation d'avoir mis les États en concurrence les uns avec les autres pour réduire la pitance du travailleur, vante les mérites de la « casse sociale ». Celui qui avait ses « habitudes »[124] à l'Élysée ou qui faisait des déjeuners « interminables » au « palais de la rue Cambon »[125] doit se rendre à l'évidence : on ne se remplit pas la panse avec quatre cents balles par mois. Cela doit faire longtemps que ce pique-assiette des Palais n'a pas payé l'addition. À moins qu'il n'ait déniché l'adresse secrète de la boulangerie de Jean-François Copé qui vend des pains au chocolat à 10 centimes.

D'autant plus qu'il n'a jamais eu les trente-cinq heures en odeur de sainteté : « À l'époque, ces réformes libérales inspirées par l'Anglais Tony Blair avaient horrifié le Français Lionel Jospin. Celui-ci préférait instaurer les 35 heures. »[126] D'une part, il regrette le manque de compétitivité que les trente-cinq heures auraient entraîné : « Dans la guerre de la mondialisation, nos entreprises ne pouvaient supporter et l'euro surévalué du père Delors et les 35 heures de la fille Aubry. »[127] D'autre part, il se lamente de la « facture » : « pourtant, la note laissée par Martine Aubry et les 35 heures est salée : tous les ans, une vingtaine de milliards d'euros de subventions aux entreprises comme dédommagement »[128]. On est pour presser les travailleurs comme des citrons ou on ne l'est pas.

Salaires et temps de travail. Nous avons fait le tour concernant le social. Alors avec ces salaires de misère et l'abolition des trente-cinq heures, les fonctionnaires ne seront pas les

123. Éric Zemmour, *Le bûcher des vaniteux*, *op. cit.*, p. 219-220.

124. Éric Zemmour, *La France n'a pas dit son dernier mot*, *op. cit.*, p. 134.

125. *Ibid.*, p. 115.

126. Éric Zemmour, *Le bûcher des vaniteux II*, *op. cit.*, p. 175.

127. Éric Zemmour, *Z comme Zemmour*, *op. cit.*, p. 313.

128. *Ibid.*, p. 314.

seuls à se faire éreinter. La gestion du personnel façon Éric Zemmour ressemble à de l'esclavagisme moderne. En conclusion, on conseillera judicieusement aux fonctionnaires et aux ouvriers tentés de voter Zemmour d'y réfléchir à deux fois, ce qui n'est rien, comparé à travailler deux fois plus. Pour trois fois moins. En somme, il ne propose ni plus ni moins qu'une politique économique, fiscale et sociale sur mesure pour les classes les plus aisées.

Une politique écologique de la terre brûlée

À ce stade, les citoyens sensibles à l'avenir de la Terre auront peut-être remarqué qu'il y a un grand absent de ce programme: l'écologie. Pourtant, ce n'est pas faute d'avoir regardé au laser les idées qu'il distille. Force est de constater qu'à part tancer les Verts, qu'il qualifie de «carriéristes»[129] «sans la moindre décence» et «pas interdits d'ambition»[130], comme s'il était le seul à avoir le droit d'être un Rastignac, il se contente de faire l'apologie du nucléaire qui «nous a valu depuis quarante ans une indépendance énergétique que nous ont longtemps enviée nos voisins»[131]. Ainsi, il fanfaronne: «le nucléaire est la spécialité de la France, sa marque de fabrique technologique et énergétique ; la remettre en cause, c'est un peu remettre en cause le génie français.»[132]

Sauf qu'il ne s'arrête pas là. Monsieur vante les mérites du gaz de schiste pour ses retombées économiques. On rappellera que le gaz de schiste est un gaz naturel recueilli par la décomposition de l'argile au sein de gisements que l'on trouve dans différentes régions du monde. Hormis le fait que c'est une technique des plus brutales puisqu'il s'agit de fracturer la roche pour libérer le gaz qui est emprisonné à l'intérieur, elle est également très polluante. En effet, le forage requiert de grandes quantités d'eau qui une fois utilisée, n'est ni recyclable ni potable et conta-

129. Éric Zemmour, *Le bûcher des vaniteux*, *op. cit.*, p. 317.
130. Éric Zemmour, *Le bûcher des vaniteux II*, *op. cit.*, p. 186-187.
131. Éric Zemmour, *Le bûcher des vaniteux*, *op. cit.*, p. 80.
132. Éric Zemmour, *La France n'a pas dit son dernier mot*, *op. cit.*, p. 131-132.

mine à son tour les sols et la végétation. Aussi, de nombreux écologistes voyaient d'un œil consterné les forages se développer aux États-Unis, qui entraînèrent leurs lots d'émission de gaz à effet de serre et de pollution des nappes phréatiques.

Que pense-t-il de ce saccage de mère nature ? On aimerait le lui demander. Ne pensez-vous pas, Monsieur Zemmour, qu'il y aurait d'autres moyens que de fracturer la Terre pour assurer nos besoins en énergie ? Il nous répondrait : « Mais le gaz de schiste, c'est sérieux. Déjà 20 % des dépenses énergétiques des États-Unis. »[133] L'idée est claire. C'est une politique écologique de la terre brûlée : l'indépendance énergétique à n'importe quel prix. On assume cyniquement de détruire la Terre pour piller ses précieux sésames, sans le moindre égard pour les générations futures, condamnées à vivre avec notre dette écologique.

C'est là toute sa conscience écologique. D'ailleurs, il ne s'en cache pas en ridiculisant le débat sur les éoliennes, une source d'énergie « propre », qui ne serait pas assez grandiose pour lui. « Il est vrai que penser seulement à l'avenir de la France fait petit bras à côté de tous ces gens qui sauvent la planète. »[134] Ce qui est sûr c'est qu'il n'y aura plus personne pour parler de l'avenir de la France si la planète n'existe plus. Autant dire que nous sommes fixés. Avec lui, la planète ne risque pas d'aller mieux. On vous aura prévenus.

Le mot de la fin sur ce programme de rejet

En quelque endroit qu'on se trouve, il y a toujours des sceptiques. En guise de conclusion pour ceux qui seraient tentés de croire ses belles paroles lors de la campagne électorale, on rappellera qu'il n'a jamais considéré cette période comme un moment de sincérité. Aussi, il narguait les candidats à la présidentielle de 2012, de façon auto-prophétique : c'était quand même le bon temps, la campagne. On pouvait dire n'importe quoi. On pouvait dire toutes les bêtises qu'on voulait. [...] Qu'avec un peu d'innovation, on restaurerait la compétitivité de l'industrie française. On

133. Éric Zemmour, *Le bûcher des vaniteux II*, *op. cit.*, p. 127.

134. Éric Zemmour, *Z comme Zemmour*, *op. cit.*, p. 127.

pouvait refuser avec hauteur la TVA car c'était un impôt injuste. On pouvait dire qu'on ne s'en prendrait qu'aux riches, qu'il n'y avait pas de crise, que tout était de la faute de Sarkozy. On pouvait même dire qu'on renégocierait le traité budgétaire européen. C'est dire si on pouvait dire n'importe quoi. C'est dire si c'était le bon temps. »[135]

Alors, il ne tient qu'à nous, Français, qui déciderons de l'avenir au mois d'avril prochain, de ne pas voir écrit un jour, au sujet de la campagne présidentielle qui s'annonce, dans un second *Bûcher du vaniteux, une autopsie présidentielle d'Éric Zemmour* : « C'était quand même le bon temps, la campagne de 2022. On laissait dire n'importe quoi. On laissait dire toutes les bêtises qu'on voulait. Qu'avec un peu de protectionnisme, on allait réindustrialiser le pays. On laissait dire qu'on s'en prendrait aux immigrés, aux musulmans, que tout, absolument tout, était la faute des présidents qui ont succédé au général de Gaulle. On pouvait même dire qu'on ferait des référendums à tout va, pour passer outre les juges, français ou européens, qui nous embêtent, le Conseil constitutionnel, le Conseil d'État et la Cour européenne des droits de l'homme. C'est dire si on laissait dire n'importe quoi. » Maintenant que vous savez tout, c'est à vous de décider si cela peut être « vraiment le bon temps ».

135. Éric Zemmour, *Le bûcher des vaniteux II*, *op. cit.*, p. 295.

Conclusion

2022

La campagne présidentielle est sanglante. Éric Zemmour instaure un climat de guerre civile. Il promet le charter. Il y a surtout des larmes. Et de la honte. Il sait qu'il ne pourrait pas « charteriser » tout le monde. Comme tout populiste européen qui se respecte, s'il était au pouvoir, il utiliserait avant tout les migrants comme monnaie d'échange pour imposer ses diktats aux institutions européennes, dont il ne sortira pas, en contradiction totale avec ses idées grandiloquentes. Il ne ferait que violer l'État de droit de manière permanente. Alors qu'il romançait une vision lyrique de la politique, bien loin de celle technocratique, parce que « la politique, ce sont des mots et des songes, du bruit et de la fureur, des idées et des passions »[1]. Il y a bien « du bruit et de la fureur » mais on est loin des idées et des passions.

Défait, il repartira aigri, fulminant sa vengeance, avec sa haine en bandoulière. Après son échec, il tentera de prendre les rênes d'une force d'opposition réactionnaire et conservatrice durant le prochain quinquennat, avec un objectif en vue : la prochaine présidentielle. Il publiera d'autres essais sur la « décadence française », dont on lui suggère les titres suivants : « Le martyr de la France », « Destruction française », « Le désarroi français », « L'enterrement de la France », « Le tombeau français ». La couverture sera maculée d'un drapeau français, ondulant majestueusement dans le vent ou brûlant dans les flammes de l'enfer. Il y citera forcément le match de foot épique de l'équipe de France de 1982 à Séville, les prétendues paroles du général de Gaulle sur « Colombey-les-Deux-Mosquées », la théorie du « grand remplacement », quelques répliques des *Tontons flingueurs*, sans oublier la défaite de Waterloo qu'il n'a pas digérée. Tous ses ouvrages seront en vente en exclusivité sur la

1. Éric Zemmour, *Le livre noir de la droite*, *op. cit.*, p. 113-114.

plateforme Amazon, un comble pour celui qui vantait le protectionnisme, mais nous n'en sommes plus à un reniement près. On peut penser que sa défaite le rendrait encore plus radical que par le passé. Le pire est toujours possible.

À ceux qui, après la lecture de cet ouvrage, auraient d'ultimes doutes, ou seraient convaincus qu'il ne les trahira jamais, voici à titre de conclusion, la morale qu'il tirait de l'affaire Gordgi : « Les démocraties peuvent aussi employer des moyens que la morale réprouve mais que l'efficacité recommande. »[2] Voilà le président qu'il serait. Il se plaît à répéter que la démocratie est « le gouvernement du peuple par le peuple et pour le peuple », selon les mots de Lincoln. Mais il accepte qu'on lui mente effrontément. C'est pour son bien, vous vous en doutez. La chose est dite. On ne pourra pas dire qu'on ne vous avait pas prévenus. Certains penseraient-ils encore qu'il serait l'homme providentiel ? À ceux-là, on renverra la balle de ce qu'il avait écrit au sujet de Mirabeau, l'auteur de la tirade célèbre de la salle du Jeu de paume[3] : « Il n'était pas l'homme de la situation ; il n'était qu'un homme. »[4]

On clôturera cet opus par un songe qu'il nous a livré, mais qui, nous l'espérons, restera dans son esprit : « En France, tout commence par des chansons ; mais tout finit dans le sang. »[5] Restons chanteurs. Ne nous faisons pas bourreaux.

2. Éric Zemmour, *Z comme Zemmour*, *op. cit.*, p. 141.

3. « *Nous ne quitterons nos places que par la force des baïonnettes.* »

4. Éric Zemmour, *Destin français*, *op. cit.*, p. 284.

5. Éric Zemmour, *Petit frère*, *op. cit.*, p. 15.